Ela Thole: Die göttliche Shakti

info@j-kamphausen.de
www.weltinnenraum.de
Lektorat: Susanne Klein, Hamburg, www.kleinebrise.net

Umschlaggestaltung: Morian & Bayer-Eynck, Coesfeld, www.mbedesign.de
Umschlagabbildung: Sarasvati
© Himalayan Academy / S. Rajam
Layout/Satz: KleiDesign, Bielefeld
Druck & Verarbeitung: Grafoprint, Gornji Milanovac

3. Auflage 2026

Bibliografische Information der Deutschen Nationalbibliothek

Die Deutsche Nationalbibliothek verzeichnet diese Publikation in der Deutschen Nationalbibliografie; detaillierte bibliografische Daten sind im Internet über http://dnb.d-nb.de abrufbar.

ISBN Printausgabe: 978-3-89901-913-1
ISBN E-Book: 978-3-89901-914-8

Ela Thole

DIE GÖTTLICHE SHAKTI

Die Kraft des Weiblichen im Yoga

Theseus Verlag

Om Anandamayi Chaitanyamayi Satyamayi Parame

Om, Sie, die Seligkeit ist, Sie, die Bewusstsein ist,

Sie, die Wahrheit ist, Sie, die das Höchste ist

Sri Aurobindo

Sie ist ewig und verkörpert als das Universum.

Alles wird von Ihr durchdrungen.

Und doch erscheint Sie in vielerlei Formen.

Hört die Geschichte!

Devi Mahatmya

(Hinduistisches Werk zur Verehrung

der Göttin, Ursprung ca. 6. Jahrhundert)

EINE ANNÄHERUNG AN DIE SHAKTI

VON DER SHAKTI UND IHREM GEMAHL

VOM HÖCHSTEN HERRN, DER HALB FRAU IST

VON DER SHAKTI ALS KRIEGERIN

VON DER SHAKTI ALS HERRIN DER TRANSFORMATION

VON DER SHAKTI IN DEN GÖTTINNEN INDIENS

DIE SHAKTI IN DER EVOLUTION DES BEWUSSTSEINS

Ein Wort vorweg

Seit mehr als dreißig Jahren lebe ich in Auroville, einer 1968 gegründeten internationalen Gemeinschaft in Südindien, die mehr als 2500 Menschen aus über fünfzig Nationen umfasst. Im Rahmen der gemeinsamen Arbeit am Aufbau einer Stadt wollen wir das Ideal einer menschlichen Einheit „mitten im Leben" verwirklichen. Spirituelle Grundlage ist der Integrale Yoga von Sri Aurobindo, ein zeitgemäßer Ansatz, in dem die Shakti eine entscheidende Funktion innehat.

Meine Beziehung zu dieser universellen Wirkkraft, die seit Urzeiten als weiblich angesehen wird, beschränkte sich in meinen ersten Auroville-Jahren ausschließlich auf den inneren Kontakt mit „der Mutter", wie sie im Kontext des Integralen Yoga genannt wird. Mit dem Shakti-Prinzip des Hinduismus habe ich mich damals (noch) nicht beschäftigt. Ich lebte in diesem fantastischen, im Wachsen begriffenen Auroville wie auf einer Insel, zwar umgeben und gelegentlich berührt von der Hindu-Kultur, aber innerlich fokussiert auf das Fußfassen im Integralen Yoga und auf ein arbeitsreiches Brückenbilden zwischen Ideal und Wirklichkeit. So hat es mich zutiefst verwundert, als völlig unerwartet eine traditionelle Shakti-Kraft in mein Leben trat und mir eine Welt eröffnete, von deren Existenz ich bislang nicht die leiseste Ahnung hatte.

Sie begegnete mir zuerst in einem Traum. In einem dunklen Raum schwebte, wie von innen erleuchtet, ein bunt gestaltetes Standbild der Göttin Durga, das sie auf einem Tiger reitend und in einen roten Sari gekleidet darstellte. Genau so hatte ich sie einige Tage zuvor bei einer Andachtszeremonie in einem kleinen Straßentempel gesehen. Ihre vielen Arme bildeten einen Halbkreis um ihren Körper und ihr Gesicht. Ihre Hände trugen eine Vielzahl an Waffen, in denen ihr kriegerisches Wesen zum Ausdruck kam. Zur Intensität dieser Kampfbereitschaft bildete die Sanftheit und Güte ihrer Gesichtszüge einen überraschenden Kontrast. Ihre Stimme klang wie ein Bronzegong: „Du musst mich jetzt anschauen!“ Ich erinnere mich noch, dass ich ihr entschieden widersprach und naiverweise versuchte, sie von meiner Unfähigkeit zu überzeugen, indem ich ihr erklärte, dass mein Wissen über die Gottheiten Indiens nur bruchstückhaft und ich noch weit davon entfernt sei, sie auch nur annähernd zu verstehen. Doch sie schnitt mir energisch das Wort ab, und noch zweimal hörte ich ihre Stimme: „Du musst mich jetzt anschauen!“

Mit diesen Worten verschwand der dunkle Raum. Stattdessen befand ich mich auf einer weiten Ebene, die von hohem Gras bewachsen war, das sich im Licht einer goldenen Sonne unter einem heftigen Wind in Wellen bewegte. Dann fiel mein Blick erneut auf die Göttin Durga und ihr Reittier, die sich genau vor mir befanden. Doch waren sie nicht länger eine unbelebte Form, sondern bildeten eine durch und durch lebendige Einheit. Laut lachend warf die Göttin den Kopf zurück. Mit einem kraftvollen Satz sprang der Tiger vorwärts und trug sie in großen Sprüngen über die weite Landschaft. Wie festgewachsen saß die Shakti im Rausch der Bewegung auf dem edlen Tier, das sie mühelos zu lenken schien. Im Glanz ihrer Waffen brach sich das Licht der Sonne, und das Fell des Tigers leuchtete wie flüssiges Feuer. Auf eine körperlose Weise war ich Zuschauerin und Beteiligte zugleich, beobachtete die Dynamik des majestätischen Rittes und erfuhr mich gleichzeitig als Teil davon, getragen vom freien Atem einer unbändigen Macht und Intensität.

Erst später verstand ich, dass das innere Erlebnis das Tor zu einer neuen Welt geöffnet hatte. Denn danach kam das spirituelle Wissen Indiens zu mir. Ich habe es nicht gesucht, es kam einfach. Und es kam wie eine Flut. Shakti reihte sich an Shakti, Gottheit an Gottheit, Farbe an Farbe, Faden an Faden, und die einzelnen Stränge verwoben sich zu den universellen Weisheitslehren und mythologischen Sinnbildern der hinduistischen Spiritualität. In der Dunkelheit meiner Unwissenheit, dem schwarzen Raum meines Traumes, entfaltete sich ein lebendiges und ständig wachsendes Feuer, das der indischen Kultur wohlbekannt ist, da es in der Flamme gelebter Erfahrung ein reiches spirituelles Erbe durch die Jahrhunderte trägt.

Die vorliegende Annäherung an die Welt der Shakti stellt keine wissenschaftliche Abhandlung dar und erhebt auch keinen Anspruch auf Vollständigkeit. Ich habe nie Indologie studiert, sondern über dieses und andere Themen der hinduistischen Tradition direkt in und mit dem Land gelernt, sozusagen „inside India“, in Indien. (Wobei es sicher kein Zufall ist, dass die aurovillianische Reiseagentur, für die ich als Referentin und Reiseleiterin tätig bin, ebenfalls „Inside India“ heißt.) Ich betrachte dieses Buch als eine Gelegenheit, meinen Zugang zur Shakti mit anderen zu teilen – auf eine etwas andere Art, als dies in meinen Seminaren geschieht. Es soll einen ersten Überblick über mythologische, philosophische und spirituelle Aspekte ermöglichen und dazu anregen, einspürend und nachsinnend auf Entdeckungsreise zu gehen und die weibliche Kraft der indischen Spiritualität für den eigenen Yoga-Weg zu erforschen.

Ich habe zuerst gezögert, dieses Buch zu schreiben, weil die spirituellen Themen, in denen ich mich bewege, für mich ein lebendiges Geschehen sind, das sich immer wieder neu um einen immer gleichen Faden rankt und kaum in einer festen Gestalt zu fassen ist. In meiner Seminararbeit ist diese Flexibilität so essenziell wie die Luft zum Atmen. Ich brauche das tiefe In-den-Raum-Lauschen, die Antennen des Herzens, das Erspüren der Menschen, die mit mir sind; und aus dem, was sich im direkten Miteinander an inneren und äußeren Impulsen einstellt, gestalten sich die konkreten Inhalte. Als ich dann so allein in meiner Wohnung saß und diese Seiten in den Computer eingab, fehlte mir dieses situative Geschehen anfänglich sehr. Und so bewegte ich mich durch ein vollkommen neues Experiment, das zu einer anregenden Erfahrung wurde. Ich hoffe, dass das Resultat inspirierende Impulse geben und zu einem vertieften Einlassen auf die Shakti-Kraft beitragen kann. Von den Teilnehmern und Teilnehmerinnen meiner Seminare und Südindienreisen bin ich oft nach einem Buch gefragt worden, in dem die Basisinformation zur Shakti „yogagerecht" nachgelesen werden kann und auch einige der mythologischen Geschichten „schwarz auf weiß" zu finden sind. Ihr seht: Der stete Tropfen hat den Stein gehöhlt, und hier ist es nun endlich: euer Buch zur göttlichen Shakti!

EINE ANNÄHERUNG AN DIE SHAKTI

Was ist Shakti?

Shakti kommt aus Indien. Wenn wir an dieses Land denken, haben wir gewöhnlich einen ganz unbestimmten Eindruck von etwas völlig Fremdartigem, und bestenfalls ziehen in unseren Gedanken exotische Bilder vorbei, die uns aufgrund von Fotos, Fernsehreportagen, Romanen oder Reiseberichten erreicht haben. Wir denken an prächtige Elefanten und Pfauen, Maharajapaläste und Tempel, Gottheiten und Rituale, Frauen in seidenen Saris, duftende Blumengirlanden, brennende Öllampen, Räucherwerk und vielleicht auch an breite Flüsse, in denen sich das Licht der aufgehenden Sonne spiegelt und an deren Ufern bunt gekleidete Pilgergruppen ihr Morgenbad nehmen und ihre Gebete verrichten. Diejenigen, die Indien schon bereist haben, denken zudem an unendlich weite Distanzen, an ermüdende Hitze, überfüllte Eisenbahnen und Busse, den würzigen Geruch der Basare, laute Tempelmusik, Bettler, Moskitos, brummende Ventilatoren und das ohrenbetäubende Prasseln heftiger Monsunregen.

Die Heimat der Shakti ist ein Ort voller Kontraste und Extreme, der uns auf den ersten Blick mit vielen Widersprüchen überrascht und uns mit Erlebnissen konfrontiert, die unter die Haut gehen. Es ist ein Land, in dem unser Selbst- und Weltbild nicht immer auf Widerhall trifft und unsere persönlichen Grenzen oft überschritten werden, weil wir uns in einem Umfeld bewegen, das anderen Gesetzen gehorcht. Hier laufen die Jahrhunderte noch parallel. Der Ochsenkarren konkurriert mit dem Lastwagen, und die strohgedeckte Lehmhütte schmiegt sich direkt an den voll klimatisierten Glaspalast eines multinationalen Konzerns. Hier sind Familienverbände noch wichtig; hier ist der Wille der Eltern Gesetz und Privatsphäre ein Fremdwort.

Ohne deshalb im Entferntesten rückständig zu wirken, ist Indien auch das Land einer facettenreichen, alten Tradition, die als Hinduismus bekannt ist. Selbst inmitten der vibrierenden Betriebsamkeit einer unaufhaltsam ins Hightechzeitalter drängenden Entwicklung lässt sich diese Tatsache nirgendwo übersehen. An Eingangstüren und Tempelmauern, in den Geschäften und auf den Basaren, an Möbeln, Lastwagen und Auto-Rikshas, in den Andachtsecken der Häuser und selbst auf den Stirnen der Menschen finden sich Hinweise auf die Einbindung des menschlichen Lebens in eine übergeordnete Dimension. Sie beginnt schon vor der Geburt, endet erst nach dem Tod und erfolgt in der Regel über den religiösen Ritus. Viele Jahrtausende hindurch haben hier aber auch Menschen gelebt, die diese Anbindung als gelebte spirituelle Erfahrung zum Ausdruck bringen. Indien wird deshalb auch „Rishi Bhumi" genannt, das Land der Weisen. Wie kein anderes Land symbolisiert es den Ruf des Unbekannten und die Sehnsucht des Menschen nach ewiger Wahrheit. Sogar Prinzen haben hier ihre königlichen Paläste und privilegierten Lebensumstände verlassen, um sich auf die Suche nach dem wahrhaft Wesentlichen zu begeben. Hier ist vieles anders, als es auf den ersten Blick erscheint. Und selbst das Gewöhnliche ist berührt von der anziehenden Macht des Unsichtbaren und Rätselhaften, zu der auch die Faszination der Shakti gehört.

Shakti ist ein mysteriöses und machtvolles Zauberwort der indischen Tradition. Wir hören es und befinden uns, getragen von seiner magischen Klangschwingung, sofort in einem uralten Bereich des Geheimnisvollen und Urweiblichen. Rot ist hier die dominierende Farbe, die uns im inneren Erleben an tief verborgene Räume heranführt, in denen sich mystische Bilder und schlangenumspielte Symbole erahnen lassen. Vage Erinnerungen an archaische Göttinnen mögen aufsteigen und das Empfinden von strömender Kraft – viel Kraft. Denn Energie oder Kraft ist das eigentliche Wesen der Shakti, ihr ureigenstes Sein.

Auch für unser menschliches Dasein ist Shakti ein Wort von essenzieller Bedeutung. Alles in uns ist abhängig von ihrer machtvollen Dynamik, an der sich die Flamme unseres Lebens wieder und wieder entzündet, einer Kraft, die uns in die Existenz bringt und unseren konkreten Lebensausdruck möglich macht. Das gilt für jede kleinste und noch so unscheinbare Regung in unseren Körperzellen genauso wie für die Wahrnehmung unserer tiefsten Gefühle, die Umsetzung unseres kühnsten Verlangens und die Entfaltung unserer größten Lebensaufgaben. In Abhängigkeit von dieser bewegten und bewegenden Energie, die uns auf allen Ebenen unserer vielschichtigen Existenz in unseren Lebensäußerungen unterstützt, geht es uns nicht anders als dem Hindu-Gott Shiva, von dem gesagt wird, dass er ohne sie nicht mehr als ein Leichnam sei. Diese Shakti-Kraft, ohne die wir keinen Finger rühren und keinen Gedanken fassen können, geht weit über unseren individuellen Radius hinaus und bettet uns in viel größere Dimensionen und Zusammenhänge ein – besteht doch unser gesamter Kosmos aus nichts anderem als Energie.

Diese atemberaubende Erkenntnis, die zu Beginn des letzten Jahrhunderts unser Weltbild grundlegend veränderte, löst heute in der modernen Physik die Grenze zwischen Energie und Materie mehr und mehr auf. Es handelt sich um eine bahnbrechende Prämisse, die in vielen Bereichen zu neuen Ansätzen und Fragestellungen ermutigt hat: Ist es möglich, dass sich die mannigfaltigen Phänomene der Welt auf die Existenz einer einzigen Energie zurückführen lassen? Dass auch die Materie nur eine Ausdrucksform ihrer hochdynamischen Bewegung ist? Und ihre scheinbare Festigkeit nichts anderes als Illusion? Was ist es, woraus diese wirbelnde Weltenmasse an Energie besteht? Woher kommt sie eigentlich? Was ist sie in ihrer innersten Essenz? Was liegt ihr zugrunde?

Im spirituellen Leben Indiens werden all diese Fragen, mit denen sich heute zum Beispiel quantenphysikalische Ansätze beschäftigen, schon seit Jahrtausenden beleuchtet, und verschiedene Richtungen der hinduistischen Philosophie haben schon lange Antworten darauf gefunden – allerdings nicht im Rahmen naturwissenschaftlich abgesicherter Forschungsmethoden und Erklärungsmodelle, sondern durch Erkenntnisprozesse, die auf innerer Erfahrung beruhen. Ihre Ansätze finden einen Ausdruck in den frühen Schriften des Veda und Vedanta und in einer Gruppe von jüngeren Texten, die als Tantras bezeichnet werden. Ihnen zufolge lassen sich Ursprung, Mannigfaltigkeit, Beschaffenheit, Erhaltung, Wandel und Auflösung der Schöpfung auf ein übergeordnetes Bewusstseinsprinzip zurückführen, das im Vedanta das „Absolute Brahman“ und in den Tantras „Shakti“ genannt wird. Wir können uns diese beiden Begriffe vorstellen, wie die zwei Seiten einer Münze.

Das Sanskritwort Shakti bedeutet „Energie“ oder „Macht“ und bezeichnet das Absolute Brahman in seinem Kraftaspekt. Es ist ein machtvoller Begriff, dem mit tiefer Ehrfurcht begegnet wird, da er als Klangkörper einer unermesslichen mütterlichen Urkraft gilt, jener gewaltigen Energie, die alle universellen Erscheinungen konzipiert, hervorbringt, bewegt, belebt und am Ende eines Daseinszyklus wieder hinwegrafft. Die „substanzlose Brahman-

Substanz“, in welcher und mit welcher all dies geschieht, ist zugleich ihr Bauplatz, ihr Baumaterial und der Bauherr, in dessen Namen sie tätig ist. Wir können uns diesem Brahman, das durch Worte nicht erfassbar ist, nur über annähernde Begriffe wie das Absolute, das Selbst, jenes Eine, das Unbeschreibliche, die höchste Wahrheit, die absolute Wirklichkeit, das Göttliche, Gott oder Sat-Chit-Ananda annähern. Das eigentliche Erkennen geschieht über den Weg der direkten Erfahrung. Vergleichbar etwa mit einer reifen Frucht, deren Geschmack wir – auch wenn er uns schon mit treffenden Worten beschrieben wurde – erst wirklich kennen, wenn wir selber hineingebissen haben. Brahman ist reines, allumfassendes, essenzielles, in-sich-ruhendes, uneingeschränktes, immerwährendes Bewusstsein, das in keiner Weise vergleichbar ist mit unserem Mentalbewusstsein.

Solange wir noch nicht tiefer in unser Bewusstsein, also zum Geschmack der Frucht, vorgedrungen sind, scheint die mentale Ebene gleichbedeutend mit dem Bewusstsein zu sein. Erst wenn wir im Prozess des inneren Wachstums mehr und mehr von uns und der Welt „erschmeckt“ haben, können wir unterschiedliche Arten, Abstufungen und Ausprägungen von Bewusstsein wahrnehmen. Brahman ist als höchste Bewusstseinsstufe unsere ultimative Wirklichkeit, die sich in der Erfahrung spirituell hochentwickelter Menschen als unvergängliches Sein (Sat) offenbart, das gleichzeitig Maximal-Bewusstsein (Chit) und höchstmögliche Freude oder Seligkeit (Ananda) ist, woraus sich die oft verwendete Umschreibung Sat-Chit-Ananda ableitet. Es ist der Bewusstseinsaspekt dieser höchsten Wirklichkeit, dem die Shakti als Wirkkraft zur Seite steht, denn er äußert sich in zwei unterschiedlichen Ausprägungen: als absolutes, selbstseiendes und selbstleuchtendes Bewusstsein (Chit) und als die Macht dieses absoluten, selbstseienden

Bewusstseins (Chit-Shakti). Mit anderen Worten: Das Absolute Bewusstsein ist auch Absolute Macht. Und diese Absolute Macht ist die Shakti.

Er und Sie – Licht und Kraft

Obwohl Brahman frei von Dualitäten und unpersönlich oder, treffender gesagt, überpersönlich ist, wird es in Bezug auf die kosmische Realität oft als männlich personifiziert. Denn die Chit-Shakti manifestiert in der Schöpfung das kosmische Selbst, den göttlichen Mann oder Ishvara, und seine Selbstmacht, die göttliche Shakti, als duales Prinzip. Ishvara ist *„der Lenker aller Energien, der Bewusste in allem Bewussten und Unbewussten, der Bewohner aller Seelen und Gemüter, Herzen und Körper“*[1]. Er besitzt innerhalb der manifestierten Welt eine ursächliche, lenkende und herrschende Funktion, kann aber ohne seinen weiblichen Gegenpol keine Bildekräfte aktivieren. Dieser verkörpert die kreative Aufgabe und ist seine allmächtige Ausdrucks- und Schöpfungskraft. Das ist plausibel, wenn man bedenkt, dass ein Kind – hier die gesamte Weltenschöpfung – zwar vom Mann gezeugt, aber im Körper der Frau ausgeformt und von ihr geboren wird. Im Weiblichen nehmen die Dinge auf geheimnisvolle Art Gestalt an, lange bevor sie sich den Sinnen und der Wahrnehmung offenbaren. In der Frau liegt die Kraft der Hervorbringung, und im indischen Denken spielt *Sie* als dynamisches Bewusstsein den aktiven Part – was Menschen aus dem westlichen Kulturkreis, die daran gewöhnt sind, im Weiblichen eher das passive und empfangende Element zu sehen, oft verwundert.

Ishvara und Shakti sind zwei komplementäre Zustandsformen des höchsten Bewusstseins und bilden eine männlich-weibliche Polarität, in der die gesamte Welt begründet liegt. Shakti steht also nie allein, sondern ist immer in Kommunikation mit ihrem männlichen Gegenpol, in etwa so, wie das Licht des Feuers und seine verzehrende Kraft stets beieinander sind und nicht voneinander getrennt werden können. Auf diese Art wird das höchste Bewusstsein als göttliches Paar erfasst, als der große *Er* und die große *Sie* der indischen Tradition, welche beide in den spirituellen Wegen Indiens eine bedeutende Rolle spielen. Die ältesten Hinweise auf das Konzept dieser göttlichen Teamarbeit finden sich bereits in den vedischen Hymnen und den Upanishaden. Der traditionelle Höhepunkt dieser philosophischen Sichtweise und ihrer praxisbezogenen Umsetzung wurde im tantrischen Zeitalter erreicht.

Zur Erläuterung der kosmischen Funktionen von *Ihm* und *Ihr* eignet sich ein einfacher Vergleich. Wenn wir zum Beispiel eine Fahrradtour unternehmen wollen, muss unser Bewusstsein zu diesem Zweck einige notwendige Potenziale bereitstellen. So muss es die Fähigkeit des Fahrradfahrens in sich tragen. Darüber hinaus sollten wir wissen, welche Regeln im Straßenverkehr zu beachten sind und wie die gewählte Route verläuft. Diese Fähigkeiten ruhen jederzeit in uns, egal ob wir sie gerade benötigen oder nicht. Sie sind ein Teil von uns, wenn wir essen, schlafen, arbeiten, mit Freunden plaudern, uns die Zähne putzen oder unser Kind zu Bett bringen. Dieses immer und überall anwesende Bewusstseins-Potenzial entspricht dem großen *Er* der indischen Tradition. Ohne *Ihn* ereignet sich nichts, aber alleine kann er in der Welt nichts zustande bringen. Erst wenn wir uns tatsächlich auf das Fahrrad setzen, kraftvoll in die Pedale treten, unser Wissen über die Verkehrsregeln unterwegs zur Anwendung bringen und an den richtigen Kreuzungen die richtigen Abzweigungen nehmen, wird *Er* zur Anwendung gebracht. Unsere Körperkraft, die die Umsetzung unseres Potenzials in dynamischer Weise vornimmt und uns auf dem Rad von A nach B bringt, entspricht der großen *Sie* der indischen Tradition. Durch ihre Energie bekommt jedes Vorhaben einen konkreten Ausdruck, aber alleine kann auch sie nichts bewirken, denn ohne sein Potenzial würde sich ihre Bewegung sofort in einem heillosen Chaos erschöpfen.

In ihrem kosmischen Wirken ist die Shakti die entscheidende Schnittstelle zwischen Sein und Werden, Transzendenz und Immanenz, Bewusstsein und Welt, ewiger Einheit und unendlicher Vielfalt. Auf immer eins mit dem Höchsten besteht ihre dynamische Funktion darin, *Ihn* in den Formen einer unerschöpflichen Mannigfaltigkeit zu manifestieren und gleichzeitig als *Seine* ausführende und gestaltgebende Natur tätig zu sein und das in jedem von uns und in allem, was in der Schöpfung existiert. In der wechselseitigen Bezogenheit von *Seinem* Licht und *Ihrer* Manifestationskraft findet auch die innere Entwicklung im Yoga statt.

Das Labyrinth der Namen

Als die enorme kreative Energie, die in ihrer gewaltigen Bewegung alle kosmischen Erscheinungen zur Entfaltung bringt, verkörpert die Shakti die intensive Freude, die im Herzen des Daseins wohnt, das erhellende Licht der Weisheit und eine machtvolle Kraft der Transformation. Sie wird Maya, Prakriti, Ishvari und Kundalini genannt und äußert sich als Wille, Wissen und Tat. In den Göttinnen des hinduistischen Kulturkreises wird sie in zahlreichen Formen als erhabene Muttergottheit und Herrin des Universums verehrt. Parvati, Durga, Lakshmi, Kali, Ganga und Sarasvati sind nur einige ihrer vielen Namen. Jeder einzelne ihrer Aspekte umfasst wiederum eine ganze Welt an Benennungen. Oft wird in sogenannten Sahasranama-Stotras[2] eine Anrufung von tausend Shakti-Namen rezitiert. Eine solch überwältigende Namensfülle kann leicht verwirren. Doch ist das dahinterstehende Prinzip im Grunde recht einfach. Es gibt für jede Shakti nur einen Hauptnamen, der sich in weitere Bezeichnungen unterteilt. So wird etwa Parvati, die anmutige Göttin des Bewusstseins, auch Uma, Gauri, Annapurna, Meenakshi, Kanyakumari, Kameshvari, Bhavani oder Ambika genannt. Warum das so ist, können wir uns an einem Beispiel verdeutlichen. Wir alle besitzen einen Namen, den wir wie eine Art „Sammelbezeichnung" für alle Aspekte unseres Wesens gebrauchen. Gleichzeitig sind wir aber auch differenzierte und facettenreiche Menschen, die in sich viele Regungen und Interessen tragen und in vielen Tätigkeiten engagiert sind. Wir mögen Partnerin, Mutter, Kollegin, Tochter oder Enkelin sein. Wir genießen es vielleicht, mit unserem Hund spazieren zu gehen, für unsere Kinder zu kochen, mit Freunden auszugehen oder mit einem guten Buch gemütlich auf dem Sofa zu liegen. Wir haben einen anspruchsvollen Beruf und sind auf vielerlei Art kompetent. Wir sind ausgeglichen, freundlich und verständnisvoll. Aber es kommt auch vor, dass wir aus der Haut fahren, unsere Fassung verlieren und entschieden unseren Standpunkt vertreten. Wenn wir jeden dieser Aspekte mit einem eigenen Namen belegen, wenden wir das Prinzip der Shakti-Namen auf unsere Person an. Sämtliche Benennungen beziehen sich dann auf unsere Person, auch wenn nicht jeder, der uns kennt, mit all diesen Facetten vertraut ist. In ähnlicher Weise begegnen wir auch der Shakti meist nur in einigen ihrer vielen Gesichter, mit denen wir aufgrund unserer Persönlichkeitsstruktur und unseres inneren Entwicklungsstandes in einem direkteren Bezug stehen.

Warum die Shakti auch Göttliche Mutter genannt wird

In Indien wird oft betont, dass der männliche Aspekt des Höchsten, obwohl er ebenfalls in der Welt anwesend ist, sich in seinem Bewusstsein eher im Überkosmischen befindet und deshalb nur schwer zu erreichen ist. Die Shakti dagegen ist näher am Menschen und deshalb leichter zugänglich, was in den spirituellen Wegen, die ihr zugewandt sind, einen innigen Kontakt mit ihr ermöglicht. Westliche Menschen sind oft etwas verblüfft, wenn sie hören, dass sie auch als Mutter bezeichnet wird. Für die hinduistische Kultur hat der Mutteraspekt jedoch eine große Bedeutung, und ihr zufolge kann der Mensch zum göttlichen Bewusstsein in einer Vielzahl von Beziehungen stehen. Die Haltung des Kindes, das sich von seiner Mutter in völligem Vertrauen auf ihre liebende und nährende Kraft in allen Belangen des Daseins leiten und umsorgen lässt, gilt als eine der innigsten und effektivsten Bindungen. Den inneren Weg als Kind der Göttlichen Mutter zu leben, ist allerdings etwas vollkommen anderes, als das Kind eines menschlichen Wesens zu sein. Es bedeutet, dass die göttliche Shakti das Leben nicht nur begleitet, sondern auch die Verantwortung für den inneren Wachstumsprozess übernimmt.

Der anerkannte Veda-Kenner David Frawley hat die Beziehung zur Göttlichen Mutter als die tiefste Beziehung hervorgehoben, die wir mit den Göttlichen haben können. Es gibt, so sagt er, keine engere menschliche Beziehung als die zwischen Mutter und Kind. Deshalb spiegelt sie am besten unsere tiefe Beziehung zum Höchsten wider. Aber auch in einem globalen Kontext empfindet er den Kontakt zur Göttlichen Mutter als absolut zeitgemäß:

„In unserer modernen Welt, in der wir die Gleichberechtigung der Geschlechter anerkennen, können wir nicht länger den weiblichen Aspekt des Göttlichen zurückweisen. Die Ablehnung der weiblichen Seite des Göttlichen – die liebevolle Freundlichkeit, Toleranz und Fürsorge ist – und das Anpreisen eines strengen und allein männlichen Gott-Vaters-im-Himmel hat zu religiösen Feindseligkeiten und heiligen Kriegen geführt, die die Menschheit in den letzten zweitausend Jahren tief verletzt haben.

Welche Religion hat je auf aggressive Art den Glauben an die Göttliche Mutter vorangetrieben? Welche Form von religiösem Fundamentalismus oder Exklusivität wurde jemals im Namen der Göttin betrieben? Wer kann Menschen im Namen eines Gottes töten, der ‚Mutter' heißt? Welche Mutter kann es je zulassen, dass ihre Kinder verletzt oder getötet werden, ganz gleich, wie tief sie auch gesunken sein mögen? Welche Mutter kann ihre Kinder als Sünder verdammen? Wer kann sagen: ‚Glaube an die Göttliche Mutter oder du verlierst dein Leben und fährst zur Hölle?' Es überrascht nicht, dass der Hinduismus – die größte Religion der Welt, die die Göttin verehrt – selten religiöse Feindseligkeiten gefördert und niemals solche Vorstellungen wie die einer ewigen Verdammnis hervorgebracht hat.

Das Weibliche ist die formhafte Seite des Göttlichen. Die Frau repräsentiert die Verkörperung des Göttlichen. Ihre Verehrung verlangt die Schaffung angemessener Formen, in denen ihr Respekt erwiesen werden kann. Wir müssen noch einmal Ebenbilder der Göttlichen Mutter kreieren, um ihrer heilenden Gnade, die für den Weltfrieden von essenzieller Bedeutung ist, das Herabsteigen zu ermöglichen. Ohne die Anerkennung der Formen der Göttlichen Mutter müssen unsere Religionen einseitig bleiben und zu diversen Exzessen im menschlichen Verhalten führen."[3]

Der Mutteraspekt der Shakti besitzt eine weitreichende Bedeutung, denn sie ist als Mutter nicht nur die große Göttin, sondern auch der Ursprung sämtlicher Gottheiten und des gesamten Universums. Die hinduistische Tradition kennt eine unglaubliche Fülle an unterschiedlichen Mutter-Aspekten. Ein herausragendes Merkmal ist die Tatsache, dass die Göttliche Mutter nicht nur in Formen Verehrung findet, die der menschlichen Psyche durch ihre anmutige Gestalt und ansprechende Güte entgegenkommen, sondern auch in Aspekten, die dem Archetypus einer lieblichen Madonna völlig entgegenstehen. Die indische Kultur hat damit der Erkenntnis Rechnung getragen, dass alle Dynamik in der Welt – auch jene, die den Menschen beunruhigt oder ängstigt – ein Ausdruck der Shakti-Energie ist. Das betrifft in der Gestalt der schwarzen Göttin Kali auch den alles verschlingenden Fluss der Zeit, der – da er die Auflösung oder Ent-Werdung aller Formen bewirkt – auch auf die eigene Endlichkeit verweist. Es ist berührend, wie viel Liebe und aufrichtige Hingabe gerade dieser dunklen Seite der Shakti-Kraft entgegengebracht wird. Sorgt sie in ihrem hohen Mitgefühl doch auch dafür, dass die Widerstände des Ego und die Schattenseiten der menschlichen Natur vergehen, die den Menschen von der Erfahrung des Höchsten trennen.

Shakti und inneres Wachstum im Yoga

„Sie ist Jungfrau im Sitz des Muladhara, die unvergleichliche Gebieterin, die Höchste Mutter. Sie nahm mich beiseite, sie trennte mich von meinen Unvollkommenheiten, sie hat mein Herz geliebt und drang dort in mich ein.“

Tirumular, Vers 1106 [4]

Mit Shakti befinden wir uns in einem Grenzland des inneren Erwachens, denn trotz aller gedanklichen Annäherungen ist die Shakti kein mentales oder rein philosophisches Konzept. Sie repräsentiert immer eine hochgradig intensive, spirituelle Wirkkraft, deren multidimensionale Energie im Prozess des inneren Wachsens gegenwärtig und spürbar ist – als eine Präsenz, die das eigene Dasein erfüllen, verändern und zur Blüte bringen kann. Wie jede Entwicklung von ihrer kreativen Dynamik abhängig ist, wird auch der persönliche Yoga-Weg von ihrer Energie wirksam begleitet. Allerdings muss in diesem Zusammenhang betont werden, dass Yoga im indischen Verständnis keineswegs nur mit Hatha-Yoga gleichgesetzt wird, der im Westen populär gewordenen Form des Yoga, die den Fokus verstärkt auf Körperübungen (Asanas), Atemlenkung (Pranayama) und Meditation setzt. Im ursprünglichen Sinne bezeichnet der Begriff „Yoga" den Prozess der Einswerdung mit dem höchsten Bewusstsein. Zu diesem Zweck hat die hinduistische Tradition einen Wegweiser mit vielen Schildern bereitgestellt und eine Fülle an unterschiedlichen Zugängen und Methoden entwickelt, zu denen Jnana-Yoga, Bhakti-Yoga und Karma-Yoga genauso zählen wie Raja-Yoga, Hatha-Yoga, Kundalini-Yoga, Laya-Yoga und viele andere. Indien hat damit seit jeher der Tatsache Rechnung getragen, dass der Mensch ein komplexes, multidimensionales Wesen von großer Einzigartigkeit ist, und deshalb auch über verschiedene Ebenen seiner selbst in die Praxis eintauchen kann. Im Jnana-Yoga geschieht dies über die mentale Ebene und im Bhakti-Yoga über die emotionale. Im Raja-Yoga steht die psychologische Ebene im Vordergrund und im Hatha-Yoga die körperliche. Was jeder einzelne dieser Wege benötigt, ist eine korrespondierende Kraft oder spirituelle Dynamik, die ihn entfaltet. Erkenntniswege beruhen auf der Kraft der Weisheit, Herzenswege auf der Kraft der Liebe und ein Yoga, der mitten im Leben steht und keinen Rückzug von der Welt sucht, auf der Kraft des Handelns. All diese Aspekte sind ebenfalls ein Teil der Shakti-Energie.

Für das innere Wachstum kommt der Shakti in verschiedenen Richtungen eine zentrale Rolle zu, die einen intensiveren und kontinuierlichen Kontakt mit ihrer Kraft erfordert. Es ist dann die Shakti-Kraft selbst, die den Yoga leitet und entfaltet, und die Aufgabe des Praktizierenden[5] besteht darin, sich ihrem Wirken anzuvertrauen. Um im eigenen Wesen die notwendigen Voraussetzungen zu schaffen, unter denen sie in das Bewusstsein einwirken kann, ist zunächst eine konzentrierte, vorbereitende Sadhana (spirituelle Disziplin) notwendig, in der über das persönliche Bemühen innere Ausrichtung, Läuterung, Überantwortung und Rezeptivität „aufgebaut" werden.

Die spirituelle Präsenz der Shakti variiert im Yoga mit der Persönlichkeit des Yoga-Übenden, der Art der inneren Ausrichtung und den speziellen Anforderungen des gewählten Pfades, auf dem bestimmte Kräfte wirken müssen, um zu bestimmten Erfahrungen zu führen. Shakti-Kraft wird die Yoga-Übenden nicht nur stufenweise auf einer ansteigenden Bahn voranbringen, sondern unterwegs auch nähren, stärken und schützen. Schon die vedischen Hymnen betonen, dass die innere Entwicklung nicht nur ein einfaches Vorwärtskommen und Emporsteigen ist, sondern ein fordernder Prozess, der viel Kraft und Ausdauer benötigt und vom Kampf gegen Widerstände und Schwierigkeiten geprägt ist. In diesem Zusammenhang gewinnt auf einem auf die Shakti bezogenen Yoga-Pfad auch der kämpferische Aspekt an Bedeutung, der eine Wirkkraft darstellt, die – wenn erforderlich – ein starkes heroisches Element in die spirituelle Reise einbringen kann.

Shakti und der umgekehrte Weltenbaum

„Im unverwandelbaren, namenlosen Ursprung sah man
auftauchen wie aus unergründlichen Ozeanen
die Spur von den Ideen, die die Welt erschufen,
und in die schwarze Erde der Verzückung der Natur gesät
den Samen von des Geistes blindem und gewaltigem Begehren,
aus dem empfangen ward der Baum des Kosmos,
der seine Wunderarme ausstreckt durch den Traum von Weltraum.
So nahmen ungeheure Wirklichkeiten eine Form an ...“

Sri Aurobindo[6]

Im Prinzip ist alle Kraft Shakti-Kraft. Alles kommt durch sie in die Manifestation, alle Dinge, Wesen und Energien im Universum und alles, was wir in unserem Dasein sind und erfahren. Alle Erscheinungen, die zu unserer Welterfahrung gehören, alles, was uns berührt, alle Gedanken, Gefühle, Instinkte, Handlungen, Impulse und Träume. Alles, was unseren Weg erleuchtet und was uns in Dunkelheit hält, alles, was wir lieben und hassen, was uns angenehm und unangenehm ist, was uns anzieht und abstößt, jede Schönheit und jede Hässlichkeit und alle Gegensätze der Welt, auch das Gute und Wohlwollende und selbst das Böse und Übelgesinnte. Denn Shakti ist *eine* göttliche Kraft auf allen Ebenen der universellen Existenz und umfasst in ihrem Wirken das gesamte Spektrum der Schöpfung – womit diese prinzipiell göttlich ist, auch wenn sie in vielen Aspekten dem Auge unserer Wahrnehmung anders erscheinen mag. Doch obgleich alles das höchste

Bewusstsein in sich trägt, offenbart nur weniges in der Welt einen Schimmer der innewohnenden Vollkommenheit. Ob wir das gesamte Weltenspektrum oder unser persönliches Lebensumfeld betrachten: Kraft erscheint auf unserer Ebene der Weltenerfahrung selten als bewusste Kraft, und auch ihre Manifestationen sind in der alltäglichen Realität weit davon entfernt, im höchsten Sinne bewusst zu sein. Shakti ist damit ein äußerst komplexes und fluides Geschehen, das sowohl Licht als auch Dunkelheit hervorbringen kann, Bewusstheit oder Unbewusstheit. Im Spiel der Welt existieren gewaltige Unterschiede, denn im Schöpfungsprozess transformieren sich die *eine* All-Kraft und das *eine* All-Bewusstsein, das Sie in ihren Begegnungen transportiert, in ein zunehmendes Unbewusstsein herab. Gleichzeitig wirkt das Prinzip einer ständigen Unterscheidung, Vervielfältigung und Vereinzelung, über das eine Vielfalt an Formen und Energien ausgearbeitet wird.

Vielen Kulturen ist in diesem Zusammenhang das Sinnbild des mythologischen Weltenbaumes bekannt (siehe Abb. 1 im Bildteil). Indem er seine Kraft aus verborgenen Wurzeln bezieht und aus unzähligen, einander durchdringenden und übereinanderliegenden Welten besteht, stellt er auf anschauliche Art ein uraltes Abbild der kosmischen Ordnung dar. In der indischen Tradition wird dieses eingängige Symbol in der Katha-Upanishad und der Bhagavadgita in der Form eines *umgekehrten* Weltenbaumes zum Ausdruck gebracht. Wir können an diesem Bild die weltenentfaltende Funktion der Göttlichen Mutter etwas genauer betrachten.

Die Wurzeln des kosmischen Baumes, der auch Ashvatta-Baum genannt wird, erstrecken sich weit nach oben in die höchste Realität und verankern die Schöpfung in der transzendenten Sphäre des reinen, unbewegten Brahman. Von dort bezieht das gesamte Universum seine Nahrung und Lebenskraft. Aus diesem formlosen Ursprung wird es mit allem versorgt, was es existieren, wachsen und gedeihen lässt. Wo sich normalerweise die Erdoberfläche befindet, geschieht der Übergang vom Formlosen zum Formhaften. An dieser Grenzlinie ist die Shakti die undifferenzierte, aber schon bewegte Kraft der reinen Transzendenz, die das kosmische Geschehen aus der „formlosen Substanz" des unnennbaren Weltenursprungs heraus möglich macht und alles Geschaffene mit ihrer transzendenten Macht durchdringt. Hier beginnt die Manifestation der Vielfalt mit einem „Umschalten" vom statisch-unbewegten zum dynamisch-aktiven „Brahman-Modus" (der nichts anderes als die kosmische Shakti ist) Gestalt anzunehmen. Die erste Bewegung der Shakti ist der Stamm des Weltenbaumes, auf dessen tragender Einheit die gesamte Krone ruht und in dem noch keinerlei Unterscheidung und Verästelung stattgefunden hat. Hier ist die Shakti die Adi-Shakti, die höchste undifferenzierte Macht und Mutter aller Phänomene des Universums. Dann teilt sie sich auf den oberen kosmischen Ebenen – die näher am Ursprung liegen und unserer Weltenerfahrung übergelagert sind – in die verschiedenen Mächte der kosmischen Mahashakti, die als elementare Wesensaspekte der göttlichen Weltenmutter eine weite Verehrung finden und im spirituellen Leben eine bedeutende Rolle spielen. Dies sind die hohen schöpferischen Kräfte ihrer Dynamik, die das Prinzip der kosmischen Ordnung in ausgewogener Weise auf allen „Etagen" des Weltenbaumes zum Ausdruck bringen. Sie entfalten den Kreislauf von Werden, Erhalten und Vergehen und alle Entwicklungen der kosmischen Existenz. Die Ebene ihrer ersten Verästelungen ist der Bereich der kosmischen Gottheiten. Sie sind zusammen mit Zeit und Raum die ersten Kinder der Vielfalt, auf deren Prinzipien alle nachfolgenden Entfaltungsschritte aufbauen. Dann unterteilt das

Wirken der Shakti-Kraft den Wachstumsprozess weiter und erschafft über eine stufenweise fortschreitende Vereinzelung die unendliche Vielfalt der Welt. Aus den Kräften der oberen Ebenen des Kosmos gehen somit weitere Kräfte hervor, die sich in einem verzweigten Kräftespiel zunehmend weiter vereinzeln, verdichten, vervielfältigen und immer wieder voneinander trennen. Die Formen, die sich auf den einzelnen Weltenebenen manifestieren, werden dabei von Ebene zu Ebene mannigfaltiger und undurchdringlicher und hüllen gleichzeitig mehr und mehr von dem ein, was sie in ihrem innersten Wesen wirklich sind: essenzielles Ursprungsbewusstsein, mitgenommen bis an den tiefsten Grund der Schöpfung und verpackt in eine Fülle von anscheinend unbewussten und vereinzelten Formen, die allesamt die ausladende Krone des stattlichen Weltenbaumes bilden.

Ungefähr dort, wo die Krone ansetzt, können wir uns quer durch den umgekehrten Weltenbaum eine unsichtbare Linie vorstellen, die ihn in obere, bewusste Bereiche und in niedere Sphären der Halbbewusstheit und Unbewusstheit teilt. Der Veda nennt diese beiden Hälften die obere und die untere Hemisphäre der Schöpfung. Alles, was sich im unteren Teil befindet, ist an die mechanischen, halbautomatischen und sich ständig in gleicher Weise wiederholenden Bewegungen gefesselt, die wir Natur oder (traditionell indisch) Prakriti nennen. Die Kraft der Natur ist also keinesfalls die Shakti in ihrer vollen kreativen Bewusstseinsmacht, sondern ein relativ geringer Teil ihrer selbst, dessen Dynamik sie einsetzt, um die komplexe Ordnung der Weltenbaumkrone auszuarbeiten und aufrechtzuerhalten. In dieser unteren Abteilung leben wir unser Leben, rundum eingebettet in eine Welt der Unwissenheit und auch selbst ein Ausdruck davon. Von unserer dicht verstellten Position im Astwerk aus können wir – durch die Art und Weise, wie die Natur uns „gestrickt" hat – den Ursprung und die Einheit des Ganzen nicht mehr erkennen. Wir sehen auch nicht, dass wir ein kleines Teil in einem immensen Organismus sind. Dieselben Kräfte, die uns erschaffen haben und am Leben halten, versperren uns den Blick auf unsere wesentliche Essenz. Zur gleichen Zeit bewirkt der Ego-Mechanismus unserer menschlichen Natur, dass wir uns als den Mittelpunkt der Welt betrachten und die zur Verfügung stehenden Kräfte und Objekte in unserer begrenzten Sicht ständig an die eigene Perspektive anpassen. Dies trägt dazu bei, dass unsere Lebenserfahrung an den kleinen Radius des Blattes gebunden bleibt, als das wir im großen Laubwerk des Weltenbaumes angetreten sind.

Wenn die indische Tradition im Hinblick auf die Schöpfung von der Shakti spricht, meint sie die ganze Lebens- und Entfaltungskraft des gesamten Weltenbaumes mit all seinen einander durchdringenden und aufeinander aufbauenden Ebenen und Wachstumsprozessen. Sie stellt eine ungeheure bewusste Energie dar, die in allen Ecken des Universums anwesend und aktiv ist, die alle Ebenen des Weltenbaumes in minutiöser und zugleich geordneter Weise entfaltet, über alle kleinen und großen Details ständig im Bilde ist und trotzdem den Überblick über die Entfaltung des Ganzen nie verliert. Im Kontext der spirituellen Entwicklung ist Shakti die bewusste Kraft, die aus überkosmischen, hohen kosmischen oder verborgenen seelischen Bereichen zu uns kommt und in uns eine Bewusstseinsentfaltung initiiert. Sie kann auch – wie die indische Tradition zu berichten weiß – über spirituell hochentwickelte Persönlichkeiten oder kosmische Gottheiten in das individuelle Dasein einfließen. In den spirituellen Traditionen hebt sie den Menschen weit über sich selbst hinaus in die hohen Bewusstseinsbereiche der tragenden Äste und des überkosmischen Wurzelbereiches. Der Aufstieg findet allerdings ausschließlich im Bewusstsein statt. Die körperhafte Natur kann ihn aufgrund ihrer Unbewusstheit nicht mitgehen und verbleibt im dichten Astwerk, bis sie zerfällt. Aus der Sicht einer ganzheitlichen Spiritualität jedoch findet, wie bei allen Bäumen, auch im Weltenbaum ein lebenslanger Wachstumsprozess und eine Entfaltung statt, die ebenfalls durch die Shakti ausgearbeitet wird. Im Integralen Yoga wirkt sie deshalb unmittelbar in das Leben hinein, um „an Ort und Stelle“ inmitten der Unbewusstheit der Natur ein Aufblühen des Bewusstseins und des gesamten Weltenbaumes zu ermöglichen.

Ebenen und Aspekte der Shakti-Kraft

„Sie ist die höchste Shakti, die Parameshvari, die dreifache Tripura, das höchste Selbst von Brahma, Vishnu und Shiva, das Wesen, das aus Jnana-Shakti, Iccha-Shakti und Kriya-Shakti besteht.“

Vamakeshvara-Tantra IV, 10–11[7]

Alle Energien der kosmischen Realität sind, wie wir gesehen haben, ein Teil der Shakti-Kraft. Doch ist nicht jede Energie gleichzeitig auch eine Kraft, die zur Bewusstseinsentwicklung führt. Das menschliche Leben findet normalerweise vollständig eingebunden in die Wirkzusammenhänge der Natur statt und kommt mit den höheren Shakti-Kräften wenig oder überhaupt nicht in Kontakt. Erst wenn ein spiritueller Weg aufgenommen wird oder eine gewisse Prädisposition besteht, gewinnen diese an Bedeutung. Für die spirituelle Entwicklung ist neben der gewählten Ausrichtung auch die Ausgangsebene und spezielle Arbeitsweise der Shakti-Energie von Bedeutung. Diese wird in unterschiedlichen Ansätzen abweichend klassifiziert. So unterscheidet zum Beispiel die Trika-Schule des kaschmirischen Shivaismus, die der Shakti eine wichtige Rolle einräumt, drei unterschiedliche Ebenen ihrer Kraft, die zusammen eine Art „Shakti-Triade" bilden.

Im Prinzip kann Shakti-Kraft aus jeder dieser Ebenen heraus in unser Leben einwirken. Die erste und ursprünglichste Ebene wird Para-Shakti genannt. Sie ist die höchste transzendente Energie und damit der unmittelbare, schöpferische Einfluss des höchsten Bewusstseins, das als Shiva bezeichnet wird. Para-Shakti ist Shivas ureigene, subjektive Kraft, die gleichzeitig die höchste Shakti-Kraft darstellt. Die zweite Ebene wird Parapara-Shakti genannt und ist eine transzendent-immanente Form der Shakti-Energie, die als vermittelnde, bewusstseinsentfaltende und kognitive Energie Shivas gilt. Die dritte ist Apara-Shakti, die immanente Energie. Sie ist Shivas objektive, untergeordnete Energie. Die meisten Menschen leben vollständig eingebunden in die minderen Energien der Apara-Shakti und nehmen die höheren Shakti-Kräfte gar nicht wahr, da ihr Bewusstsein für sie (noch) nicht durchlässig ist. Das Ziel des spirituellen Weges ist immer das höchste Bewusstsein selbst, das erst vollständig über die Para-Shakti erfahrbar wird. Was den Aufstieg dorthin ermöglicht, ist eine Entwicklung, die den Menschen durch verschiedene Energien der Parapara-Shakti schrittweise zum Höchsten führt. Somit nimmt die vermittelnde Präsenz der Parapara-Shakti in der Praxis der Trika-Schule und anderen auf die Shakti bezogenen Ansätzen des Yoga eine große Rolle ein.

Philosophische Betrachtungen verweisen in diesem Zusammenhang auch auf drei Hauptenergien der Shakti, die miteinander in Verbindung stehen: Jnana-Shakti, die

Energie des Wissens, die dem Wirken einen klaren Ausdruck verleiht, Iccha-Shakti, die Energie des Willens, die das Wirken initiiert, und Kriya-Shakti, die Energie, die das eigentliche Wirken manifestiert.

Jnana-Shakti

Die Jnana-Shakti ist die Kraft des spirituellen Wissens, der Weisheit, der Intuition und der Erkenntnis. Sie ermöglicht den Zugang zur lichtvollen Essenz des eigenen Daseins, die eins ist mit der innersten Existenz von allem Seienden. Sie konzentriert sich im kognitiven Bereich des Menschen, wo sie die gewöhnliche Wahrnehmung der Dinge transzendiert und dem Mental ein weiteres und höheres Bewusstsein eröffnet. Auf diese Weise bereitet sie das Wesen auf tiefere Erfahrungen vor und führt es an die Schwelle zur Erkenntnis. Unter ihrem Einfluss kommt es zur Beschäftigung mit spirituellen Themen, zum tiefen Verständnis philosophischer Konzepte und zur Formulierung essenzieller Lebensfragen, die einen inneren Prozess einleiten. Wissen wird zu Weisheit, wenn sie dem Geist das Licht des höheren Bewusstseins in intuitiver Weise offenbart. In der Praxis ist die Jnana-Shakti eng mit den Methoden der spirituellen Selbst-Erforschung und der Realisation der Brahman-Erfahrung verbunden. So verwundert es nicht, dass ihr im Yogaweg der Erkenntnis eine besondere Bedeutung zukommt.

Iccha-Shakti

Die Iccha-Shakti ist die Kraft des Willens, der Intention und der handlungsbestimmenden Impulse. Sie verkörpert den kreativen Drang nach Selbst-Ausdruck und die Kraft hinter jeder Art von Wollen und Begehren. Ihr erster Impuls ist der göttliche Wille zur Schöpfung. Mithilfe der Iccha-Shakti kann das, was in den Fokuspunkt des Bewusstseins gestellt wird, konkret umgesetzt werden. Der Mensch verbindet Willenskraft vorwiegend mit seinem mentalen und vitalen Wollen. Aber auch aus den hohen Regionen übermentaler Bereiche und aus der Tiefe des seelischen Bewusstseins können sich Willensimpulse mitteilen, die sich zum Ausdruck bringen wollen. Im Gegensatz zur Jnana-Shakti, deren Einfluss auf die Mentalebene begrenzt ist, berührt das Wirken der Iccha-Shakti die Wesensteile des Menschen in einer umfassenderen Weise. Damit die Iccha-Shakti effektiv wirken kann, wird jedoch Wissen benötigt. Wer zum Beispiel als Übersetzer für Fremdsprachen arbeiten will, muss diese Sprachen zuerst gelernt haben. Im spirituellen Leben ist das nicht anders. Deshalb wird vielfach gesagt, dass die Iccha-Shakti das Transportmittel darstellt, das die Kraft der im kognitiven Bereich wirkenden Jnana-Shakti in die Welt hinausträgt und ihr einen größeren Ausdrucksradius verleiht.

Kriya-Shakti

Die in die Welt und die Materie hineinwirkende Kriya-Shakti ist die Kraft der Manifestation, der Tat und der Kreativität. Sie ist die Energie, welche die Dynamik der Jnana- und Iccha-Shakti in die stoffliche Ebene des Universums einbringt. Ohne sie würde nichts in ein konkretes, materielles Dasein gelangen. Obwohl sie aufgrund ihrer großen Nähe zur Materie oft als die niedrigste der drei Kräfte angesehen wird, ist sie der abschließende Höhepunkt für den Ausdruck einer Bewusstseinsintention. Wenn wir Menschen kennen, die eine ungeheure Schaffenskraft in sich tragen und in unglaublich kurzer Zeit eine überwältigende Fülle an Projekten in gelungener Weise umsetzen können, können wir sicher sein, dass in ihnen eine starke Kriya-Shakti wirkt. Oftmals wird die Kriya-Shakti auch im Sinne des Karma-Yoga der Bhagavadgita als die Kraft eines absichtsfreien Handelns gesehen, das losgelöst von persönlichen Erwartungen als Dienst am Höchsten ausgeführt wird.

Ihre große Manifestationskraft äußert sich in besonders beeindruckender Weise, wenn sie zusammen mit der Jnana-Shakti und der Iccha-Shakti zum Einsatz kommt, wie es zum Beispiel oft in der Kunst oder Wissenschaft der Fall ist. Dann wird die durch Wissen und Willen motivierte Kreativität der Kriya-Shakti ein kraftvolles Ausdrucksmittel für intellektuelle, ästhetische oder spirituelle „Highlights". Bei allem, was wir im Leben erreichen wollen, stellt sie die notwendige Verwirklichungskraft zur Verfügung, die unseren Vorstellungen, Absichten, Entscheidungen und Visionen eine konkrete, materielle Gestalt gibt. Wenn sie nicht in ausreichendem Maße aktiv ist, bleiben Projekte und Vorhaben auf der Ideen- oder Planungsebene stecken und erfassen das Leben nicht in vollständiger und integraler Weise. Es fehlt dann sozusagen an Bodenhaftung.

Idealerweise sollten diese drei Shakti-Kräfte ausgewogen in uns wirken. Der spirituellen Grundausrichtung und der eigenen Persönlichkeitsstruktur entsprechend wird aber meist eine dieser Energien vorrangig erfahren. Einem Jnana-Yogi, der seinen spirituellen Weg über die Erkenntnisfähigkeit lebt, wird die Shakti wahrscheinlich im Aspekt der Jnana-Shakti begegnen, während ein Karma-Yogi, der seine innere Entwicklung über die Handlungsfähigkeit erfährt, eher durch die Kriya- oder Iccha-Shakti unterstützt wird. Die indische Tradition benennt eine Reihe von weiteren Shakti-Energien, wie zum Beispiel die Kundalini-Shakti des Tantrismus und die vielen Mutter-Göttinnen. Sie repräsentieren verschiedene Aspekte der universellen Shakti, die im kosmischen Geschehen aktiv sind und als

Wirkkräfte in das Leben eingeladen werden können. Im hinduistischen Kontext geschieht dies vorwiegend über das Ritual.

Die Shakti in der indischen Tradition

„O Besitzer des Überflusses! Die Frau ist das Zuhause, sie ist wahrlich der Ursprungsort. Dorthin sollen dich deine angeschirrten strahlenden Energien tragen ...“

Rig Veda, III. 53.4[8]

Die indische Kultur ist seit ihren frühen Anfängen im vedischen Zeitalter mit dem Prinzip der Shakti vertraut. In dieser grundlegenden Epoche wurde die mütterliche Urkraft als die unendliche Göttin Aditi verehrt, die schöpferische Ur-Kraft und Ur-Mutter der Schöpfung, aus welcher auch die kosmischen Sonnen-Gottheiten des Veda hervorgegangen sind. Als höchste Bewusstseinskraft des ewigen Seins ist sie das unermessliche Licht, das die ursprüngliche Wahrheit aller Dinge ist. Damit verkörpert sie eine dem universellen Dasein zugrundeliegende, undifferenzierte Einheit, die auf ewig frei ist vom Spiel der Dualität. Weitere Erscheinungsformen der Shakti, die in den vedischen Hymnen hervorgehoben werden, sind Dakshina, die Licht bringende, intuitive Unterscheidungskraft, Vac, die Göttin des Wortes und Mutter der Veden, Dhi, die Kraft des göttlichen Gedankens, und Ratri, die Göttin der Nacht. Usha ist im Veda die viel besungene Göttin der Morgenröte, die das spirituelle Erwachen repräsentiert, das dem Erkennen der Höchsten Wahrheit vorangeht. Im Gayatri-Mantra, der wohl bedeutendsten vedischen Anrufung der schöpferischen Sonnenkraft, wird sie in Gestalt der fünfköpfigen Göttin Gayatri personifiziert. Und der versiegte Fluss Sarasvati, an dessen Ufern sich im Nordwesten des indischen Subkontinents vor über fünftausend Jahren weite Teile der frühen Harappa-Kultur entwickelten, galt in den Anfängen der indischen Zivilisation ebenfalls als eine Manifestation der Leben spendenden Shakti-Kraft. In den vedischen Hymnen wird Sarasvati als Göttin der unerschöpflichen Inspiration verehrt.

Auch im nachfolgenden upanishadischen Zeitalter, das die überkosmische Brahman-Erfahrung in den Mittelpunkt der spirituellen Suche stellte, preisen mehrere Upanishaden die Shakti-Kraft, wie die Tripura-Upanishad, die Bhavana-Upanishad und die Mahanarayana-Upanishad. Die Kena-Upanishad benennt die Göttin Umamaheshvari als einen weiblichen Guru, und die Svetasvatara-Upanishad stellt sie dem Absoluten Bewusstsein, das unter vielen Namen als männliche Gottheit personifiziert wird, als unpersönliche Maya-Kraft an die Seite. Einige Zeilen aus der Mahanarayana-Upanishad, die der Göttin Gayatri geweiht sind, mögen die Schönheit einer altindischen Shakti-Anrufung verdeutlichen:

„O Gayatri, du bist die Lebenskraft und der Glanz in Allem.

Du bist der Ursprung und die Nahrung der Himmlischen.

Du bist das Universum und auch sein Bestand.

Du bist alles, was existiert, und dessen Lebensspanne.

Du übertriffst alles.

Du bist die Wahrheit des Pranava (Om).

Ich erwecke dich als Gayatri, Spenderin der Erleuchtung.

Ich erwecke dich als Savitri, Spenderin des Lebens.

Ich erwecke dich als Sarasvati, Spenderin von Weisheit.“

Mahanarayana-Upanishad, 25.1

Die beiden großen Epen der indischen Tradition erwähnen die Shakti als eine unumgängliche Macht, deren Beistand und Segen in den entscheidenden Situationen des Lebens unerlässlich ist. So enthält das Ramayana eine berührende Episode, in der die Gottheit Rama (eine Inkarnation von Vishnu) vor dem Beginn einer alles entscheidenden Schlacht mit einer Opfergabe von einhundertundacht Lotusblüten den Beistand der kriegerischen Göttin Durga erfleht (siehe Abb. 2 im Bildteil). Im Mahabharata stimmt Arjuna, der Heerführer der Pandavas, vor dem Kampf auf Anraten der Gottheit Krishna ein Loblied zu Ehren der Göttin Durga an, woraufhin ihm die Göttin den Segen des Sieges gewährt. Auch in den puranischen Schriften findet die Shakti vielfach Erwähnung. So beten in der Bhagavata Purana die Gopis zur Shakti, dass sie ihnen den göttlichen Krishna zum Gemahl geben möge, und die Brahmananda Purana enthält das Lalita Sahasranamam, die heilige Hymne der tausend Namen der Göttin Lalita, einer weithin verehrten Form von Shivas Gemahlin Parvati.

Zwei bekannte Grundlagentexte für die Verehrung der Shakti sind das Devi Mahatmya und das Devi Bhagavatam. Das Devi Mahatmya, dessen Titel „Die Herrlichkeit der Göttin" bedeutet, besitzt für Shakti-Verehrer einen ebenso hohen Stellenwert wie die Bhagavadgita für Krishna-Anhänger. Der Text enthält populäre mythologische Erzählungen vom Kampf der Göttin Durga gegen die Mächte der Dunkelheit und eine Anzahl von Hymnen, die vielfach bei Festen und Andachten rezitiert werden. Das Devi Bhagavatam, das „Alte Buch von der Göttin", wird dem Weisen Veda Vyasa zugeschrieben, der auch als Verfasser des Mahabharata-Epos gilt. Es schildert ebenfalls den Kampf der Shakti gegen die dämonische Macht und erklärt die Göttin zur Grundlage der Welt. Der Text beschreibt sie als identisch mit dem Absoluten Brahman und betont, dass sie durch Yoga-Praxis, Meditation und Ritual verehrt werden soll. In einigen Versen spricht die Göttin über sich selbst:

„Ich bin die manifestierte Göttlichkeit, die unmanifestierte Göttlichkeit und die transzendente Göttlichkeit. Ich bin Brahma, Vishnu und Shiva und auch Sarasvati, Lakshmi und Parvati. Ich bin die Sonne, die Sterne und auch der Mond; ich bin alle Tiere und Vögel, ich bin selbst der Ausgestoßene und der Dieb. Ich bin der niedrigste Mensch mit seinen schlechten Taten und die rechtschaffene Person mit ihren vortrefflichen Werken. Ich bin das Weibliche, ich bin das Männliche und ich bin beides in Einem. Ich bin in allem, was gesehen oder gehört werden kann, im Inneren wie im Äußeren. Nichts Bewegliches oder Unbewegliches existiert ohne mich. So wie ein Seil im Dunkeln als eine Schlange oder ein geflochtenes Band erscheint, so bin ich das Eine Brahman und erscheine als Ishvara. Daran besteht kein Zweifel. Das Universum kann nicht ohne ein Fundament sein, und dieses Fundament bin ich."

Devi Bhagavatam, Buch 7, Kap. 33

Besonders im Tantrismus kommt der Shakti eine herausragende Position zu. Das tantrische System ist laut Sri Aurobindo *„einer der größten bisher unternommenen Versuche, die Gesamtheit des manifestierten und unmanifestierten Gottes in der Verehrung, der Selbstdisziplin und dem Wissen einer einzigen menschlichen Seele zu erfassen"*[9]. Der geringen Beachtung des Weiblichen in der vedantischen Spiritualität setzt der Tantrismus einen synthetischen Ansatz entgegen, der darauf ausgerichtet ist, das Shakti-Prinzip in den Vordergrund zu stellen und Bewusstsein und Natur im Vorgang einer spirituellen Wandlung zu vereinen.

„Wo immer das weibliche Prinzip in der lebendigen Persönlichkeit angetroffen wird“, führt Sri Aurobindo aus, „haben wir die Gesamtheit der weltunterstützenden mütterlichen Seele des Göttlichen. Die Göttin ... ist mit all ihren Aspekten in der Frau anwesend, in der Frau müssen wir Durga, Annapurna, Tara, die Mahavidhyas sehen, und das Tantra sagt ... ‚Wo immer man die Füße einer Frau sieht, soll man sie in seiner Seele verehren wie einen Guru.‘ Dieser Gedanke der Shakta-Seite des Hinduismus wird so zu einer kompromisslosen Bestätigung der Göttlichkeit der Frau und vervollständigt die vedantische Bestätigung der im Menschen verborgenen Göttlichkeit ...“[10]

Der Tantrismus verehrt die Shakti als große Weltenmutter und als Tor zur Transzendenz. Gleichzeitig sieht er in ihr eine göttliche Wirkkraft, die den Menschen zur ultimativen Einheit führt und ihn zugleich am weiten Spektrum ihrer universellen Macht teilhaben lässt. Für die tantrische Praxis ist die Shakti deshalb der Schlüssel zum inneren Wachstum. Ihre Methode zielt darauf ab, die menschliche Natur in die manifestierte Macht des göttlichen Bewusstseins zu erheben. Über die Vereinigung von Bewusstsein und Natur, Shiva und Shakti, werden sowohl Mukti als auch Bhukti erreicht – das heißt, die Befreiung der Einzelseele von der Notwendigkeit der Wiedergeburt (die in allen traditionellen Wegen das letztendliche Ziel darstellt) und die Freude an der weiten Macht des kosmischen Bewusstseins.

Die tantrische Lehre entstand in Indien als revolutionäre Gegenbewegung zum vedantischen „Mainstream“ und wurde dem spirituellen Leben gegen große Widerstände abgetrotzt. Sie war niemals eine Hauptströmung, aber ein Weg, der wesentlich dazu beigetragen hat, dass das spirituelle Leben dem Menschen in seiner Gesamtheit gerecht wurde. Mit großer Kühnheit integriert sie seine emotionaldynamischen Wesensteile in die spirituelle Praxis und vertritt den Gedanken, dass der Mensch durch sämtliche Erfahrungen des Lebens hindurchgehen muss, um zu lernen, alle Energien seiner Natur für seinen Aufstieg zu nutzen. Der heroische Geist des tantrischen Zeitalters will sich emporschwingen durch das, was ihn üblicherweise straucheln lässt. Dazu gehört auch das Prinzip des Begehrens in all seinen Ausprägungen. Da das Begehren den spirituellen Fortschritt empfindlich stören kann, wird es in den geistigen Pfaden vieler Kulturen durch Zurücknahme von der Welt und körperliche Enthaltsamkeit kontrolliert, was oft zu einer klösterlichen Lebensweise der Adepten führt. Der Tantrismus hingegen akzeptiert das Begehren und bindet es in einer ritualisierten Form in die Praxis ein, weil er prinzipiell das gesamte Wesen des Menschen in den Entwicklungsprozess einbeziehen will. Hierdurch erklärt sich auch die (symbolische oder tatsächliche) Integration des sexuellen Ritus in einigen Zweigen des Tantrismus. Ein weiterer Grund dafür ist die Tatsache, dass der sexuelle Höhepunkt normalerweise die intensivste Einheitserfahrung ist, die der Mensch kennt. Im Tantrismus wird sie auf sublimierte Weise in einen höheren Kontext gestellt und als Sinnbild für die angestrebte Vereinigung von *Ihm* und *Ihr* rituell genutzt.

Die tantrische Literatur (Tantras, Agamas, Nigamas und Samhitas) ist häufig in Form eines Dialoges zwischen einem Götterpaar wie Shiva und Kali oder Vishnu und Lakshmi verfasst. In diesen Gesprächen erteilt Shakti die Lehre selbst, oder sie erhält auf ihre drängenden Fragen Antworten von ihrem Gefährten, der gleichzeitig ihr spiritueller Lehrer ist. Fast immer kreisen die Texte um die Frage nach der ultimativen Erkenntnis oder, wie in den nachfolgenden Zeilen, um die hervorgehobene Bedeutung der Shakti-Kraft.

„Die göttliche Frau ist die Schöpferin der Welt;
sie allein ist die Form des Universums.
Die göttliche Frau ist die Grundlage der Welt;
sie ist die Essenz des Körpers.
Welche Form sie auch annimmt,
ob die eines Mannes oder die einer Frau,
es ist die höchste Form.
In der göttlichen Frau liegt die Form aller Dinge,
von allem was lebt und sich bewegt in der Welt.
Es gibt kein Juwel, kostbarer als die göttliche Frau,
keine Beschaffenheit, besser als die der göttlichen Frau.
Es gibt keine Bestimmung, noch gab es je oder wird es je
eine geben, vergleichbar der göttlichen Frau.
Kein Königreich, kein Gedeihen
ist vergleichbar der göttlichen Frau.
Es gibt kein Heiligtum, noch gab es je oder wird es je
eines geben, vergleichbar der göttlichen Frau.
Kein Gebet ist vergleichbar der göttlichen Frau.
Es gibt keinen Yoga, noch gab es je oder wird es je
einen geben, vergleichbar der göttlichen Frau.
Keine mystische Formel, keine Entsagung
ist vergleichbar der göttlichen Frau.
Es gibt keine Reichtümer, noch gab es je oder wird es je
welche geben, vergleichbar der göttlichen Frau.“

Shaktisangama-Tantra[11], II.52

Die Kundalini-Kraft des Tantrismus

„Entfache das Kundalini-Feuer, das strahlend rot im Muladhara brennt. Leite es hinauf durch die Sushumna, durch die Mitte des Rückgrats, jage den Prana-Atem hinein, der die Nadis von Sonne und Mond durchströmt. Das ist der Weg, der zu den sieben mystischen Welten der Schädelspitze führt.“

Tirumular, Vers 660[12]

Ein geheimnisumwitterter Shakti-Aspekt der tantrischen Tradition Indiens liegt im tiefen Dunkel unserer menschlichen Natur verborgen. Wir können ihn als einen „Überschuss” an universeller Shakti-Kraft betrachten, der gewöhnlich von den Naturkräften nicht gebraucht wird und deshalb „eingelagert“ in uns ruht. Auf allen Ebenen unserer Existenz ist weitaus mehr Energie vorhanden, als unser menschliches Dasein für die Aufrechterhaltung seiner Funktionen nutzen und handhaben kann. Eine gewaltige Portion davon liegt „aufgerollt und schlafend“ im untersten Energiezentrum (Chakra) des feinstofflichen Energiekörpers. Es ist die Kundalini-Shakti, die in den tantrischen Wegen eine so große Rolle spielt und, sobald sie in ihrer Höhle im Wurzelchakra erwacht, pfeilgerade durch alle Chakras nach oben aufstrebt, um ihrem ewigen Gefährten oberhalb des Kopfes in den freien Weiten des höheren Bewusstseins wieder zu begegnen und sich mit Ihm zu vereinen – ein Vorgang, der im Mittelpunkt der tantrischen Praxis steht. In vielen Traditionen ist die aufsteigende Kundalini ein bekanntes Phänomen, und es kann durchaus davon ausgegangen werden, dass sie auch den Weisen der frühen Epochen der indischen Spiritualität bekannt war. Jedoch wurden vor dem Tantrismus und selbst parallel dazu vorwiegend vedantische Ansätze bevorzugt, die nicht auf der kosmischen Polarität von Ihm und Ihr aufbauen, sondern eine monistische Sicht vertreten und auf eine überkosmische Erfahrung abzielen. Sie besitzen ihre eigenen Erkenntnismethoden und setzen für den inneren Weg völlig andere Schwerpunkte.

Im Prinzip befindet sich die Kundalini-Energie auf allen Chakra-Ebenen des feinstofflichen Energiekörpers und ist auch oberhalb davon als bewusste göttliche Shakti-Kraft anwesend. Die traditionell-tantrischen Wege konzentrieren sich allerdings auf eine Methode, die sich mit Nachdruck um die Aktivierung dieser Shakti im Wurzelchakra bemüht. Kundalini-Erfahrung ist heftig, und ein leichtfertiges Experimentieren mit diesen Praktiken kann unter Umständen schwerwiegende Folgen haben. Sie bewirken die Freisetzung einer enormen Energie am tiefsten Grund all jener Bereiche unserer menschlichen Natur, die für das spirituelle Leben aufgrund ihrer triebhaften und nur schwer kontrollierbaren Regungen die größten Störfelder und Herausforderungen darstellen. Wenn die Kundalini-Energie in Bewegung gerät, entfaltet sich in körperlicher und psychologischer Hinsicht ein herausfordernder Prozess, der ohne Vorbereitung und Begleitung durch einen erfahrenen Lehrer unter Umständen bis an die Grenze des Aushaltbaren führen kann. Die aufsteigende Kundalini wirkt in gewisser Weise wie ein Verstärker, der jeden schon vorhandenen Lebensausdruck um ein Vielfaches intensiviert. Wie sich das individuelle Erleben der Kundalini-Bewegung gestaltet, ist damit weitgehend von dem abhängig, was man schon ist. Das Öffnen der Chakras trägt zu einer weiteren Intensivierung bei, da es auf den einzelnen Ebenen die Grenzen des individuellen Daseins sprengt und überall das größere universelle und kollektiv-menschliche Feld in die Erfahrung holt. Das erklärt auch den Nachdruck, mit dem die traditionell-tantrische Übungspraxis auf einer formellen Initiation und vorbereitenden Verfeinerung des Wesens besteht.

Die drei Polaritäten

Wie wir schon angesprochen haben, ist Shakti niemals allein. Alle Komponenten der Welt bestehen aus *Ihm* und *Ihr*, Bewusstsein und Energie. An dieser Tatsache lässt die indische Tradition wenig Zweifel aufkommen. Woran die Meinungen allerdings auseinandergehen, ist die Wertigkeit, die zwischen Ihm und Ihr zum Ausdruck kommt. Abhängig vom Fokus der spirituellen Ausrichtung, der vorrangigen Erfahrungsebene und den Erfahrungsinhalten einer bestimmten Epoche oder Richtung wird die Shakti auf unterschiedliche Weise an der Seite des höchsten Bewusstseins wahrgenommen. Die indische Tradition benennt in diesem Zusammenhang drei Polaritäten, die jedoch nicht als rein mentale Konzepte oder konkurrierende Erklärungsmodelle zu verstehen sind. Jede von ihnen repräsentiert, beruhend auf jahrhundertelanger Erfahrung, einen grundlegenden und zeitlosen Aspekt der spirituellen Erkenntnis, der auf den Wegen des inneren Wachstums bis heute seine Gültigkeit hat.

Brahman-Maya

„Herr bist du und Meister über Maya ...

Mit Maya im Verein hast du hervorgebracht das Weltall ...

Das Weltall, großer Gott, ist deine Maya,

Du bist ihr Herr.

Wohin das Auge auch mag schweifen,

Jeglicher Gestalt

Wohnest du inne.

Einzig bist du, ein Einziger.

Aus unzähligen Schößen geboren,

Wurdest du Viele,

Die alle wieder in dich münden...

Du Licht, du Einziger...“

Svetasvatara-Upanishad[13]

Das erste und älteste Polaritätspaar, Brahman-Maya, wird schon in den vedischen Schriften erwähnt. Maya ist der aktive, weibliche Aspekt und stellt jene ausmessende Kraft des formlosen höchsten Brahman dar, die aus seiner grenzenlosen Unermesslichkeit eine Fülle an bemessenen Formen konzipiert und sie so vordergründig als etwas Begrenztes erscheinen lässt. Sie ist die Baumeisterin der Unendlichkeit, die aus der absoluten eine relative Wirklichkeit formt, und die bestimmende Instanz, die festlegt, welche Größe und Form eine Blüte oder ein Regenwurm bekommt, wie ein Atom oder Molekül aufgebaut ist, und welche gewaltigen Ausmaße die Galaxien und ihre Sonnen auf der Bühne des Universums entfalten. In der spirituellen Erfahrung wird – wenn das Bewusstsein erwacht – der Schleier der Maya wieder gelüftet und der Blick auf das freigegeben, was hinter und in allen Formen verborgen liegt – eine Tatsache, die dazu geführt hat, dass der Begriff Maya im „Mainstream“ der indischen Tradition oft abwertend mit Täuschung oder Illusion gleichgesetzt wird. Was auch nachvollziehbar ist, da Mayas Werke keinen dauerhaften Bestand haben und die höchste Wirklichkeit nicht in ihrem vollen Potenzial, sondern lediglich im Fluss der sich ständig verändernden Phänomene zum Ausdruck bringen. Doch ist Maya immer die göttliche Konzeptions- und Bildekraft des Brahman und als solche niemals losgelöst von seiner Absolutheit. Sie als etwas völlig Unwirkliches herabzusetzen, schüttet – sprichwörtlich gesprochen – das Kind mit dem Bade aus. Trotzdem ist es in spiritueller Hinsicht wichtig, zu erkennen, was hinter den Erscheinungen der Maya verborgen ist. Um den Schleier der Maya zu lüften, hat die upanishadische Spiritualität die Methode des „neti neti" („nicht dies, nicht das") etabliert. Dabei wird die Identifikation mit Mayas Erscheinungsformen über einen langen Zeitraum immer wieder beharrlich zurückgewiesen. Das betrifft Objekte genauso wie Personen, Gefühle, Gedanken oder Ereignisse. Durch allmähliche Loslösung von allem, was nicht unmittelbar das rein Essenzielle, sondern „nur" eine vorübergehende Manifestation davon ist, erspürt der Praktizierende sein wahres Wesen als ein unabhängig existierendes Bewusstsein, dass sich für die Erfahrung der überkosmischen und transzendenten Erkenntnis öffnet.

Purusha-Prakriti

„Zwei schönen Vögeln gleich, die goldenes Gefieder tragen,

Untrennbare Gefährten, so nistet ihr auf hohem Zweig

In einem und demselben Baum.

Als Mensch genießest du die süßen Früchte dieses Baumes,

Die süßen und die bitteren Früchte.

Als Brahman aber, Herr der Maya, bleibst du der Unsichtbare,

Der Unbewegte, der ruhig Schauende."

Svetasvatara-Upanishad[14]

Das zweite Paar, Purusha-Prakriti, entstammt der Samkhya-Philosophie, die auf den legendären Weisen Kapila zurückgeht, der wahrscheinlich im 6. Jahrhundert v. Chr. gelebt hat. Erst viele Jahrhunderte später wurde sie in einer modifizierten Form von Ishvara Krishna in den zweiundsiebzig Versen des Samkhyakarika zusammengefasst. Das System des Samkhya hat das philosophische Denken Indiens über einen langen Zeitraum hinweg intensiv geprägt. Es wurde in bedeutende Lehrschriften, wie die Bhagavadgita, integriert und hat auch das Mahabharata-Epos wesentlich beeinflusst. Samkhya präsentiert *Ihn* und *Sie* aus einer streng dualen Sicht und bildet damit eine Lehre der Zweiheit. Seine beiden Grundprinzipien, Purusha und Prakriti, Seele und Natur, werden ohne jede Aussicht auf Einung als nebeneinanderstehend begriffen. Sie gleichen damit den Königskindern im Märchen, die ungeachtet aller Bemühungen nicht zueinanderfinden können. Purusha ist das reine, selbstseiende Bewusstsein. Prakriti dagegen wird jedes Bewusstsein abgesprochen. In ihrem ebenfalls selbstseienden, aber völlig unbewussten Sein ist die Shakti auf die Bewegungen der Natur reduziert. Da Prakriti jedoch ebenfalls als real betrachtet wird, kommt im Samkhya der Gedanke, sie als Illusion anzusehen, gar nicht erst auf. Prakriti ist zunächst als ein nicht wahrnehmbares Schöpfungspotenzial vorhanden (Avyakta). Animiert durch die bloße Anwesenheit des Purusha will sie *Ihn* auf sich aufmerksam machen und beginnt – mit dem Ziel, *Ihn* zu erreichen – ihre weltenentfaltende Bewegung. Das bringt ihre drei Grundqualitäten (das lichte Sattva, das leidenschaftliche Rajas und das träge Tamas) aus dem Gleichgewicht und schafft so die Komponenten der Welt, die sich in einer Serie von Hervorbringungen (Tattvas) von den allerfeinsten Ebenen des psychologischen Innenlebens bis zur dichtesten Stofflichkeit erstrecken. Erst in ihren Produkten wird Prakriti wahrnehmbar. Wahrhaft tragisch ist, dass sie den Purusha durch ihren kosmischen Tanz niemals erreichen kann. Der Purusha – das reine Bewusstsein – ist seinem Wesen nach stets unbewegt und in seinem wahren Sein ein völlig unbeteiligter Beobachter der Prakriti. Jedoch identifiziert er sich fälschlicherweise mit ihr und wird so in ihre Bewegungen verstrickt, bis er wieder in die Haltung des unbeteiligten Zeugen zurückgleitet und die Geschehnisse der Prakriti-Natur vollkommen distanziert in stillem Gewahrsein betrachtet. Diese losgelöste Zeugenposition stellt einen beachtlichen Wert für die spirituelle Praxis dar. Der Praktizierende lernt, zwischen seinen Bewusstseins- und Naturanteilen zu unterscheiden. Das gibt ihm die Grundlage, um von seiner Verhaftung an die Gewohnheitsmuster und Ego-Bewegungen der eigenen Natur zurückzutreten, was als Voraussetzung für tiefere Prozesse unerlässlich ist. Die Realisation des Purusha-Prinzips ist ein wichtiger Schritt im spirituellen Leben, durch den sich das menschliche Wesen aus dem Eingebundensein in die mechanischen Wirkweisen der Natur befreien und zu einer ersten geistigen Beherrschung derselben gelangen kann.[15] Die durch den Samkhya vorgenommene Reduzierung des weiblichen Pols auf die unbewusste Aktivität der Natur hat jedoch zu einer weiteren Abwertung des Weiblichen beigetragen.

Die Polarität von Purusha und Prakriti, die sich im Denkansatz des Samkhya als klare Dualität präsentiert, kommt schon im alten upanishadischen Sinnbild der beiden Vögel zum Ausdruck, das in der Mundaka- und Svetasvatara-Upanishad enthalten ist und gerade durch seine eingängige Schlichtheit eine tief greifende Wirkung entfaltet. Es heißt, dass der bekannte Philosoph Shankaracharya, als er im Alter von acht Jahren in Kerala durch die Reisfelder seines Heimatdorfes nach Hause ging, auf dem Ast eines

Baumes das Bild dieser beiden Vögel in natura vor sich sah und dadurch so inspiriert wurde, dass er den unwiderstehlichen Wunsch entwickelte, ein Wanderasket zu werden und sein Leben tieferen Einsichten zu weihen.

Ishvara-Shakti

„Der erfahrenden Seele wird sofort klar, dass hier eine bewusste Macht ist, von derselben Substanz und Natur wie die des Erhabenen, aus dem sie herrührt.“ [16]

Sri Aurobindo

Aus der Sicht einer ganzheitlichen Spiritualität genügt es nicht, dass wir Bewusstsein und Energie in dualistischer Manier voneinander trennen und die Shakti ausschließlich als eine unbewusste kosmische Kraft sehen, die uns und das Universum auf allen Ebenen der Existenz in Bewegung hält. Diese Auffassung ist in der unteren Ebene des Weltenbaumes, in die unser Leben eingebettet ist, durchaus relevant und ergibt sich aufgrund der dort vorherrschenden Unbewusstheit und Unwissenheit. In der oberen Hemisphäre existiert jedoch eine ganz andere Shakti-Realität. Hier ist die Shakti das göttliche Wesen selbst im Ausdruck *Seiner* Macht und deshalb immer in direkter Übereinstimmung mit *Ihm*. *„Erst wenn wir uns für die göttliche Shakti in der ganzen Wahrheit ihrer Kraft auftun, die über diese niedere Prakriti hinausgeht, können wir vollkommene Werkzeuge ihrer Macht und ihres Wissens werden,“*[17] so Sri Aurobindo. In der dritten Polarität, Ishvara-Shakti, wird diese unmittelbare Einheit von *Ihm* und *Ihr*, die allen scheinbaren Trennungen übergeordnet ist, in den Fokus gerückt. Ishvara ist die Präsenz des göttlichen Bewusstseins innerhalb der Welt, die Anwesenheit des Höchsten als göttliche Person und zentralster Komponente im gesamten Weltenbaum. Er ist als Seele aller Seelen das große kosmische Bewusstsein im Hintergrund aller universellen Abläufe und die Instanz, die alles kosmische Geschehen sanktioniert. Es gibt nichts, das im Weltenspiel geschieht, dem er nicht zuvor seine bewusste Zustimmung erteilt hat. So ist er der Meister und Herr aller Manifestationen im Kosmos und durch seine Einheit mit der Shakti unmittelbar an ihren Hervorbringungen und kreativen Bewegungen beteiligt. *„Ishvara ist Purusha“*, erklärt Sri Aurobindo, *„der auch die Prakriti in sich enthält und durch die Macht der Shakti in seinem Innern regiert. Shakti ist Prakriti, die durch Purusha beseelt wird, und durch den Willen des Ishvara handelt. Er wird zu ihrem eigenen Willen, sodass sie seine Gegenwart in ihrem Wirken stets in sich trägt.“*[18]

Shakti ist Ishvaras ebenbürtige Gefährtin. *Er* enthält *Sie*, und *Sie* enthält *Ihn* in gegenseitiger Durchdringung. Sie ist seine selbstseiende Selbst-Kraft, die in direkter Interaktion mit ihm auch das Potenzial besitzt, die Einheit allen Seins durch den Prozess einer fortschreitenden Bewusstwerdung inmitten der Weltenvielfalt zum Ausdruck zu bringen. Denn *„Ishvara-Shakti steht hinter der Beziehung Purusha-Prakriti und deren unwissendem Handeln und stellt diese in den Dienst eines evolutionären Zweckes ... Die Ishvara-Shakti-Realisation macht es uns möglich, dass wir an einer höheren Dynamik, an einem göttlichen Wirken, einem totalen Einssein und einer Harmonie des Wesens und der spirituellen Natur teilnehmen.“*[19] In dieser dritten Polarität, die dem Ansatz des Tantrismus entstammt, korrigiert sich automatisch die Tendenz zur Abwertung des Weiblichen.

Die Shakti im Integralen Yoga von Sri Aurobindo

„Das göttliche Bewusstsein und die göttliche Kraft sind da ... und bilden mitten im Unvollkommenen die künftige Vollkommenheit aus."[20]

Sri Aurobindo

Nicht nur im traditionellen Kontext, sondern auch im Integralen Yoga von Sri Aurobindo nimmt die Shakti eine zentrale Position ein. Wer sich mit diesem zukunftsbezogenen Ansatz vertraut machen will, muss im Verständnis von Spiritualität weit über die Grenzen des individuellen Lebens hinaus gehen. „Think big!" lautet hier die Devise. Der Integrale Yoga erfordert eine ausgesprochen weltzugewandte und zukunftsorientierte Perspektive. Während die traditionellen Pfade – einschließlich des diesseitsbezogenen Tantrismus – eine individuelle Erfahrung anstreben, möchte Sri Aurobindos Yoga mithilfe der höheren Shakti-Kraft eine vollkommen neue Dimension des Bewusstseins für das Leben auf der Erde ermöglichen. In seiner Sichtweise wird die kosmische Realität als ein kontinuierliches und noch nicht zum Abschluss gekommenes, evolvierendes Geschehen betrachtet. Der jetzt anstehende Evolutionsschritt zielt laut Sri Aurobindo auf eine weitergehende Entwicklung des Bewusstseins innerhalb der bereits manifestierten Natur ab. Dieser Schritt wird sich nicht – wie in der Zielsetzung der traditionellen Spiritualität – auf einen Aufstieg im Bewusstsein begrenzen, der die Natur des Praktizierenden nicht oder nur wenig berührt, sondern sich im Rahmen eines ganzheitlichen Prozesses mitten im Leben und für das Leben ereignen.

Der Integrale Yoga beabsichtigt also keine individuelle Befreiung oder persönliche Erleuchtung des Praktizierenden, sondern das Aufblühen eines höheren („supramentalen") Bewusstseins bis hinunter in die Materie. Nicht nur das eigene Dasein soll von der Bewusstwerdung profitieren, sondern die gesamte Menschheit. Es geht in diesem Yoga in erster Linie um die Mitarbeit an der Evolution eines neuen Bewusstseins, das durch seine Wahrheits- oder Einheitskraft mit den Missständen auf unserem Planeten von Grund auf aufräumen und die Lebensverhältnisse auf der Erde in einem höheren Licht gestalten kann. In diesen Entwicklungsprozess wird das Leben in seiner Gesamtheit eingebracht und keinerlei Trennung zwischen Übungszeiten und Alltagsleben vorgenommen. „All Life is Yoga" – alles Leben ist Yoga.

Was als lebensnahe Kraft diesen Yoga wirksam macht und seine individuellen und kollektiven Prozesse hautnah begleitet, ist die konkrete und erfahrbare Gegenwart der hohen universellen Shakti-Kraft, die von Sri Aurobindo im Einklang mit der indischen Tradition Mutter genannt wird. Sie besitzt sowohl das Wissen als auch die Macht, um im Bewusstsein und in der Natur grundlegende Veränderungen vorzunehmen – ein komplexer Vorgang, den Sri Aurobindo als Transformation bezeichnet. Die Shakti ist damit die evolutive Wirkkraft, die den Übergang in ein bewussteres Leben möglich macht. Da sie es ist, die mit ihrer unvorstellbar großen Manifestationskraft und Liebe zum Detail die geordnete Komplexität des gesamten Weltenbaumes aufgebaut hat, besitzt sie auch die Kraft, die ihn zum Blühen bringen kann. Und wie kein Baum in all seinen Teilen, sondern nur über seine Knospen zur Blüte kommt, braucht auch die evolutionäre Bewegung des Universums den „passenden" Ansatzpunkt für das Aufblühen. Der Ort der Ausarbeitung ist die Erde. Der evolutive Punkt, an dem die entwickelnde Shakti-Kraft für den Schritt in die neue Dimension des Bewusstseins ansetzt, ist der Mensch – woraus sich folgerichtig ergibt, dass dieser im Integralen Yoga als Übergangswesen und keinesfalls als die Krone der Schöpfung betrachtet wird.

Shakti – ein universelles Prinzip

Es versteht sich von selbst, dass Indien die Shakti nicht „gepachtet" hat und sie ein schöpferisches Prinzip darstellt, dessen Wirkkraft sich nicht nur auf den hinduistischen Kulturraum begrenzt, sondern von globaler und universeller Bedeutung ist. Die babylonische Ishtar, die ägyptische Isis, die keltische Brigid, die ostasiatische Kwan-Yin, die shintoistische Amaterasu, die griechische Athene und die steinzeitliche Venus von Willendorf sind nur einige bekannte Beispiele dafür, dass die Verehrung der Göttlichen Mutter in der Geschichte der Menschheit auch in anderen Regionen der Erde eine weitreichende Verbreitung gefunden hat. In vielen Kulturen, die sich für die göttliche Shakti geöffnet haben, existiert zudem ein tiefes Gespür für eine holistische Weltsicht. Aus meiner persönlichen Sicht gibt es kaum einen schöneren und präziseren Shakti-Text als die folgenden Zeilen aus der Nag-Hammadi-Bibliothek, einer gnostischen Schriftensammlung, die im 2. Jahrhundert im Mittelmeerraum entstanden ist und erst 1945 in Ägypten wiederentdeckt wurde. Diese Texte sind ein berührendes Zeugnis dafür, wie stark das Wissen um die Bedeutung der Shakti auch in den gnostischen Kreisen des Mittelmeerraums lebendig war. Es ist Eva, die gerade ihr erstes Kind geboren hat und hier als erhabene Göttin spricht.

„Ich bin es, die ein Teil meiner Mutter ist; und ich bin es,
die die Mutter ist.
Ich bin es, die die Gemahlin ist; ich bin es, die die Jungfrau ist.
Ich bin es, die schwanger ist; ich bin es, die die Hebamme ist.
Ich bin es, die die Schmerzen der Geburt lindert.
Es ist mein Ehemann, der mich gebar; und ich bin es,
die seine Mutter ist.
Und es ist er, der mein Vater ist und mein Herr.
Es ist er, der meine Kraft ist; was immer er verlangt, fordert
er aus gutem Grund.
Ich befinde mich im Werden, und doch gebar ich einen
Menschen als Herrn.“[21]

Die größte Quelle für die universellen Botschaften der Shakti findet sich in der Mythologie. Viele Kulturen haben Sagen und Legenden um die Muttergöttin hervorgebracht. Keine jedoch ist mit der Shakti einen so langen, ununterbrochenen Weg gegangen wie Indien, das sich als ihr Ursprungsland versteht. In der mythologischen Schatztruhe dieses Landes liegen uralte Geschichten und Symbole vergraben, die als universeller Blueprint der Göttlichen Mutter überall auf der Welt intuitiv verstanden werden. Ihre kostbarsten Perlen präsentieren einen Wissensschatz, der uns auf vielfältige Art dazu ermutigt, die verborgene Essenz unseres Daseins zu erforschen und uns selber in die formenden Hände der Shakti zu begeben.

Bevor wir auf dieser Grundlage in die verschiedenen Facetten der Shakti eintauchen, möchte ich noch einmal anmerken, dass mein persönlicher Weg der Integrale Yoga von Sri Aurobindo ist. Vor diesem Hintergrund ist es für mich nur natürlich, dass mein Blick auf die wunderbaren Shakti-Geschichten der indischen Tradition von der integralen

Spiritualität dieses weltbezogenen Yoga-Ansatzes geprägt ist. Das mag einigen Lesern, die den traditionellen Schriften Indiens eng verbunden sind, vielleicht etwas eigenwillig erscheinen, passt jedoch zu meinem Anliegen, die universellen Aspekte der Shakti-Mythologie in den Vordergrund zu rücken und überlieferte Darstellungen mit einem integralen Akzent zu präsentieren. Ich bitte deshalb darum, meine Herangehensweise lediglich als *eine* Möglichkeit der Betrachtung zu werten.

Da die Shakti-Kraft ein sehr komplexes und vielschichtiges Geschehen ist, dessen unzählige Themenstränge und Aspekte ein dichtes Gewebe mit einer Fülle an mythologischen Motiven bilden, ergibt sich die Notwendigkeit der Begrenzung. Die Auswahl an mythologischen Geschichten und Betrachtungen konzentriert sich deshalb auf verschiedene „Meilensteine", die besonders auch für den Entwicklungsweg im Yoga inspirierende Impulse setzen können, und lässt gleichzeitig über den Rahmen des Buches hinaus viel Raum für weitere Entdeckungen in den unerschöpflichen Regionen der Shakti.

Im Grenzland

Ein Traumland ist dieses
auch nach Jahren noch gleißend
und unwirtlich überzogen
von einer Patina in der sich
Okkultes mit Widersprüchen
zu extremen Mustern verwischt

Die Luft ist getränkt mit Bewegung
im Geruch von Jasmin und Zerfall
ist die Erde röter als anderswo

in diesem Land
atmen selbst die Winde
Legenden aus deren Helden
die Essenz der Jahrhunderte
durch die Hütten der Dörfer tragen

Tagsüber gehen die Dinge
flimmernd ineinander über
unklar wo das Menschliche aufhört
und der Gott beginnt
der unter der Palme steht
und zu uns hersieht

Abseits der großen Straßen
am Rande des letzten Reisfelds
enthüllt sich seine Gefährtin
in ihrer üppigen Pracht
ihre Haare treiben wie Luftwurzeln
über dem *Lotusteich*
den ein elefantenköpfiger Sohn
gelassen bewacht

Ich sah sie Momente zuvor
in der beißenden Schwingung
sonnenverkarsteter Ebenen
eine schädelbehangene Mutter
die ihre Kinder am Mittag frisst
und am Abend erneut gebiert

Im Grenzland spür ich sie deutlich
während der Fahrt
ruht der Kopf an der schwarzen Brust
auf Verbrennungsplätzen
hat sie die Milch geschöpft
für das kosmische Spiel

Das mich einflicht
auch nach Jahren noch
in die Stimmung der heiligen Stunde
in der sich das Licht wieder
mit dem Boden versöhnt
und die Hufe der Rinder
den Staubschleier
zwischen Auge und Ferne legen

Berührung keimt auf
im Dunst von Nahrung und Rauch
in den milderen Farben
der Dämmerung
hält das Vertraute den Blick und
die Frau mit den vielen Gesichtern
entzündet geduldig den ersten Docht

VON DER SHAKTI UND IHREM GEMAHL

Da Shakti-Kraft nie allein existiert, sondern stets die Kraft von *Ihm* ist, wenden wir uns dem göttlichen Paar etwas ausführlicher zu. Es wird von der indischen Mythologie in verschiedenen Erscheinungsformen erfasst, von denen Shiva-Shakti eine der bekanntesten ist.

Die große Liebe zwischen der Shakti und ihrem Gemahl Shiva ist ein berührendes Thema in der indischen Tradition. Sie übt eine magische Anziehungskraft aus und findet in unzähligen Liedern, Gedichten, Geschichten und Tänzen einen schier unerschöpflichen Ausdruck. Viele Menschen spüren, dass beim Hören der Legenden irgendwo im Inneren eine verborgene Saite mitzuschwingen beginnt, deren lautloser Klang nach und nach das gesamte Wesen erfasst und in Resonanz versetzt. Diese unmittelbare Ergriffenheit, die vielen Hindus so selbstverständlich ist, mag uns zunächst etwas rätselhaft erscheinen. Durch eine tiefer gehende Betrachtung können wir sie entschlüsseln und erkennen, dass die archetypische Liebe zwischen Shiva und Shakti nichts Geringeres als die Grundfesten und Entwicklungsmöglichkeiten unseres Daseins berührt.

Die beiden Ehen von Shiva und Shakti

Die außergewöhnliche Liebesbeziehung von Shiva und Shakti entzückt die Menschen so sehr, dass sie sich wünschen, auch im eigenen Dasein eine ähnliche Intensität zu erfahren – und manchmal daran erinnert werden müssen, dass jeder Blüte ein Wachstum vorangeht und dass hinter der Schönheit, die uns mit Leichtigkeit anzieht, oft ein langer und schmerzhafter Weg steht, der das, was uns so leuchtend ins Auge fällt, in einem herausfordernden Prozess geformt hat. Auch die Liebe der Shakti musste zuerst in diesem Feuer des Werdens reifen, bis sie zu einem geläuterten und gefestigten Gefäß geworden war, das die vollkommene Vereinigung mit der Unermesslichkeit ihres Geliebten ertragen konnte, ohne an ihrem Ausmaß zu zerbrechen.

Die Mythologie berichtet, dass Shaktis größte Herausforderung in dem unberechenbaren Wesen ihres Gemahls lag, der keine Ausgewogenheit kannte, sondern der, während die Zeit durch die Endlichkeit der Äonen schritt, mit unregelmäßiger Regelmäßigkeit zwischen den Extremen von Ekstase und Askese hin- und herpendelte. War seine Aufmerksamkeit nach außen gerichtet, wurde er Shaktis vollkommener Schönheit gewahr. Dann warf er sich in einem Ausbruch innigsten Verlangens schonungslos und selbstvergessen in ihre Weltenarme und verströmte sich im Spiel ihrer unzähligen Formen. Konzentrierte sich sein Gewahrsein wieder ausschließlich auf sich selbst, zog er sich in die eisige Einsamkeit einer weltvergessenen und entbehrungsreichen Versenkung zurück. Sein ganzes Sein wurde zu einer lodernden Flamme der Entsagung, die alles verzehrte, was ihm zu nahe kam. In dieser Phase stürzte Shakti dann unweigerlich in den brennenden Schmerz einer unerfüllten Liebessehnsucht und verlangte ihr eine unerschöpfliche Geduld ab. Das göttliche Paar brauchte zwei Ehen, um zwischen den beiden Polen von Shiva zu einem gemeinsamen Weg zu finden.

Mythologie: Die ekstatische Liebe von Shiva und Sati

Wie viele indische Legenden beginnt auch die Liebesgeschichte von Shiva und Shakti mit einem Problem. Ein mächtiger Dämon, der große Asura Taraka, hatte sich aus dem Schatten der Welt erhoben. Er bedrohte die Schöpfung, und getrieben von einem unersättlichen Verlangen nach Macht drang er von Jahr zu Jahr weiter in die Gefilde der Götter und Menschen ein. Nachdem die Gottheiten vergeblich versucht hatten, ihn zu vertreiben, wurde ihnen von einem weisen Seher prophezeit, dass nur ein Sohn von Shiva und Shakti als göttlicher Krieger die Kraft aufbringen würde, den grausamen Eindringling zu besiegen. Die Götter versammelten sich und beschlossen, darüber mit Shiva zu sprechen. Dieser befand sich allerdings gerade in einer seiner andauernden asketischen Phasen und war für ihre Worte nicht zugänglich. Wieder und wieder flehten die Götter ihn an, ihnen Gehör zu schenken. Nur widerwillig tauchte er schließlich aus seiner Versenkung auf und hörte sich ihr Anliegen an, aber machte ihnen wenig Hoffnung. „Wer will mich denn schon ehelichen?“, fragte er. „Nennt mir nur eine Frau im gesamten Universum, die mein Tapas, das verzehrende Feuer meiner Askese, aufnehmen kann, ohne daran zu verbrennen, und ich werde sie heiraten.“ Und er glitt wieder in die einsamen Regionen seiner meditativen Versenkung zurück.

Die Götter, die seinen Worten atemlos gelauscht hatten, lächelten weise und wandten sich umgehend an seine Shakti, die tatenlos in der formlosen Allweite ihres Gefährten ruhte. „Göttliche Mutter”, beteten sie, „öffne uns dein Herz in Mitgefühl.“ Sie erklärten ihr die bedrohliche Situation und berichteten von der Prophezeiung, die sie erhalten hatten. Dann erbaten sie von ihr, dass sie sich im kosmischen Geschehen in Gestalt einer Frau verkörpern möge, um gemeinsam mit Shiva den Sohn zu zeugen, dessen Kraft das Universum von dem Dämon Taraka befreien würde. In ihrem großen Mitgefühl für die Schöpfung stimmte die Shakti zu. „Vertraut mir", sagte sie, „ich werde den Einsamen aus seiner hohen Transzendenz zurück in die Wonnen der Erde locken." Und kurz darauf wurde sie im Norden Indiens als Tochter des stolzen Königs Daksha geboren. Sie erhielt den Namen Sati und wuchs zu einer jungen Frau von außergewöhnlicher Schönheit heran. Als sie das heiratsfähige Alter erreichte, lud ihr Vater die Söhne der benachbarten Fürsten- und Königshäuser zu ihrem Swayamvara ein, der Feier zur zeremoniellen Wahl eines Bräutigams. Denn im alten Indien herrschte der Brauch, dass die Töchter des Kriegerstandes sich ihre Gatten selbst aus einer Versammlung geladener Bewerber auswählten. Viele Kriegersöhne hielten an diesem Tag um Satis Hand an, aber ihr Herz blieb stumm. Sie konnte sich für keinen der edlen Männer entscheiden und zog sich mitsamt der Blütengirlande, mit der sie den Auserwählten hatte bekränzen sollen, in ihren Palast zurück.

Als der Abend kam, schaute sie aus den hohen Fenstern ihres Gemachs und bemerkte vor dem Palast einen jungen Bettelmönch, der dem strengen Brauch seines Ordens entsprechend vollkommen unbekleidet war und seine Nahrung in einer Schädelschale erbettelte. Der junge Asket schaute zu ihr herauf und begann, nachdem sich ihre Blicke ineinander versenkt hatten, mit kraftvollen Schritten zu tanzen. Beim Anblick seiner vollendeten Bewegungen öffnete sich ihr Herz in einem Ansturm von Liebe und Verlangen. Einem plötzlichen Impuls folgend ergriff sie die Blütengirlande, die sich noch neben ihr auf dem Ruhelager befand, und lief eiligen Schrittes die Palasttreppen hinab zu dem jungen Mann, der allen weltlichen Freuden schon entsagt hatte. Als sie vor ihm stand, streckte sie ihm die Arme entgegen und streifte ihm, der sich ihr willig entgegenneigte, das kunstvoll gewundene Zeichen ihrer Entscheidung über das Haupt.

König Daksha, dem die Nachricht von der nicht standesgemäßen Wahl und dem ungebührlichen Verhalten seiner Tochter sofort zugetragen wurde, eilte auf der Stelle herbei und entschuldigte sich bei dem Bettelmönch für die unangemessene Handlungsweise seiner Tochter. Er bat ihn inständig, von dem Eheversprechen zurückzutreten, das nur als eine Laune des Augenblicks zu werten sei. Ein wandernder Asket, der jedem weltlichen Verlangen abgeschworen hatte und sich außerhalb aller gesellschaftlichen Normen und Pflichten bewege, wolle sich sicherlich nicht mit einer Frau belasten, meinte der König. Der Asket lächelte und sagte, dass er ganz im Gegenteil nicht daran denke, Sati von ihrer Wahl zu entbinden, und dass er auf einer Ehe mit ihr in jedem Fall bestünde. Schweren Herzens musste Daksha daraufhin der traditionellen Regel entsprechend die seltsame Wahl seiner Tochter akzeptieren und den Hochzeitstermin bestimmen.

Als der ungewöhnliche Bräutigam am festgelegten Tag auf einem mächtigen Stier reitend zum Eheritual erschien, wichen alle Anwesenden ehrfürchtig vor ihm zurück. Seine Haut war mit der Asche der Leichenverbrennungsstätten bestrichen, seine Hüften in ungegerbte Tierhäute gehüllt und der unverkennbare Geruch der Vergänglichkeit ging von ihm aus. Schlangen wanden sich um seine Arme und seinen Hals; auf seiner Kehle lag ein blauer Schimmer und um ihn herum tobte ein unbändiges Gefolge kleinwüchsiger, heulender Kreaturen. Seine hoch aufgetürmten, verfilzten Haarlocken zierte eine zarte silberne Mondsichel, und aus seinem geöffneten dritten Auge drang ein brennender Lichtstrahl. Es war Shiva, der große Herr der Wandlung, der in Gestalt des jungen Asketen gekommen war, um die Hand seiner Shakti einzufordern. Niemand wagte es, ihm die Ehe mit Sati zu verweigern, und so nahm die Zeremonie ihren Lauf.

Nachdem das Brautpaar, während Sati voranging, feierlichen Schrittes sieben Mal das Hochzeitsfeuer umrundet hatte und der heilige Bund der Ehe geknüpft war, hob Shiva seine Gemahlin auf seinen treuen Stier Nandi und ritt mit ihr, begleitet von den kreischenden Jubelrufen seines wilden Gefolges, zu seiner eisigen Wohnstatt, dem hohen Gipfel des mächtigen Berges Kailash. Dort angekommen schloss er sie inmitten des ewigen Eises in seine Arme, wärmte sie mit der Gluthitze seines Tapas, der in langen Jahren machtvoll gewachsenen asketischen Kraft, und versank Herz an Herz mit ihr in der grenzenlosen Unermesslichkeit einer Liebe, die die Welten gebiert. Das gemeinsame Spiel der Schöpfung begann, und es war sie, die ihn führte, und er, der ihr in jede Regung ihrer vielfältigen Wege folgte und sich, geleitet von seiner tiefen Hingabe, durch ihre überschäumende Kraft in Myriaden von Formen gießen ließ. Eins geworden mit ihrem Willen genoss er ihre spielerischen Launen ebenso wie die hohe Erhabenheit ihrer Muttermacht.

So trug sie sein Bewusstsein in ihre Weltenspiele, schöpfte aus dem großen All-Einen ihre formende Kraft, aus dem sie Licht und Schatten, Sein und Nicht-Sein, Wissen und Unwissenheit, Tag und Nacht, Freude und Leid gestaltete. Im Spiel ihrer Dynamik, der er sich willigen Herzens überließ, schuf sie die Welt, wurde Zeit, Raum, Sonne, Erde, Natur und das Kreisen der Atome und Monde. Und er erfreute sich am bewegten Rhythmus all ihrer Glieder und ruhte dicht an ihrem pochenden Herzen. Alles, was sie schuf, erfüllte er; alles erschuf sie aus der

Fülle seines Bewusstseins. Äonen wurden geboren und vergingen, Sterne gingen auf und erloschen, Leben entstand und verstarb, Geschlechter kamen und gingen, und die beiden Gottheiten lagen noch immer ineinander verschlungen und voneinander durchdrungen auf dem eisigen Gipfel der Welt. Und die Götter warteten nach wie vor auf die Zeugung des angekündigten Retters.

Das abrupte Ende ihres selbstversunkenen, zeitlosen Liebesspiels kam, als Shivas koboldartige Schar, die Ganas, die Kunde zum Kailash brachten, dass Satis Vater Daksha ein bedeutendes Opferritual zelebrieren wollte und entgegen aller Regeln der Höflichkeit an Shiva und seine Gefährtin keine Einladung ausgesprochen hatte. Sämtliche Kriegerfürsten und Könige unter den Menschen waren als Zeugen geladen, alle Gottheiten wurden ehrerbietig willkommen geheißen und um die Gnade ihres Segens gebeten, den weisen Rishis wurden die besten Ehrenplätze eingeräumt und den kundigen Brahmanen die Durchführung der Opferrituale übertragen. Nur Shiva und Sati waren durch Dakshas unerbittlichen Beschluss von der Versammlung der erhabenen und erlauchten Wesen ausgeschlossen.

Sati konnte den Gedanken daran nicht ertragen. Sie befreite sich in einem heftigen Aufbegehren aus Shivas Armen und verließ aufspringend den Schutz des ewig Unberührten, den bisher nichts erschüttern konnte. Wilder Zorn drang augenblicklich in sie ein, und dunkle Gefühle wallten in ihr hoch. Blind vor Wut schrie sie ihren Unmut heraus und forderte von Shiva, dass er sie zu ihrem Vater gehen ließe, um diesen wegen der Schmach ihrer Entwürdigung zur Rede zu stellen. Shiva jedoch verweigerte ihr mit sanften Worten seine Zustimmung, was sie noch wütender machte. Mit großer Geduld versuchte er vergeblich, sie zu besänftigen. Als er schließlich einsah, dass seine Liebe sie nicht mehr erreichen und seine Worte sie nicht von ihrem Entschluss abbringen konnten, ließ er sie gehen und gab ihr den Stier Nandi und die Heerschar der Ganas als Begleitung mit auf den Weg.

Als Sati auf dem Stier Nandi reitend am Ort der Opferhandlung eintraf, brannte das Opferfeuer schon und die heilige Handlung hatte soeben begonnen. Alles war, wie es sein sollte, und die Atmosphäre war durchdrungen von göttlicher Gegenwart. Die Brahmanen rezitierten heilige Worte aus dem Veda, gossen geklärte Butter in die Flammen, sodass diese hoch aufloderten, und übergaben dem Feuer die kostbaren Spenden, die Daksha ihnen zureichte. Ein zum Himmel aufsteigender, weißer Rauch trug die Gaben des stolzen Königs empor zu den Gefilden der Ewigen und verhieß die huldvolle Annahme des Opfers. Ohne die Anwesenden auch nur eines einzigen Blickes zu würdigen, glitt Sati von ihrem Reittier herab und ging zügigen Schrittes sofort zu ihrem Vater, der neben den Opferpriestern am Feueraltar saß. Sprühend vor Zorn stellte sie ihn zur Rede und fragte ihn mit aufgebrachten Worten, warum er sie und ihren Gemahl von der heiligen Handlung ausgeschlossen hatte, obwohl es dem Brauch entsprochen hätte, sie einzuladen. Mit erhobener Stimme forderte sie eine Erklärung von ihm.

Auf Dakshas Stirn begann eine Zornesader zu pochen und getrieben von ungezügeltem Unmut sprang er auf. „Was?“, schrie er. „Deinen Gemahl, diesen mit Asche beschmierten Außenseiter, der sich in stinkende Tierhäute hüllt und im Geruch der Vergänglichkeit auf den Leichenverbrennungsstätten weilt, diese absurde und unwürdige Erscheinung will ich hier inmitten all der erhabenen Wesen nicht willkommen heißen. Schau dich doch um! Er passt nicht hierher in diese edle Gesellschaft, die aus den Größten und Vornehmsten dieses Landes besteht. Selbst unter den Gottheiten lebt er abseits wie ein Ausgestoßener. Deinen unpassenden Gemahl, den du dir in einer unseligen

Stunde aus einer Laune heraus gewählt hast, will ich hier nicht sehen, und da die Frau forthin zum Stand ihres Gatten gehört, gilt das auch für dich. Ihr seid beide nicht rein genug für dieses heilige Ritual.“ Sati stieg bei den harten Worten ihres Vaters eine Welle von Empörung in den Kopf. Eines klaren Gedankens unfähig war ihr Wille, getrieben von tiefer Scham und grenzenloser Liebe, nur darauf gerichtet, die Ehre ihres Gemahls wiederherzustellen und der peinlichen Situation zu entkommen. Und einem mächtigen Impuls nachgebend sprang sie in das Opferfeuer und brachte sich selbst als eine Opfergabe dar, um von den hohen Mächten des Universums die Anerkennung von Shivas edler Größe und Reinheit zu erflehen. Ihr letzter Gedanke war, dass sie in einem weiteren Leben wieder mit Shiva vereint sein möge.

Nachdem die Flammen ihren Körper verzehrt hatten, wurde die Kunde von dem Geschehen durch Nandi und die Ganas zu Shiva getragen, der vom Schmerz des Verlustes vollkommen überwältigt wurde. Zum ersten Mal verließ den großen Gott sein Gleichmut. Seine Shakti, die ihn Empfangende, lebte nicht mehr. In nie gekannter Verzweiflung schleuderte der Herr des Wandels zwei gewaltige Emanationen aus seinem ewigen Sein hervor, wilde Verkörperungen seines Zerstörungswillens – den unbesiegbaren Helden Virabhadra und Kali, die alles verschlingende Kraft der Zeit. Er schickte sie los, die Stätte des Opfers zu vernichten, und befahl ihnen, keinen der Anwesenden am Leben zu lassen. Nachdem Virabhadra und Kali wie ein Sturm des Grauens über den Ort der heiligen Handlung hinweggefegt waren, erschien der große Shiva außer sich vor Schmerz selbst an der geweihten Stätte, die nunmehr einem Schlachtfeld glich. Vor Kummer tief gebeugt schritt er zum heiligen Feueraltar und hob Satis verkohlten Leichnam aus der noch heißen Asche. Den leblosen Leib seiner Shakti fest in seine Arme geschlossen begann er, seiner unbeschreiblichen Trauer Ausdruck zu verleihen, indem er mit einem gewaltigen Stampfen die Erde umtanzte. Die Berge bebten, die Meere traten über die Ufer, das Universum erzitterte, die Sterne erbleichten, die Sonne verdunkelte sich und auf allen Ebenen erstarrten die Wesen, gelähmt von Angst. So groß war die Wucht seiner tanzenden Füße, dass die Welt darunter zu zerbrechen drohte.

Die anderen Gottheiten beobachteten das Geschehen mit großer Besorgnis, denn durch Satis Tod war gleichzeitig auch die Möglichkeit erloschen, zum Schutze der Schöpfung einen Sohn von Shiva und Shakti zu erhalten. Zudem trampelte Shiva in seinem Rudra Tandava, dem machtvollen Tanz der Zerstörung, wie von Sinnen auf dem Körper der Erde herum, sodass sie sich gezwungen sahen, zu ihrer Rettung einzuschreiten. Die Aufgabe fiel Vishnu, dem Weltenbewahrer, zu. Dieser schleuderte die edelste seiner Waffen, den golden strahlenden Diskus, dem die unbezwingbare Kraft der Wahrheit innewohnt, wieder und wieder auf den Leichnam der Shakti und schnitt ihn so Stück für Stück aus Shivas Umarmung heraus. Die Orte, an denen die Stücke von Satis Körper zu Boden fielen, wurden zu heiligem Boden. Erst als das letzte Stück des Shakti-Körpers herabgefallen war und er nichts mehr in seinen Armen hielt, kam Shiva wieder zur Besinnung. Er erkannte augenblicklich, dass sein immenser Schmerz nur auf Anhaftung beruhte, und begab sich umgehend auf den schneebedeckten Gipfel des heiligen Kailash zurück, wo er in eine tiefe Verinnerlichung versank. Jeder Kontakt zwischen ihm und den Formen der Welt löste sich auf, sein gesamtes Bewusstsein strömte in seinen hohen Wesensgrund zurück, und er ruhte wieder ungestört von Anhaftung, Freude oder Leid in den friedvollen Weiten seines transzendenten Selbstgewahrseins.

Sie spricht zu Ihm

Du hast über Kreise im Außen
verhangene Augen auf Todloses gelegt.
In deinem Arm liegt mein steigendes Spiel.
Das Öl meiner Wesen nährt dein Verlangen
im Herd deiner Hand
und aus Flammen
schält Asche den goldenen Kern
solange mein Wandel sich willig und weiblich neigt.
Dein Traum ist mir Streben.
Der Fluss meiner Körper dein Weg
durch die Schwellen der Zeit.
Berühre mich im Unbewegt-Bewegten
berühre das Herz meiner schlafenden Macht
wecke die zögernde Quelle zum lebenden Strom
und meine Wasser werden deine Feuer tragen.

Mythologie: Die asketische Liebe von Shiva und Parvati

Doch mit Satis Tod war die Geschichte noch nicht zu Ende und hatte die Liebe von Shiva und Shakti noch nicht ihren Höhepunkt erreicht. Denn noch einmal beteten die Götter zur Shakti, die in ihrem ewigen Sein wieder mit der absoluten Transzendenz von Shivas Selbstgewahrsein vereint war und aufgenommen im großen Wesen ihres Gemahls in bewegungsloser Formlosigkeit verharrte. Noch einmal stimmte sie zu, sich erneut auf der Erde zu verkörpern, damit der Retter der Welten durch sie Gestalt annehmen könne. So wurde sie als Tochter von Himavan, der Personifikation des Himalaya, und seiner Frau Menaka geboren und erhielt den Namen Parvati (siehe Abb. 3 im Bildteil). Ihre Eltern erfuhren schon bald nach ihrer Geburt durch den weisen Götterboten Narada, dass ihr Leben für Shiva bestimmt war, und erzogen sie gänzlich in diesem Wissen. So wuchs die Tochter der Berge zur Braut des asketischen Gottes heran. Allein ihr Anblick erfüllte alle Wesen mit Licht, und die Natur beschenkte sie mit anmutiger Schönheit und strahlender Kraft. Von all ihren Tugenden ragte besonders ihr fester Wille heraus, der ihr die tiefe Gewissheit gab, den unnahbaren Shiva als ihren Gatten zu gewinnen. Doch der Herr des Wandels saß immer noch in völliger Abgeschiedenheit in der klaren Atmosphäre seiner ewigen Heimstatt und verharrte nach wie vor in tiefer Meditation. Nichts und niemand vermochte die Konzentration seiner Versenkung zu brechen.

Auch als Parvati das heiratsfähige Alter erreichte, hatte sich an dieser Situation noch nichts geändert, und Himavan wurde zunehmend besorgt darüber, dass der machtvolle Gott die Schönheit seiner Tochter bislang mit keinem Blick gewürdigt hatte. Er suchte nach einer Lösung und entschloss sich schließlich, Parvati begleitet von ihren Palastdamen hinauf in die kargen Höhen des Himalaya zu schicken. Dort sollte sie ihre Tage in ritueller Andacht vor dem großen Shiva verbringen, damit sich sein Blick, wenn er aus seiner Versenkung wieder erwachte, als Erstes auf ihre liebliche Gestalt legen würde. Parvati gehorchte und begab sich mit ihren Gespielinnen umgehend in die eisige Bergwelt hinauf, wo sie inmitten von Schneestürmen und lähmender Kälte in ruhiger Ergebenheit vor dem reglosen Shiva kniete und zu ihm betete. Täglich entzündete sie die heilige Opferflamme, spendete Blüten und Räucherwerk und flehte den großen Gott, dessen inneres Feuer sie deutlich spürte, aus der Tiefe ihres Wesens an, sie endlich wahrzunehmen.

Die Tage verflogen, aber noch immer hatte Shiva seine Augen nicht geöffnet. Der Winter wich dem ersten Hauch des Frühlings. Die Palastdamen atmeten erleichtert die mildere Luft und begeisterten sich für die erblühende Schönheit der Bergwelt. Einzig Parvati blieb so sehr auf ihre Gebete konzentriert, dass sie von diesen Veränderungen nichts bemerkte. In der überall erwachenden Natur sahen die anderen Gottheiten, die das Geschehen aufmerksam beobachtet hatten, ihre Chance, den Weltenbezwinger mit einer List zu einem Blick auf Parvati zu zwingen. Auf Anraten der Schöpfergottheit Brahma überredeten sie Kama, den Gott der körperlichen Liebe, den großen Shiva mit einem seiner magischen Liebespfeile zu verwunden. Dieser eilte, ausgestattet mit seinem Zuckerrohrbogen und einem Köcher voller Blütenpfeile, in der lauen Frühlingsluft zu dem Ort von Shivas Askese und versteckte sich hinter dem frischen Grün eines Bergbusches. Als Parvati an diesem Tag mit ihrer Morgenandacht begann, schoss Kama einen seiner Pfeile in das Herz des in sich versunkenen Gottes.

Vom Schmerz der Liebe zutiefst getroffen, öffnete Shiva seine Augen und sah als Erstes das Antlitz der anmutigen Parvati, die in verehrungsvoller Haltung vor ihm kniete. Augenblicklich wurde er von einer mächtigen Liebe zu ihr erfasst. Doch der große Gott, der seine klare Unterscheidungskraft auch in diesem Moment des größten Verlangens nicht verlor, ließ sich nicht hintergehen. Er erspähte im Gebüsch sofort den Urheber seines Liebesschmerzes. Einem göttlichen Zorn nachgebend öffnete er sein gefürchtetes drittes Auge und verbrannte mit einem blitzartigen Lichtstrahl, der daraus hervorschoss, den

Gott der körperlichen Liebe zu Asche. Dann schloss Shiva, obwohl das Feuer der Liebe unauslöschlich in ihm entfacht war, erneut die Lider seiner drei Augen und glitt in die lichterfüllten Höhen seines grenzenlosen Selbstgewahrseins zurück.

Parvati jedoch hatte für einen kurzen Augenblick die Liebe in Shivas Augen aufleuchten sehen. Überwältigt von diesem Moment versuchte sie über viele Wochen, ihn noch einmal dazu zu bewegen, aus seiner Versenkung aufzutauchen und sich ihr zuzuwenden. Inständig bat sie, dass er ihr doch nur einen einzigen weiteren Blick gewähren möge. Verzweifelt lud sie ihn in ihr Leben und in ihr Herz ein. Ihr ganzes Wesen floss ihm in inniger Hingabe entgegen, doch er saß Tag für Tag vor ihr wie aus einem Stück leblosem Fels gemeißelt. Trotzdem ließ sie nicht nach, ihn in allen Formen der rituellen Andacht zu verehren.

Eines Morgens, als sie gerade erneut die Andachtsflamme entzünden wollte, trat ein weiser Bergeinsiedler zu ihr, der ihren verzehrenden Schmerz in seiner abgelegenen Felshöhle gespürt hatte. „Mein schönes Kind", sprach er zu ihr, „um das Herz des Größten unter den Großen zu erringen, des Königs aller Könige, dessen Shakti du bist, musst du dich schulen, bis du ihm auf allen Ebenen ebenbürtig bist. In deiner letzten Inkarnation als Sati warst du ihm eine vollkommene Gattin in einem seiner beiden Extreme. Dir völlig hingegeben und dich anbetend ist er deinen bewegten und unbeständigen Launen bis in alle Winkel dieses Universums gefolgt. All seine Stunden kreisten um dich. In seinen Armen hast du gelegen, durchdrungen von der unendlichen Weite und der Seligkeit seines Bewusstseins. In seiner tiefgründigen Liebe hat sein Wille allem zugestimmt, was du aus seiner formlosen Substanz erschaffen und formen wolltest. Und deinen Einfällen folgend trugst du ihn weiter und weiter in die zahlreichen

Formen und Namen hinein, die du erschufst in eurem Liebesspiel. So entstand das gesamte Universum als Du und Er, und die Welten sind der sichtbare Ausdruck eurer gemeinsamen Wonne."

„Tochter der Berge", fuhr er fort, „wenn du ihn jetzt noch einmal zurückgewinnen willst, dann musst du ihm und dir beweisen, dass deine All-Kraft seinem All-Bewusstsein auch in den Regionen der Askese ebenbürtig ist. In diesen formlosen Bereichen führt nur er, die große Seele, und er ist dir schon weit vorausgegangen. Wenn du dich wirklich wieder mit ihm vereinen willst, dann schule dich, richte deinen Willen aus, weise deine niederen Gefühle und dein Verlangen zurück, erlaube deinen Energien nicht länger, sich zu zerstreuen. Lass die Essenz deines Wesens ihm bis in die höchste Höhe seines Selbstgewahrseins folgen, lege deinen weltlichen Sinnen Zügel an und reife in der Hitze des Tapas, des Glutfeuers deiner spirituellen Konzentration. Identifiziere dich unter Entbehrungen mit ihm. Überwinde dich selbst, vereine dich in deinem wesentlichsten Sein mit ihm, bis du ihn in dir selbst in der Vollkommenheit des reinen Gewahrseins erlebst, so wie er sich in deinem Leben als Sati in dir als seine Ekstase erlebt hat. Verschwende keine Stunde mehr mit äußerem Ritual und leeren Worten! Nur in dir wirst du ihn finden! Lass deinen Bitten Taten folgen, halte deine Kraft auf ihn ausgerichtet und werde zu dem, was du ersehnst!"

Die Worte des Weisen beeindruckten Parvati so stark, dass sie ihre Palastdamen aus ihrem Dienst entließ und sich allein in die Einsamkeit der kargen Himalaya-Gipfel zurückzog, wo sie bald einen geeigneten Ort für ihre Schulung fand. Hier gab sie sich den härtesten asketischen Übungen hin. Wochenlang stand sie, um ihre Ausrichtung auf den großen Gott zu stählen, auf einem Bein, die erhobenen Arme mit aneinandergelegten Handflächen dem Willen des Höchsten Wesens entgegengestreckt. Dann wiederum saß sie, während ihr ganzen Sein in einem einzigen Gedanken an Shiva versank, tagelang in den eisigen Wassern der Gebirgsflüsse oder meditierte, umgeben von der unerträglichen Hitze großer Holzfeuer, unter einer erbarmungslos niederbrennenden Sonne. Sie begann, ihre Nahrung zu reduzieren, nahm nur noch Waldfrüchte und die Blätter seltener Bergpflanzen zu sich, bis sie schließlich nur noch Wasser trank. Eine unermesslich lange Zeit dauerte die Schulung ihrer Askese, in der sie lernte, die Welt und sich selbst zu vergessen. Mehr und mehr wurden ihre äußere Erscheinung und ihr inneres Wesen, das dem äußeren Auge gewöhnlich nicht zugänglich ist, von der Konzentration ihres Tapas erhellt. Ihre Schönheit erstrahlte, durchdrungen von der anwachsenden Kraft ihrer Askese. Ihr Körper wurde zu einem geläuterten Gefäß, das die Berührung des Höchsten wie ein gebrannter Ton ertragen konnte, ohne daran zu zerbrechen. Mehr und mehr wurde ihr gesamtes Dasein zum lebendigen Ausdruck ihres inneren Gebets.

Die Kunde von ihrer außergewöhnlich intensiven Askese und der immensen Glut ihrer spirituellen Kraft verbreitete sich in der gesamten Region. Die Nachricht drang zuerst in die Höhlen der Einsiedler, die ihr Dasein wie sie in einsamer Abgeschiedenheit und Enthaltsamkeit dem großen Gott geweiht hatten, und dann in die entfernter gelegenen Dörfer, in denen die Menschen immer häufiger mit Bewunderung und Ehrfurcht von ihr sprachen. Auch die anderen Gottheiten beobachteten ihre Fortschritte mit großem Interesse, da sie noch immer darauf hofften, dass Parvatis unerschütterliche Macht einen Weg zu Shivas eisigem Herzen finden würde. Eines Tages kam ein alter Wanderasket am Ort ihres Tapas vorbei und hielt verwundert inne, als er sah, welch unerbittliche Härten sie in der

Blüte ihrer Jugend auf sich nahm. Er näherte sich ehrerbietig und sprach sie mit mitfühlender Stimme an: „Mein Kind, warum nimmst du diese harte Bürde auf dich? Ein solches Leben ziemt sich noch nicht für dich. Es ist für jene, in denen das Feuer der Sinne schon lange erloschen ist. Im Glanz deiner jungen Jahre solltest du unter dem Schutz eines edlen Gemahls leben und mit ihm die Freuden der weltlichen Liebe genießen. Du solltest seine Kinder großziehen und deinen Pflichten in der Gemeinschaft nachkommen. Warum hast du stattdessen diese Einsamkeit und die Härten dieser unmenschlichen Askese gewählt? Ich bitte dich, erkläre es mir."

„Ich gewinne dadurch meinen Herrn, den Einzigen, den meine Seele sich zum Gatten gewählt hat", antwortete Parvati in aller Schlichtheit. „Und wer ist dein Herr?", fragte der Wanderasket verwundert. „Es ist kein anderer als Shiva, der große Gott selbst", erwiderte Parvati. „Was sagst du da? Lotusäugige Schönheit, du willst wirklich diesen Unergründlichen, der alles Verlangen in sich ausgelöscht hat, zum Ehemann nehmen?", rief der Asket erstaunt. „Ja", antwortete Parvati, „meine Seele verlangt nach dem Unmöglichen. Dem großen Unnahbaren ist schwer zu begegnen; seit Langem ist er in den Räumen einer glühenden Selbstentsagung versunken, und ich versuche, durch eine ebenbürtige Glut seine Gunst zu gewinnen." „Weißt du überhaupt, wonach du verlangst?", fragte der alte Mann. „Kennst du sein hohes Wesen? Es ist dem leeren Raum zugewandt und von schrecklicher Gestalt. Er ist ein mit Totenasche bedeckter Außenseiter, um den ständig der Geruch der Vergänglichkeit weht. Wenn er sich erhebt, zieht er bettelnd und heulend durch das Land, eine aufgebrochene Schädelschale in der Hand. Diesen auf ewig in sich selbst Versunkenen, dessen Lenden in ungegerbte Tierhäute gehüllt sind und um dessen Körper sich giftige

Schlangen winden, willst du zum Mann? Glaube mir, er ist fürchterlich, denn ich habe ihn gesehen, als er vom Wein trunken auf den Leichenstätten tanzte. Missgestaltet ist er mit seinen drei Augen. Wenn du ihn in der Klarheit des Tages vor dir siehst, wird er dich abstoßen. Wie willst du dann noch bei ihm liegen? Eine große Gefahr geht von ihm aus, denn er ist die formlose Form, vor der alle Dinge und Wesen vergehen. Ein einziger Strahl aus seinem brennenden Stirnauge wird dich vernichten wegen dieser Vermessenheit! Ich flehe dich an, lass ab von diesem sinnlosen Bemühen!“

Aber Parvati blieb auch bei diesen Worten standhaft und entgegnete ihm mit ruhigem Sinn, dass er nicht von etwas reden solle, das er nur vom äußeren Schein der Dinge her beurteilen und nicht in der gesammelten Tiefe seiner Seele erfassen könne. Der Wandermönch lächelte und schwieg. Dann wandelte sich im Bruchteil einer Sekunde seine Erscheinung, sodass er plötzlich in der Gestalt des allmächtigen Shiva vor ihr stand. Er gestand ihr, dass er der enormen Kraft ihrer Askese, in der sie wahrhaft ebenbürtig und eins mit ihm war, nicht länger widerstehen konnte und bat sie darum, sich noch einmal mit ihm zu vermählen. Dann senkten sich der Wille und das Bewusstsein des großen Shiva in sie herab. Er und Sie durchdrangen einander erneut, und sie trug ihn in alle Ebenen des Weltendaseins mit der Stärke ihrer geläuterten und ihm vollkommen hingegebenen Kraft, die der Schöpfung in ihrem Streben nach Licht den Weg zurück zu seinem ewigen Sein weisen kann.

Betrachtung: Der Knoten, der die Sterne aneinanderbindet

„Das ist der Knoten, der die Sterne aneinanderbindet:

Die Zwei, die eins sind, bilden das Geheimnis aller Macht.

Die Zwei, die eins sind, sind auch in den Dingen Macht und Recht.“[22]

Sri Aurobindo

Der große *Er* und die große *Sie* verkörpern sowohl in der überkosmischen als auch in der kosmischen Realität eine essenzielle und untrennbare Einheit. Mit dem Beginn der Weltenwerdung entwickelt sich daraus die Polarität des göttlichen Paares und ermöglicht das schöpferische Zusammenspiel von Ishvara und Shakti. Aus den Freuden ihrer immerwährenden Liebe geht die gesamte Schöpfung hervor, in der das Ganze und zugleich seine Teile, die Einheit des essenziell Wahren und die sich ständig verändernde Vielfalt des Relativen in eine bewegte äußere Erscheinung tritt. In den Rhythmen der Natur sind sie über die Dynamik der Shakti aktiv und entfalten die Welten aus höchstem Bewusstsein und höchster Kraft. Sie bilden die unsichtbare Substanz und Macht des bindenden Fadens, auf den sämtliche Komponenten des Universums wie Perlen aufgefädelt sind. Und der „Faden des Fadens“, die allerinnerste Essenz ihrer schillernden Manifestationen und ihrer selbst, ist die absolute und unermessliche Realität des Brahman, mit welcher die Legende beginnt.

Am Anfang war Einer – Shiva, der transzendente All-Eine

Am Anfang ist Shiva das absolute All-Eine oder Sat-Chit-Ananda, die höchste Seligkeit, welche die nie versiegende Quelle allen Daseins darstellt. Sein immerwährendes Brahman-Sein, sein grenzenloses Bewusstsein und seine unendliche Freude repräsentieren einen völlig anderen Modus des Selbstgewahrseins als den, der unserem Leben vertraut ist: Es ist bewegungslose, vibrationslose, transzendente All-Einheit, das Eine ohne ein Zweites, der grenzenlose Ozean des ultimativen Seins, in dem jede Dualität und Individualität aufgelöst ist. Vor der Weltenschöpfung ruhen alle kreativen Prozesse. *Sie* liegt noch inaktiv in ihm und wartet vollkommen bewegungslos und eingebettet in seiner selbstversunkenen Grenzenlosigkeit auf den großen Moment des Anfangs. Zu ihrer „schlafenden" Energie beten die Gottheiten, dass sie sich in die Welt einbringen und eine konkrete Gestalt, eine Wirkkraft, annehmen möge. So wird Sati geboren.

Dann waren Zwei – Shiva und Shakti, Bewusstsein und Macht

„Der Absolute, der Vollkommene, All-Eine
hat aus dem Schweigen seine stumme Kraft herausgerufen,
wo sie in Ruhe ohne Form und Eigenschaften lag
und vor dem Einfluss dieser Zeit durch ihr bewegungsloses
Schlafen
die unsäglichen Mächte seiner Einsamkeit beschützte."[23]

Sri Aurobindo

Aus der formlosen Unendlichkeit des All-Einen nimmt die Schöpfung über das Prinzip der Unterscheidung und Trennung Gestalt an. Das höchste Bewusstsein teilt sich in seine zwei komplementären Bewusstseinsaspekte, die es gemeinsam befähigen, kreativ tätig zu sein und sich in viele Namen kleiden: Shiva und Shakti, Brahman und Maya, Purusha und Prakriti, Subjekt und Objekt, Geist und Materie, Bewusstsein und Energie, Sein und Werden. Der grandiose Vorgang der Schöpfung beginnt, wenn Sein bewusster Wille es so entscheidet und Sie sich als Kraftstrom in ihm erhebt. Dann löst sie sich aus seiner Ruhe und beginnt (als Sati in der Legende) ihren Weltentanz. Shiva und Sati erkennen einander und vereinen sich. Er gibt sich ohne Einschränkung in ihre Hände und überlässt sich den Rhythmen ihres dynamischen Entzückens. Denn *Er* will Welten werden, in denen er sich selbst in Trillionen von Formen freudvoll genießen kann, und Sie ermöglicht ihm die Verwirklichung dieses Wunsches. Als seine ausführende Gestaltungskraft wird ihre unerschöpfliche Energie zur Göttlichen Mutter des Kosmos, zu seiner weltenkonzipierenden und -gebärenden Macht.

Und die Zwei wurden Viele – Sati und die Entfaltung der Natur

Aus der Bewusstseinssubstanz des Absoluten bringt *Sie* die ungeheure Vielfalt der Schöpfung hervor. Das Wort „Schöpfung" verdeutlicht sehr anschaulich, was in den Werdeprozessen geschieht: *Sie* „schöpft" aus *Ihm.* Er ist der Brunnen, der tiefe formlose Urgrund, aus dem *Sie* den „Stoff" für das Universum bezieht. Ihr dynamisches Wirken nimmt die substanzlose Substanz seiner bewegungslosen All-Einheit, bringt diese zum Schwingen und kreiert im Feld dieser universellen Grundschwingung (die im Symbol der mystischen Silbe Om enthalten ist) aus seinen unendlichen Möglichkeiten eine Fülle an vibrierenden Schwingungsfeldern, die aus verschiedenen Schwingungsgraden bestehen und nach außen als Natur in Erscheinung treten.

„Er ist der Spieler, der zu diesem Spiel geworden ist.
Er ist der Denker, der zu dem Gedanken ward.
Er ist die Vielen, die der eine Schweigende gewesen ist ...
Dies war sein Pakt mit seiner mächtigen Gefährtin ...
Dass er aus Liebe zu ihr, ihr für immer eng verbunden,
dem Lauf der Ewigkeit der Zeit stets folgen wolle
in all den zauberhaften Launen ihrer jähen Einfälle ...“[24]

Sri Aurobindo

Shaktis pulsierende Bewegung entrollt die Seinsebenen des Universums. Die Shiva-Shakti-Philosophie beschreibt detailliert, wie die Entfaltung der Natur aus dem weiblichen Grundprinzip vor sich geht und wie diese Hervorbringungen – von den allerfeinsten Anfängen über die verschiedenen Stufen der psychologischen Innenwelten bis hin zur dichtesten Stofflichkeit – die vielen Ebenen des Universums gestalten. Doch ist das Gewebe des kosmischen Weltenstoffes in der ganzheitlichen Perspektive der Shiva-Shakti-Philosophie keineswegs so unbewusst wie im Samkhya. Denn aus ihrer Sicht ist alles das uranfängliche All-Eine, das sich überall in der Welt als Zwei-in-Einem zum Ausdruck bringt. *Er* und *Sie,* Shiva und Shakti, Ishvara und Ishvari, Prakash und Vimarshi sind in allen Dingen und Wesen das bewusste Doppelprinzip, das *Ihm* die Freude seiner Weltenerfahrung schenkt. In ihrer gegenseitigen Durchdringung, ihrem zärtlichen Liebesspiel, nimmt *Sie* ihn mit in den gesamten Schwingungsreichtum der Welt, den sie erschafft. Shiva folgt zustimmend ihrer führenden

Kraft, ordnet sich ihrer Aktivität gelassen unter und erlaubt ihr bedingungslos, sein ewiges Sein in Myriaden von Formen zu versprühen. Alle Fäden ihres bewegten kosmischen Gewandes sind *Er*, das höchste Bewusstsein, das *Sie* durch ihre Leidenschaft in ein glückseliges Pulsieren versetzt. Das gesamte Universum ist ebenso wie unsere individuellen Körper und unsere anderen Wesensteile nichts anderes als *Er*, übersetzt in Schwingung und getragen von Schwingung. So ist *Er* zugleich Transzendenz und Immanenz, Sein und Werden. Und doch ist sein essenzielles Wesen auf ewig unbewegt. Dieses anscheinende Paradox wird in der Shiva-Mythologie über das Symbol des Tanzes zum Ausdruck gebracht (siehe Abb. 4 im Bildteil). So repräsentiert Nataraja, der dynamisch tanzende Shiva, die vibrierende Freude, die *Er* im Schwingungsgeflecht der Welt auskostet, genauso treffend wie der völlig reglose Shiva, der so untätig wie ein Leichnam unter den Füßen der tanzenden Göttin Kali liegt.

„Untätig, glücklich liegt er ihr zu Füßen:
Er bietet seine Brust ihr dar für ihren Tanz im Kosmos,
dessen zitterndes Theater unser Leben ist
und den niemand ertragen könnte, wäre nicht seine Stärke darin,
doch auch niemand verlassen würde wegen seiner Freude.“[25]

Sri Aurobindo

Je weiter die Schwingungs- und Formwerdung auf der kosmischen Bühne fortschreitet, desto mehr tritt Seine lenkende Macht in den Erscheinungsformen hinter den Vorhang *Ihrer* Dynamik zurück und wird verschleiert von ihrer Maya-Kraft. Seine tiefe Freude jedoch stützt die nicht enden wollende Liebesumarmung der beiden Partner weiter und lebt als innerster Kern in allem, was daraus hervorgeht – unabhängig davon, wie wir aus unserer menschlichen Sicht die Dinge wahrnehmen.

„Er hat sich seiner Allmacht ganz entledigt.
Auf seine Ruhe hat er ebenso verzichtet wie auf
seine Unendlichkeit.
Er kennt nur sie allein und hat sich selbst vergessen.
An sie hat er sich hingegeben, um sie groß zu machen.
Er hofft, dass er in ihr sich selber neu entdecken wird ...
indem er seinen Frieden der Unendlichkeit
vermählt mit der Ekstase ihrer schöpferischen Leidenschaft ...
Für sie brennt er den Weihrauch seiner Tag' und Nächte,
und ihr bringt er sein Leben dar als eine Opferpracht.
Oder er macht als Höfling ihres zahllosen Gefolges,
zufrieden, dass er bei ihr ist und sie sich nahe fühlt,
das Meiste aus dem Wenigen, das sie ihm schenkt,
und schmückt so alles, was sie tut, mit seiner Freude aus ...
Er macht, dass alle Stunden um die Mitte ihres Willens
kreisen,
und alles ihre Launen widerspiegelt, alles deren Spiel ist.
So ist die ganze weite Welt nur er und sie.“[26]

Sri Aurobindo

„... und selbst in dem, was uns als Leid erscheint,
fühlt er die Süßigkeit von ihrem Zugriff,
der ihn überwältigt.“[27]

Sri Aurobindo

Je enger sich die Maschen der Maya um Gedanken und Gefühle, Leben und Dinge, Empfindungen und Erfahrungen ziehen, desto dichter hüllt sie ihn ein in ihre Bewegung und verhindert mehr und mehr, dass von seinem bewussten Sein noch etwas durch diese „Verpackung" dringt. So erscheint uns die Welt als ein Gemisch aus voneinander getrennten Objekten und Lebewesen mit mehr oder weniger ausgeprägter Unbewusstheit oder Halbbewusstheit. Shiva ist in Shaktis Produkten nicht mehr „offen-sichtlich". Obwohl *Er* und *Sie* in der Natur gemeinsam durch viele Schritte gegangen sind, hat das Ausgefaltete ihn auf dem Weg in die Manifestation in eine verborgene Abteilung verbannt und damit weitgehend aus den Augen verloren. Sein Bewusstsein ist zwar in allem als essenzielle Wirklichkeit involviert, aber als solche im Ausdruck der Erscheinungen nicht realisiert. Jetzt ist *Er* es, der in *Ihr* schläft.

„Solange die Natur andauert, ist auch er im Dasein.
Denn eins ist sicher, diese beiden, er und sie, sind eins.
Selbst wenn er schläft, hält er sie fest an seiner Brust."[28]

Sri Aurobindo

Ihre Kraft und *Sein* Bewusstsein sind an diesem Punkt keine ebenbürtigen Partner mehr. Sein und Werden umarmen einander nicht mehr in den grenzenlosen Ausmaßen der höchsten Wahrheit. *Er* und *Sie* sind einen langen Weg miteinander gegangen. Doch haben sie auf der Ebene ihrer Weltenwerdung noch nicht den Punkt gefunden, an dem sich der Urgrund ihrer Einheit auch im Bewusstsein und den Formen des kosmischen Spiels offenbart. Das wird deutlich, als Sati die Nachricht vom Opferritual ihres Vaters erhält.

„Der Absolute, der Vollkommene, der Unantastbare,
der Eine, der in uns als das geheime Selbst ist,
hat unsere Maske der Unvollkommenheit angenommen ...
Er hat sein Bild in menschlich-enge Maße eingeprägt,
damit wir uns erheben zu den Maßen seiner Göttlichkeit ...
Doch in der Zwischenzeit ist alles nur der Schatten eines Traums ...“[29]

Sri Aurobindo

Das Resultat des gemeinsamen Weges, für den *Er* den hohen Preis des Vergessenwerdens zahlt, sind scheinbar separate Körper und Leben mit separater Denk- und Empfindungsfähigkeit. Im mageren Lichtkegel eines begrenzten Bewusstseins begreifen sie sich als voneinander getrennte Einheiten innerhalb einer überwältigenden und oft auch beängstigenden Vielfalt. Diesen Zustand erreicht Sati, als sie sich in ihrem Unmut von Shivas Willen und seiner Ganzheit entfernt. Jedes vom Ego geprägte Handeln, Denken oder Empfinden ist ein unmittelbarer Ausdruck davon. Ohne *Ihn* als gleichwertigen Partner an ihrer Seite fällt das Leben ständig in die Verletzungen, Reaktionsmuster, Gewohnheiten, Prägungen und Konditionierungen der kleinlichen Bezüge zurück. Wo *Er* nicht aufblüht, wartet die Endlichkeit als großer Schatten der Maya im alles verschlingenden Fluss der Zeit auf ihre Stunde. Am Ende bleibt den Formen der Natur nur noch der Pralaya, die Auflösung. Wieder und wieder stürzt Sati ins Feuer der Vergänglichkeit. *Er* aber bleibt, obwohl *Sie* sich von ihm entfernt hat und ihm wieder und wieder entgleitet, fest und unbeirrt in seiner Liebe zu ihr. So kompromisslos ist seine Hingabe, dass er sich selbst in der Form ihrer Sterblichkeit verliert und sie auch im Zerfall noch fest an seinem Herzen hält. Sobald die Anhaftung an das

Vergängliche durch wahre Unterscheidungskraft (Vishnus goldene Waffe) gebrochen ist, findet er zurück in sein unvergängliches Selbstgewahrsein – und *Sie* ruht wieder als eine tatenlose Macht in ihm.

„Inmitten dieses Tods der Dinge überlebt sein Geist ...“[30]

Sri Aurobindo

Und die Vielen wurden zum Einen – Parvatis Weg zu *Ihm*

Die in Auflösung endende Liebesekstase von Shiva und Sati ist noch nicht das Ende, sondern nur *ein* Aspekt der Liebe des göttlichen Paares. Denn mit Parvati erhält der Werdeprozess ein neues Momentum. Auf die Formwerdung muss die Bewusstwerdung folgen, damit die Partner einander wieder ebenbürtig sind. Die Kraft der Shakti wirkt also auf zwei Ebenen. Während Sati vorwiegend die Prakriti- oder Naturebene der Weltenmutter symbolisiert, repräsentiert Parvati die hohe Ebene der all-bewussten Mahashakti, die große Paraprakriti oder Ishvari. Sie ist die höchste Herrin, die durch keine Mechanismen der Natur in ihrem Wirken gebunden ist und die Macht hat, das begrenzte Bewusstsein des Einzelwesens über den Weg einer größeren Bewusstwerdung wieder in die Erfahrung der All-Einheit zu führen.

„Denn eine Wahrheit muss gewusst, ein Werk geleistet werden.
Ihr Spiel ist Wirklichkeit und er vollendet ein Mysterium ...
Damit die Augen des Zeitlosen aus der Zeit blicken können
Und diese Welt das unverhüllte Göttliche uns offenbare.“[31]

Sri Aurobindo

Parvatis Ziel ist nun, den Weg zu *Ihm* zurückzufinden (siehe Abb. 5 im Bildteil). Der Wendepunkt ist erreicht, und jetzt beginnt die vollendende Liebe von Shiva und Parvati, der einende Prozess, die Entwicklung des Bewusstseins, die auf die Entfaltung der Natur folgen muss. Beide Partner haben eine vorbereitende Aufgabe zu erfüllen. Zunächst muss Shiva wieder ganz bei sich selbst ankommen, sich von der Anhaftung an die Prakriti und von der Identifikation mit der Vergänglichkeit ihrer Weltenformen befreien. Erst dann kann seine Bewusstseinsmacht auf einer höheren Ebene aktiv werden.

„Zuletzt erwacht er zur Erinnerung an jenes Selbst:
In seinem Innern erschaut er das Gesicht der Göttlichkeit.
Die Gottheit bricht hervor durch diese menschliche
Gestaltung:
Sie demaskiert ihr höchstes Sein und wird ihm
zur Gefährtin.“[32]

Sri Aurobindo

Jetzt fällt der Shakti die Arbeit zu, die Brücke zu bilden und unter dem Einfluss ihrer höchsten Werdekraft im Schmelztiegel eines weiteren Werdeprozesses zu *Ihm* hinzuwachsen, um den Verborgenen wiederzufinden und sich erneut mit ihm in seiner Ganzheit zu vereinen. Für ein spirituell ausgerichtetes Leben bedeutet das, diejenigen Schwingungen zu erspüren und zu nutzen, die zu ihm hinführen und *Ihn* wieder erfahrbar machen. Wie man *Ihn* findet, hängt von der Methode und Zielsetzung des gewählten Yoga-Weges ab. Wir kennen den inneren Pfad nicht, dem Parvati in ihrer spirituellen Disziplin folgt. Aber wir wissen, dass ihr verschiedene Möglichkeiten offenstehen, um *Ihn* auf unterschiedliche Weisen durch ihre Shakti-Kraft zu verwirklichen. Das konzentrierte spirituelle Bemühen (die Askese der Legende) setzt den Rahmen, in dem der innere Wachstumsprozess sich entfalten kann.

Shaktis Gemahl aus der Sicht der indischen Tradition

In ähnlicher Weise wie Shakti besitzt auch Shiva zahlreiche Aspekte und eine ausgeprägte Symbolik, die dem Spannungsbogen seiner zwischen Ekstase und Askese hin- und herpendelnden Persönlichkeit entspricht. So ist er der Prototyp eines Yogi, der erbarmungslose Weltenzerstörer, der gefürchtete Herr der Geister, der vagabundierende Bettler, der schweigende Lehrer, der blaukehlige Gifttrinker, der weltabgewandte Asket, der göttliche Tänzer, der aufmerksame Gatte, der liebevolle Vater und der höchste Herr, der halb Frau ist. Shivas Eigenschaften sind extrem breit gefächert und umfassen gemäß seiner komplexen und widersprüchlichen Natur sowohl segnende als auch vernichtende Aspekte. Er ist der große Außenseiter im Hindu-Pantheon, der mit Asche beschmierte und weltabgewandte Asket, der praktizierende Yogi, der Herr der Zeit und der einsame Wolf unter den Hindu-Gottheiten, der sich nicht um gesellschaftliche Normen und ein gefälliges Auftreten kümmert. Von den drei Grundqualitäten der Prakriti repräsentiert Shiva das Tamas und damit die unbewegten, dunklen, trägen, unbewussten und verharrenden Eigenschaften. Er verkörpert auch die Fähigkeit der Ablösung und die Macht der Unterscheidungsfähigkeit (Viveka), die auf dem spirituellen Weg alles Unwesentliche erkennen lässt und die Ich-Bezogenheit Schale für Schale abwirft, um am Ende mit dem göttlichen Kern zu verschmelzen.

Viele Abbildungen zeigen Shiva mit klarem, aber strengem Blick und heller, mit Asche beschmierter Haut. Bekleidet ist er gewöhnlich mit einem Leopardenfell. Im Gegensatz zu den vielen reich geschmückten Hindu-Gottheiten, die stets mit juwelenbesetzten Arm- und Halsspangen abgebildet werden, besteht sein Schmuck aus einer Schädelkette, Rudraksha-Samen und den Kobras, die sich mit aufgestelltem Nackenschild um seinen Körper winden. Auf Shivas Stirn, die mit drei waagerecht gezogenen Aschestreifen gezeichnet ist, befindet sich ein drittes Auge. Zwei seiner vier Arme halten ihm zugeordnete Embleme, meistens den Dreizack (Trishul) und eine kleine Opfertrommel (Damaru). Die Handposen der beiden anderen Arme gewähren Schutz und Segen. In seinen verfilzten, zu einer Haarkrone aufgetürmten Dreadlocks trägt Shiva den Sichelmond und die Flussgöttin Ganga, die einem alten Mythos zufolge von dort als heiliger Strom auf die Erde herabfließt.

Shivas Reit- und Begleittier ist der Stier Nandi, der in liegender Haltung vor dem Shiva-Lingam ruht und unter dem Namen Nandikeshvara auch als Mensch mit einem Stierkopf dargestellt wird. Nandi ist eine Verkörperung des Dharma, des ewigen Gesetzes, und eine Gottheit der schöpferischen Ur-Freude, wie sie über Musik und Tanz in das Leben einfließen kann. Die Freude am Tanz findet sich auch im Aspekt des Shiva-Nataraja, der den Ananda Tandava, den Tanz der ewigen Glückseligkeit, tanzt. Nandi findet als eigenständige Gottheit Verehrung, was darauf schließen lässt, dass der Stierkult in Indien als eine der frühen Formen der Gottesverehrung praktiziert wurde – eine Annahme, auf die auch Tonfunde und Siegel der frühen Harappa-Kultur hinweisen, die mit dem Abbild kraftvoller Stiere verziert sind. Seit der vedischen Zeit ist der Stier ein Symbol der Stärke und der männlichen Macht in der Natur und verkörpert damit das Purusha-Prinzip, während die Kuh als schöpferische Kraft des höchsten Bewusstseins die Shakti-Maya-Prakriti-Macht repräsentiert. So unterstreicht diese uralte Symbolik die Polarität von Ihm und Ihr auch auf der Ebene der Tierwelt. Der Stier repräsentiert auch das Prinzip der Begierde. Ihn reiten, d.h. kontrollieren, kann nur, wer wie Shiva die triebhaften Anteile der eigenen Natur durch die konzentrierte Kraft der inneren Ausrichtung bezwungen hat. Das weiße Fell des Nandi deutet die geläuterte Natur an, durch die ein höheres Bewusstsein von innen her „durchscheinen" kann.

Auch jedes Detail von Shivas Gestalt besitzt symbolischen Charakter. Die helle Haut entspricht dem Licht, das die Dunkelheit ablöst. Es ist das kosmische Bewusstsein, das den Menschen aus dem beschatteten und begrenzten Raum seiner Ich-Bezogenheit herausführt. Die Ascheschicht erinnert an die Vergänglichkeit des Körpers. Die drei Augen repräsentieren Sonne, Mond und Feuer. Im dritten Auge liegen Meditationskraft, Wissen und Weisheit. Es ist zudem eine machtvolle Waffe, die Widersacher mit einem hervorschießenden Feuerstrahl vernichten kann. Die Mondsichel steht für die Kräfte des Intellekts und den Verlauf der Zeit, die früher anhand von Mondzyklen gemessen wurde. Die Schlangen symbolisieren sowohl kosmische als auch sexuelle Energie. Da sie in regelmäßigen Zeitabständen ihre Haut abstreifen, verkörpern sie auch das Prinzip der Erneuerung. Die Windungen der Schlangenkörper deuten die zyklischen Abläufe im Kosmos an. Zeit und Energie sind zwei Faktoren, die im Hinduismus als kreisförmige Bewegungen betrachtet werden, in die das menschliche Leben über viele Wiedergeburten eingebunden ist. Indem Shiva sich mit ihnen schmückt, zeigt er, dass er vollkommen unabhängig von ihren Auswirkungen existiert und nicht an ihre Gesetzmäßigkeiten gebunden ist. Die braunen Rudraksha-Samen, die zu Gebetsketten und Armbändern aufgefädelt sind, gelten als eine Manifestation der Tränen Shivas, die er im Zustand tiefster Glückseligkeit vergießt. Der Dreizack, dem Ursprung nach eine alte Jagdwaffe, und die drei horizontalen Aschestreifen auf der Stirn symbolisieren die Einheit von Schöpfung, Erhaltung und Zerstörung, die hinduistische Trimurti (Brahma, Vishnu, Shiva) und die drei Grundqualitäten (Gunas) der Natur (Sattva, Rajas und Tamas). Sie repräsentieren außerdem den Fluss der Zeit, den das menschliche Bewusstsein in Vergangenheit, Gegenwart und Zukunft unterteilt, und die drei Hauptenergiebahnen im Energiekörper des Menschen (Sushumna, Ida, Pingala). Viele Shiva-Anhänger tragen die drei horizontalen, auf Stirn oder Körper gemalten Streifen als Erkennungsmal und Zeichen ihrer Verehrung. Wenn ein roter Punkt hinzugefügt ist, symbolisiert er die Shakti. Die kleine Opfertrommel in Shivas Hand (Damaru) steht für den Rhythmus, in dem das Universum sich bewegt und durch den es erhalten wird. Ihr erster Klang steht für den Urlaut der Schöpfung, für die heilige Silbe Om. Jeder folgende Schlag repräsentiert das rhythmische Prinzip der Erhaltung, und das Verstummen der Trommel entspricht der Auflösung oder Zerstörung. Manchmal wird Shiva auch mit einer Antilope in der Hand abgebildet. Sie symbolisiert die Unstetigkeit der Gedankenwelt, die auf dem spirituellen Weg durch Kontrolle und Überantwortung an die höhere Macht gemeistert werden muss. Andere Shiva-Attribute sind der Speer, die Axt und der Bogen (Pinaka).

Mythologie: Die Yoni und der Feuerlingam

Die Welt war gerade erst erschaffen, und die Natur war noch erfüllt von dem tiefen Frieden des Ursprungs, dem höchsten Bewusstsein, aus dem sie hervorgegangen war. Alle Wesen waren wunderschön in ihrer ursprünglichen Makellosigkeit, und das Weltspiel hatte eben erst begonnen, die Vielfalt seiner unendlichen Möglichkeiten zu entfalten. Da verlor der unberechenbare Shiva aus Gründen, die den kosmischen Wesen nicht nachvollziehbar sind, plötzlich jegliches Interesse an den Trillionen von Formen und rhythmischen Energien, in denen er soeben noch voller Hingabe und Begeisterung dem Einfallsreichtum seiner Shakti ergeben war. Er zog sich umgehend von den Verlockungen und Launen der Welt zurück, und sein Wille richtete sich nur noch auf eines: das Wesentliche und zwar sofort. Von diesem unbändigen Gefühl des „Alles oder Nichts" gedrängt, entfernte er sich abrupt von seiner Shakti, legte seine Weltenkleider ab und bestrich seinen Körper als sichtbares Zeichen der Entsagung von jeder geschaffenen Form mit Totenasche. Dann setzte er sich zur Meditation nieder und ließ sein Bewusstsein in die Stille seines eigenen Ursprungs sinken. So wurde er – wie so oft – zu einem Abbild der Ent-Werdung. Sein Tapas, die konzentrierte Energie seiner inneren Sammlung, stieg wie eine Feuersäule in ihm empor, und sein Körper wandelte sich in einen Lingam aus brennendem Licht, dessen Hitze die gesamte Welt zu zerstören drohte.

„Halt!", riefen die Götter, „halt ein! Die Welt ist doch gerade erst erschaffen, das Spiel hat noch nicht einmal richtig begonnen, gib ihm noch eine Chance. Nimm die Welt später in dein Sein zurück, wenn ihr Körper alt und ihre Bewegungen müde geworden sind. Jetzt will sie noch wachsen und sich in unendlicher Vielfalt erfahren!“ Doch Shiva war ihren Worten gegenüber taub. Die Feuersäule wuchs beständig, und die große Auflösung der Welten schien unaufhaltsam zu beginnen. Da manifestierte sich vor dem brennenden Licht plötzlich eine Yoni, das heilige Symbol der Shakti-Kraft, und umfing den glühenden Feuerlingam, sodass er fest in ihrer Mitte ruhte und von ihrer kühlenden Kraft, die seine gewaltige Hitze wie ein Gefäß aufnahm, von allen Seiten umschlossen wurde. So bewahrte die Shakti die Schöpfung vor einer vorzeitigen Zerstörung. Seitdem sorgt sie auf diese Weise – da sie den sprunghaften Launen ihres Gatten nicht mehr traut – in jedem Weltzeitalter für ihren Schutz.

Betrachtung: Lingam-Yoni – *Er* und *Sie* in kosmischer Umarmung

Obgleich zahlreiche Skulpturen und Abbildungen von Shiva existieren, ist es ein besonderes Phänomen, dass Shaktis Gemahl im Hinduismus fast immer in Form einer phallusartigen Steinsäule verehrt wird. Dieses Objekt ist der Lingam, ein Begriff, der „Zeichen“ oder „Symbol“ bedeutet und Shivas nicht manifestierte, „formlose Form“ darstellt, die – obwohl sie nicht sichtbar ist – den Phänomenen des Universums ihre lichtvolle Essenz verleiht und alle geschaffenen Dinge und Lebewesen durchdringt (siehe Abb. 6 im Bildteil). Der Lingam symbolisiert die männlich-kreative Energie, die auch als zentrales Feuer beschrieben wird. Wer je in einem der großen Shiva-Tempel Indiens eine Andachtszeremonie vor dem innersten Schrein erlebt hat, wird die kompakte Hitze nicht vergessen, die von dem Lingam ausgeht. Es lässt sich vermuten, dass seine phallische

Form, die einen starken Bezug zur Sexualität zulässt, auf einen frühzeitlichen Fruchtbarkeitskult zurückgeht. Was wäre denn auch ein geeigneteres Symbol zum Ausdruck von ultimativer Einheit als die sexuelle Vereinigung? Für Hindus ist dies allerdings nur von untergeordneter Bedeutung, da sie die zeugende Kraft des Lingams in erster Linie als ein geistiges Prinzip verstehen. Der hinduistischen Sichtweise zufolge ist es Shiva, der die Manifestation am Ende eines Weltzeitalters auflöst und zurückführt in die reine Transzendenz. In diesem Zusammenhang ist sein Lingam auch eine abstrakte Darstellung des Bereiches, in dem sich diese Auflösung vollzieht und aus dem heraus ein neuer Weltenzyklus beginnen kann. Im Lingam ist Shiva somit nicht nur der zerstörende Aspekt der Trimurti, sondern Ishvara selbst, der Meister des Universums. Der Lingam ist an seiner Basis von einem kreisförmigen Objekt umschlossen, der Yoni, die die Shakti-Kraft darstellt, ohne die sich Shiva nicht im Formhaften manifestieren kann. Er durchdringt Sie, die ihn in sich empfängt und aufnimmt und mittels ihrer Maya-Kraft in das kreisende Weltenrad des Brahman „übersetzt“. Der phallusartige Lingam repräsentiert das zeugende Bewusstsein, den Samen des Universums, aus dem in Ihr und durch Sie die kosmische Ordnung erwächst. Die Yoni ist der geheimnisvolle Mutterschoß der Shakti, die dunkle Höhle des Urbeginns, in der alles empfangen und aus der alles hervorgebracht wird. Die aus ihr geborenen Formen ziehen den Maya-Kreis der Vielfalt um sein ewiges All-Sein. Die dem universellen Geschehen zugrundliegende Einheit von Ihm und Ihr wird somit auch in der abstrakten Form einer kosmischen Umarmung zum Ausdruck gebracht.

Das Sri Chakra als universelles Symbol der Einheit

Ein Yantra ist eine geometrische Abbildung göttlicher Energie und bringt deren Bewusstsein und Kraft durch eine abstrakte Gliederung des Raumes zum Ausdruck. Es setzt sich aus einer Kombination von Kreisen, Dreiecken, Quadraten, Lotusmotiven und Eingangsbereichen zusammen und dient der zeremoniellen Verehrung, der meditativen Versenkung und der Visualisierung göttlicher Aspekte. Es gibt in den tantrischen Richtungen viele Yantras für das weibliche Prinzip, von denen das Sri Chakra (auch Sri Yantra genannt) das bedeutendste ist. Obwohl es die Einheit von *Ihm* und *Ihr* in den Mittelpunkt stellt, ist es vor allem das Yantra der göttlichen Shakti und darin für ihre Verehrung vielfach von größerer Bedeutung als ihre figürliche Gestalt. Im Sri Chakra wird der gesamte Kosmos als universeller Shakti-Körper dargestellt. In Form eines abstrakten Diagramms bringt es die Einheit von göttlichem Bewusstsein und göttlicher Kraft auf verschiedenen Ebenen des kosmischen Geschehens zum Ausdruck und betont sowohl die essenzielle als auch die kausale Verbundenheit aller Komponenten der universellen Existenz. Die universelle Realität entfaltet sich in seiner perfekten Symmetrie als ein einziger, multidimensionaler Organismus, der in all seinen Teilen von der männlich-weiblichen Polarität bestimmt ist und dessen aktuelle Ausformung auf der alles regierenden Kraft der Göttlichen Mutter beruht.

Die Shakti des Sri Chakras ist Lalita Tripurasundari, „die Schöne der drei Welten, die aus Spiel besteht“. Sie repräsentiert die Lila, das göttliche Spiel des gesamten Universums und das kosmische Zusammenspiel von Shiva und Shakti. Deshalb enthält sie immer beide Prinzipien in ihrer Gestalt. Sie verkörpert die göttliche Liebe, in deren machtvoller Schwingung sich das gesamte Universum im geheimen Rhythmus eines göttlichen Verlangens entfaltet.

Der geometrische Aufbau des Yantras stellt im inneren Bereich eine zentrale Formation aus neun ineinandergeschachtelten Dreiecken dar (siehe Abb. 7 im Bildteil). Vier von ihnen zeigen mit der Spitze nach oben und repräsentieren das Shiva-Prinzip, während die anderen fünf mit der Spitze nach unten weisen und das Shakti-Prinzip darstellen. In ihrem Mittelpunkt befindet sich der Bindu, der zentrale Punkt, um den die neun Dreiecke angeordnet sind. In ihm sind Er und Sie in einem hoch konzentrierten Keimzustand präsent, der die Essenz des gesamten Universums in sich trägt. Der Bindu bildet damit die Schnittstelle zwischen dem statischen Brahman-Bewusstsein und der dynamischen Weltenmanifestation. Er repräsentiert auch den geheimen Schrein des Yantras, in dem die höchste Shakti-Kraft in immerwährender, inniger Umarmung mit ihrem göttlichen Geliebten residiert.

Mit dem Beginn der schöpferischen Aktivität schwillt der Bindu an, was mit dem Aufquellen eines Samens verglichen wird, und bringt die Polarisierung von Shiva und Shakti in drei weiteren Bindus hervor. Einer von diesen repräsentiert Shiva-Shakti, ein weiter Shiva und der dritte Shakti. Sie stellen drei Seinszustände des höchsten Bewusstseins in der Schöpfung dar (latent, statisch und dynamisch) und formen das zentrale Dreieck des Sri Chakras. Die dreifache Hervorbringung setzt sich nach außen fort, und Schritt für Schritt entstehen konzentrische Dreieckskreise um das zentrale Dreieck herum, die von Lotuskreisen und einem äußeren Eingangsbereich mit vier Toren gesäumt sind.

Im Sri Chakra lassen sich insgesamt neun Chakras oder Kreisformationen identifizieren, welche – ausgehend vom Bindu – die zyklischen Entfaltungsstufen des Universums symbolisieren. Das Prinzip dieser Schöpfungsschritte kann man sich am Bild einer ruhigen Wasseroberfläche vorstellen, die durch einen hineingeworfenen Kieselstein in einem kleinen Punkt angestoßen wird, woraufhin sich dieses Einwirken dann auf der Wasseroberfläche als kreisförmige, expandierende Wellenbewegungen fortsetzt. Die neun Chakras gelten als die neun Mutterschöße oder Yonis der kosmischen Realität, aus denen alle Grundprinzipien des Lebens (Tattvas) hervorgehen.

Wenn das Sri Chakra in die Dreidimensionalität projiziert wird, kommt es zu einer pyramidenförmigen Darstellung, bei der die Chakras neun unterschiedliche Ebenen bilden, die sich, ausgehend von der quadratischen Basis, bis zu dem zentralen Punkt auf der Spitze verjüngen. Die Sri-Chakra-Pyramide ist das Abbild des heiligen Weltenberges Meru, welcher der Mythologie zufolge der Nabel des materiellen und des spirituellen Universums ist.

Während die Entfaltung des Kosmos in expandierender Bewegung von innen nach außen erfolgt, wird der spirituelle Weg in umgekehrter Richtung beschritten. Das Ziel des inneren Weges kann dann als ein Zurückkehren in die ultimative Einheit im Innersten der kosmischen Yoni verstanden werden. Seine zum Mittelpunkt hindrängende Bewegung bildet die Reiseroute, die zur Quelle zurückführt – die im tantrischen Konzept die göttliche Shakti ist.

Yantra

Zeit ist ein Punkt
den der Verstand als Linie zeichnet
Spirale der Entwicklung
und ein Augenblick
um den das Dreieck
die Erfahrung zieht

Sie ist die Göttin
die das Licht als Sprache meistert
und das Erwachen als Bereicherung
im Kreis die schwarze Frau
durch deren Messer
die Lücke der Erkenntnis reist

Am Anfang Wort
am Ende Feuer
aus dem die Form
in Seligkeit und Schweigen sinkt
dazwischen Atem
Dehnung und Verströmen
und Schlaf im Wesen
der Unendlichkeit

Mythologie: Lalita und die Wahl des Bräutigams

„Was war denn der Anfang der ganzen Geschichte? Dasein, das sich aus schierer Seinswonne vervielfältigte und in zahllose Trillionen von Formen tauchte, um sich selbst unzählig wiederzufinden.“[33]

Sri Aurobindo

Vor dem Beginn der Welt, so berichtet die tantrische Mythologie, existierte einzig und allein der uranfängliche Prakash, das selbstseiende Licht. In der einsamen Stille seiner bewegungslosen Helligkeit entstand in ihm urplötzlich ein brennender Wunsch. Er wollte die erregende Freude erleben, mit sich selbst in einer Vielzahl von Beziehungen zu stehen und sich auf diese Weise in einem bunten Spektrum an Interaktionen neu zu erfahren. Bevor er in das schillernde Kaleidoskop der Selbst-Begegnungen eintauchen konnte, mussten zunächst die Komponenten des Spiels geschaffen werden. Doch war Prakash in seiner Bewegungslosigkeit nicht in der Lage, die Bestandteile für sein Experiment selbst zu kreieren. Nachdem er die Situation in seinem gedankenlosen Sein als eine ebenso gedankenlose Idee gründlich erwogen hatte, kam er zu dem Entschluss, dass er die Aktion einer dynamischen Kraft benötigte. Und sein uranfängliches Verlangen weckte die in ihm schlummernde Vimarshi, seine Shakti-Kraft, die sich aus den lichterfüllten Tiefen seiner Grenzenlosigkeit in der Form der Göttin Lalita erhob und in der strahlend roten Farbe eines reifen Granatapfels Gestalt annahm. Berührt von seinem leidenschaftlichen Begehren wurde sie in ihrer schöpferischen Energie angeregt, und sie begann mit ihm das große Liebesspiel des Universums. Im freien Fließen einer spielerischen Kreativität tauchte sie ihn in unzählige Formen und erschuf für die Erfahrungen, nach denen er sich so inbrünstig sehnte, den gigantischen Bühnenraum des Universums, den sie mit zahlreichen Objekten und Wesen bevölkerte.

Nachdem alle Akteure erschaffen waren und sie ihre zentrale Rolle als Herrscherin des kosmischen Spiels eingenommen hatte, erschienen vor ihr die drei Gottheiten der Trimurti – Brahma, Vishnu und Shiva – und boten sich ihr als Gatten an. Lalita erkannte, dass es an der Zeit war, einen kosmischen Gefährten zu erwählen und begutachtete die drei eingehend. Sie sah sofort, dass Brahma und Vishnu ehrwürdige und respektable Gottheiten abgaben, an deren Seite sich jede Shakti sehen lassen konnte. Beide waren aufs Prachtvollste gekleidet und geschmückt, und eine königliche Autorität ging von ihnen aus. Neben den beiden majestätischen Erscheinungen schien Shiva in seiner abgerissenen Gestalt, die ihn wie einen Bettler erscheinen ließ, eher zu verblassen. Doch Lalita besaß die Gabe, tief in sein Inneres zu sehen, und Shiva vermochte ihre Gedanken zu lesen. „Seine Essenz ist das Herz des Universums", dachte sie. „Wenn er doch nur etwas glühender und leidenschaftlicher wäre und nicht so unglaublich teilnahmslos und träge!" Shiva, der diesen Gedanken sofort in seinem Herzen empfing, wandelte umgehend seine Gestalt und trat als Gottheit Kameshvara in der anziehenden Form seines göttlichen Verlangens vor sie hin. Als ein Blick seiner glühenden Augen sie traf, war die Entscheidung getroffen. „Ich will dich und ich werde dich heiraten", versprach sie, „aber nur unter der Bedingung, dass ich auch in unserer Ehe unabhängig und frei bleibe." Shiva stimmte mit ruhigem Herzen zu und entzückt warf Lalita ihm die Blütengirlande, das Zeichen der Bräutigamswahl, über das Haupt.

Sie gingen den Bund der Ehe ein, und seitdem ist Lalita als Shivas Gemahlin auch unter dem Namen Kameshvari, „Herrin der Liebesfreude“, bekannt. In dieser Gestalt verkörpert sie die einzige Form des Verlangens, die nicht im Widerspruch zur höchsten Wirklichkeit steht. Es ist jene innere Leidenschaft, die den Suchenden nicht eher ruhen lässt, bis das Ziel des Weges erreicht ist. So bleibt Lalita in ihrer ehelichen Verbindung eine ungebundene, eigenständige Kraft und ist zur gleichen Zeit die hingebungsvolle Gefährtin ihres Gemahls.

VOM HÖCHSTEN HERRN, DER HALB FRAU IST

„Sie ist der Anfang, Sie ist das Anfanglose. Sie ist die Verursachung, Sie ist das Verursachungslose. Sie offenbarte den Sehern die Veden, Sie ist das bei uns bleibende göttliche Licht. So wurde Sie zur Hälfte von Shivas Form."[34]

Tirumular, Vers 1124

In der halb männlichen, halb weiblichen Gestalt des Shiva-Ardhanarishvara werden *Er* und *Sie* als gleichwertige Aspekte einer gemeinsamen Identität verehrt (siehe Abb. 8 im Bildteil). Als Ausdruck der mystischen Hochzeit von Geist und Materie ist diese Gestalt ein uraltes, archetypisches Symbol der menschlichen Suche nach Vollkommenheit. „Ardha" bedeutet „halb", „Nari" ist die Frau und „Ishvara" der „Höchste Herr". So ist Ardhanarishvara der höchste Herr, der halb Frau ist. In ihm sind alle Dualitäten und gegenseitigen Abhängigkeiten in einer übergeordneten Realität transzendiert. Shiva-Ardhanarishvara repräsentiert die Einheit von Mann und Frau, Gott und Göttin, Bewusstsein und Kraft, Geist und Materie, Vater und Mutter, Weltabgewandtheit und Weltzugewandtheit, Ekstase und Askese. Er vereint auch die furchterregende mit der milden und die zerstörende mit der erschaffenden Macht. Seine rechte Körperhälfte symbolisiert das männliche Shiva-Prinzip, seine linke die Shakti. Aus diesem Grund wird in Indien gesagt, dass zur linken Hand Gottes geht, wer die Shakti verehrt.

Mythologie: Die Legende von Ardhanarishvara

Eines Tages, so erzählt eine indische Legende, näherte sich die anmutige Parvati in spielerischem Übermut ihrem Gemahl Shiva und legte ihm, der das Licht der Schöpfung ist, neckend ihre Handflächen über seine drei Augen. Sofort verdunkelten sich die drei Welten, eine eisige Welle der Finsternis ergriff alles Sein und drohte, es zu ersticken. Sonne, Mond und sämtliche Sternenlichter erloschen, und auch die Feuer der Erde versanken im Nichts. Alle Wesen erzitterten im Griff der Dunkelheit. Verzweiflung, Hunger und Not erfassten die Welt. Überall welkte das Leben dahin. Eine unbarmherzige Kälte breitete sich aus. Chaos herrschte und große Furcht erhob sich in allen Räumen des Universums. In der völligen Finsternis zerfiel die göttliche Ordnung, der kosmische Rhythmus setzte aus, Zeit und Raum erschlafften und die gesamte Schöpfung stand am Rande der Auflösung. Nur die erhabenen Weisen in ihren einsamen Berghöhlen waren durch ihre langen Entbehrungen an die Dunkelheit und Kälte gewöhnt. Selbst der drohende Tod konnte die Festigkeit und Unbewegtheit ihres inneren Friedens nicht erschüttern. Ihr Atem floss leicht und gleichmäßig, ihre Herzen schlugen ruhig und ihr Geist war erfüllt von unerschütterlichem Gleichmut. In ihrem tiefen Eins-Sein mit allem Seienden erspürten sie jedoch die schreckliche Not der Wesen. Voller Mitgefühl wandten sie sich an Shiva, der unter der Berührung von Parvatis Händen noch nichts von der gewaltigen Bedrängnis bemerkt hatte, und beteten zu ihm für das Wohlergehen des Universums.

Die wortlose Fürbitte der Erhabenen erreichte augenblicklich sein Herz. „Parvati“, rief er entrüstet aus, „nimm die Hände von meinen Gesicht!“ Parvati gehorchte auf der Stelle und sofort begann das Licht in den Himmelskörpern wieder zu strahlen, die Feuer flammten wieder empor und das Leben atmete erleichtert auf, durchdrungen von Sonnenlicht und belebender Wärme. Das Chaos ordnete sich und die Finsternis wich zurück. Alle Wesen dankten dem großen Gott, dass er sich ihrer in der Not erbarmt hatte. Shiva wandte sich an Parvati und sprach: „Siehst du nicht, was du in deinem spielerischen Leichtsinn angerichtet hast? Ohne das Licht meiner Augen stürzt die Welt sofort in die Dunkelheit! Jede Sekunde unserer Göttertage sind Äonen für die Schöpfung. Jeder Moment ohne das Licht meines Bewusstseins bedeutet unendliches Leiden und nicht enden wollende Not für die Gefilde der Sterblichen. Du hast leichtfertig gehandelt und achtest die Schmerzen und Ängste der Weltenwesen nicht. Für dein törichtes Spiel mussten viele von ihnen mit ihrem Leben zahlen. Wie kannst du als Mutter der Schöpfung deinen eigenen Kindern so viel Schmerzen bereiten? Fast hätte deine leichtsinnige Laune die gesamte Schöpfung zerstört.“

Parvati erschrak bis ins Mark und bat ihren Gemahl reumütig um Verzeihung. Doch Shiva, der sonst so Milde und Gnädige, war noch nicht bereit, ihr seine Vergebung zu gewähren. „Du musst deine Achtsamkeit trainieren“, sprach er. „Aus diesem Grund wirst du zur Erde hinabsteigen und dort zum Wohle der Wesen Buße tun. Du wirst so lange Askese üben, bis du innerlich gereift und so weit geläutert bist, dass du nicht länger aus einer unseligen Stimmung heraus eine Gefahr für die Welten darstellst. Du wirst im Feuer des Tapas stehen. Die Macht deiner inneren Konzentration wird anwachsen in dir und wird die Erde mit dem Verlangen nach Wahrheit erfüllen, bis die Menschen, getrieben von dieser inneren Glut, sich dir zuwenden. Deine Kraft und Anmut wird ihr Vorbild werden, damit sie, wie du selbst, lernen, im Einklang mit dem höchsten Willen zu leben und sorgsam mit allem Irdischen umzugehen. Die Macht deiner Entbehrungen wird die Dunkelheit erhellen und ein Schlüssel sein zu den Toren meines Lichts. Aber sorge dich nicht, du bist nicht allein, denn ich werde dich nicht verlassen. Meine Liebe und mein Bewusstsein werden mit dir sein. In der goldenen Kammer deines Herzen wird tief in dir meine formlose Gegenwart wohnen. So wirst du mein ewiges Selbst im Gefäß deines Wesens zur Erde tragen."

Parvati beugte sich sofort seinem Wunsch und stieg in ihrer strahlenden Göttergestalt Schritt für Schritt die siebenstufige Weltentreppe herab. Zuerst durchmaß sie die drei lichtdurchfluteten Höhen der Schöpfung. Sie durchschritt die vertrauten Regionen des ewigen und unvergänglichen Seins, dessen unendliche Weite sie in sorgloser Einheit mit ihrem Gemahl geteilt hatte, dann die hohen Räume der absoluten Bewusstheit, in denen sie ihn und auch sich selbst als Licht und Kraft wiederfand, und die vor Freude bebenden Welten der göttlichen Seligkeit. Dann öffnete sich vor ihr das strahlend goldene Tor, das die todlosen Höhen von den schattenhaften Niederungen des Vergänglichen trennt. Ruhigen Herzens ging sie hindurch. Unter ihr lagen die drei Ebenen einer zunehmenden Unbewusstheit, ein schattengraues Halbdunkel, das für die dort lebenden Geschöpfe das einzige Licht war. In diesen unteren Sphären der Schöpfung lag das Gewahrsein der Ganzheit noch versunken in einem einsamen Dasein, das sich mit dem Beginn der Zeit aus der gewaltigen, uranfänglichen Finsternis erhoben hatte. Jedes Wesen begriff sich hier als einzeln, als allein und von seinem Ursprung und allem anderen getrennt. Ein jedes Ding kannte hier auch sein Gegenteil, sodass nichts wirklich das war, was es auf den ersten Blick zu sein schien. Ihr Fuß tauchte in die

Domäne der grauen Schatten ein, und sie durchschritt im dämmrigen Licht zuerst die halb erleuchtete Substanz der Gedanken und dann die dunkelrot glühende Sphäre der Lebenskraft. Schließlich stand sie auf dem grauen, felsigen Boden der Erde, der sie aufnahm wie ein Gewand und sie einkleidete in die dunkle Stofflichkeit eines Körpers.

Inmitten der schemenhaften Finsternis wandte sie sich nach Süden, zur heiligen Richtung der Vollendung, und suchte nach dem verschlungenen Weg, der sie zum Ort ihrer Askese führen sollte. Auf ihrer tastenden Wanderung erreichte sie zuerst eine Gegend, in der die Bewohner entsetzlich unter einer bitteren Hungersnot litten. Über viele Jahre hinweg waren die fruchtbaren Monsunregen ausgeblieben, und die Felder lagen nun verdorrt und mit Trockenrissen übersät unter einer gleißenden Sonne. Menschen und Tiere waren bis auf die Knochen abgemagert, die Kühe gaben keine Milch mehr und der heilige Fluss, der das Land sonst mit seinem mächtigen Strömen durchzogen hatte, glich lediglich einem spärlichen Rinnsal. Parvatis Herz öffnete sich in mütterlicher Zugewandtheit für das Leid ihrer Kreaturen. Mit einem großen Gefäß, das sie durch ihre göttliche Macht immer wieder auffüllte, ging sie täglich von Haus zu Haus und teilte Nahrung aus an die Bewohner und an das Vieh. Als diese gesättigt und wieder etwas bei Kräften waren, bemerkten sie, dass Parvatis Vorrat niemals zu Ende ging. Sie erkannten in ihr die göttliche Weltenmutter, und in Dankbarkeit verehrten sie ihre Nahrung spendende Kraft unter dem Namen Annapurna, „Nahrung im Überfluss“.

Nachdem sie sich um das körperliche Wohl ihrer Geschöpfe gekümmert hatte, segnete Parvati das Land mit Regen und Fruchtbarkeit. Dann zog sie weiter, bis sie weit im Süden den vorbestimmten Ort ihrer Askese fand, die der gesamten Schöpfung eine noch vollkommenere

Nahrung schenken sollte. Sie richtete sich in einer Felshöhle am Ufer eines kleinen Flusses ein und begab sich auf eine Sandbank in dem halb ausgetrockneten Flussbett. Dort nahm sie ein rituelles Bad und formte dann aus dem nassen Sand einen Shiva-Lingam, das universelle Symbol ihres Gemahls. Nachdem sie Shiva mit einem Blütenopfer verehrt und sich in ihrer Wesenstiefe mit seinem All-Bewusstsein verbunden hatte, begann sie mit ihrer spirituellen Übung. Unaufhörlich wiederholte sie dabei den heiligen Namen ihres Gemahls. In ihr lebte eine intensive, brennende Erinnerung an das höchste Licht, eine innere Sehnsucht von flammender Gegenwart, die aus ihrem tiefsten Herzensgrund aufstieg und sich Tag für Tag mehr in ihrem Wesen ausbreitete, bis sie schließlich in ihre Umgebung ausstrahlte und die Dunkelheit des Universums durchdrang. Überall, wo diese innige Glutkraft die Welt durchströmte, hinterließ sie einen ahnungsvollen Schimmer göttlicher Helligkeit. Die Kunde von ihrer ungeheuren Kraft verbreitete sich rasch. Je intensiver das Tapas der Entbehrung in ihr anwuchs, desto mehr Wesen wurden auf ihre gewaltige innere Arbeit aufmerksam. Schließlich ruhten sämtliche Augen der Schöpfung auf ihr. Unbewusst spürten die Geschöpfe der Welt, dass sich in ihr, deren größerer Körper das Universum ist, etwas ereignete, das auch sie betraf und berührte. Dessen ungeachtet verehrte Parvati Tag für Tag den Lingam und wandte sich mit unverminderter Konzentration nach innen, während die Härten der von ihr gewählten Übungen ihr äußeres Wesen verfeinerten.

Die Ersten, die zu ihr kamen, um in ihrer Nähe zu bleiben, waren die weisen Siddhas, die großen Meister und Lehrer des Wesentlichen, die durch ihr freies Leben in der Natur alle Arten der Entbehrung am eigenen Leib erfahren hatten und in ihrer Seele fähig waren zu großer Glut.

Von Parvati herzlich willkommen geheißen meditierten sie am Ufer des Flusses, während sie Jahr für Jahr auf der Sandbank ihre Askese übte. Wilde Tiere eilten herbei und legten sich ihr zu Füßen. Tiger bewachten sie in der Nacht und Königskobras richteten sich auf und spannten unter der stechenden Sonne ihre Nackenschilde Schatten spendend über ihrem Haupt. Die fünf Elemente verneigten sich vor ihr, und aus den himmlischen Gefilden regneten Blüten auf sie herab. Schließlich trauten sich auch die Menschen näher an die Glut ihrer Aura heran und ließen sich von ihrem Bewusstsein erfassen. Es dauerte nicht mehr lange, bis die gesamte Erde vor ihr kniete und ihre heiligen Füße berührte. „Große Mutter", bat sie inständig, „sei mein Leitstern in den Wirren meiner Finsternis. Hilf mir auf meinem Weg ins Licht. Erleuchte das gewaltige Dunkel in mir!"

Und Parvati erklomm als Teil der Erde die inneren Gipfel der Seligkeit und stieg die glanzvollen Ebenen in ihrem Bewusstsein wieder hinauf bis zu den lichterfüllten Höhen der ungeteilten Ganzheit. Ihr gesamtes Sein wurde zu einer lebenden Konzentration auf den All-Einen, bis in jeden Gedanken, jedes Gefühl, jede Sinnesregung und jede Zelle ihres Erdenkörpers. Ihr aufragendes Wesen formte eine gefestigte Verbindung zwischen dem verschlossenen Leben der Materie und der weiten Freiheit des vollkommenen Spirits. Und während ihr Körper unbeweglich wie eine uralte, steinerne Skulptur auf der Sandbank ausharrte, strömte in ihr inneres Wesen mehr und mehr von Shivas transformierendem Licht herab, das ihr Herz auffing wie das unerschöpfliche Gefäß der Annapurna. So drang sein Bewusstsein in sie ein, und sie umarmte es mit der dunklen Festigkeit und den bemessenen Rhythmen ihrer All-Natur. Die weisen Siddhas sahen ihr schweigend zu. „Auf dem Feld dieser inneren Arbeit werden einmal Menschen gehen, die den Göttern gleichen und das Halbdunkel des

Menschlichen weit überschreiten“, dachten sie. „Erdenkörper werden sie tragen und doch Träger des Unermesslichen sein. Durch die Frucht dieses inneren Feuers wird der Höchste wachsen in der Welt.“

Als Shiva sah, dass Parvati ihre Aufgabe erfüllte und zum Wohle der Schöpfung die irdischen Gefilde mit seiner Unermesslichkeit verband, wollte er einer plötzlichen Eingebung folgend die Standhaftigkeit ihrer ausgerichteten Kraft auf die Probe stellen. „Ich möchte sehen, wie lange sie treu an meiner Seite stehen und mein Licht ertragen kann, wenn die Umstände um sie herum schwierig werden“, sprach er. Und da ein göttliches Wort für die Natur als Befehl gilt, erhoben sich die Gewalten. Das spärlich an den Sandbänken vorbeifließende Rinnsal des Flusses schwoll an, bis es die Ufer erreichte. Eine riesige Wasserwand türmte sich auf und stürzte in dem halb ausgetrockneten Flussbett donnernd auf Parvati zu, die neben dem Lingam, den sie aus dem Sand geformt hatte, wie gewohnt ihre Übungen verrichtete. Die weisen Siddhas zogen sich eilig vom Ufer zurück und riefen ihr zu, dass auch sie sich in Sicherheit bringen solle. „Geht nur“, rief sie zurück. „Ich bleibe und schütze den Lingam meines Herrn, der jeden Tag treu an meiner Seite gestanden hat als sein Zeichen. Seine Gegenwart ist darin lebendig. Wie kann ich zulassen, dass er jetzt von den unbändigen Fluten weggetragen wird? Wie kann ich mich abwenden und in Sicherheit bringen, während er, die Essenz der Welt, ungeschützt zurückbleibt und in den Wassermassen vergeht?“

Sie kniete sich nieder, beugte sich zu dem Erdlingam herab und umfasste ihn schützend mit ihren Armen. Die gewaltige Welle erreichte sie und rollte über sie hinweg. Sie und der Lingam verschwanden in den tosenden Wassermassen. Die erhabenen Siddhas, die aus sicherem Abstand zusahen, hielten den Atem an und schauten gebannt auf den Fluss. Eine ungeheure Flut spülte durch das Flussbett. Lange dauerte es, bis das Wasser wieder sank und den Blick auf Parvati freigab, die noch immer schützend über dem Lingam kniete und ihn umarmte. Sowohl der Erdlingam als auch die Shakti waren unversehrt. Während die Siddhas eine Danksagung an Shiva rezitierten, erklang in Parvatis Herzen die Stimme seiner formlosen Gegenwart: „Meine Geliebte, die große Flut ist vorbei, und du kannst meinen Lingam wieder aus deinen Armen entlassen. Er ist aufgrund deiner Fürsorge für die Welt gerettet und wird bis ans Ende dieser Weltenzeit durch deine Umarmung gesegnet sein. Als mein Zeichen und Abbild werden alle Geschöpfe des Universums ihn verehren. Große Gnaden wird er gewähren und das Dharma, die göttliche Ordnung, in der Welt stützen. Deine Askese hat mein ewiges Selbst bis zur Materie herabgerufen, und ich werde von jetzt an ebenfalls eine irdische Form annehmen. Meine Lichtgestalt, die die Erde über dich empfangen hat, wird sich als heiliger Berg manifestieren. Begib dich dorthin und vollende die Arbeit deines Erdenkörpers an diesem Ort, der die Schöpfung mit Gnaden beschenken und ihre Dunkelheit erhellen wird."

Parvati wies die heiligen Siddhas in die Verehrung des Shiva-Lingams ein und begab sich wieder auf Wanderschaft. Als sie nach vielen Tagen die anmutig geschwungenen Hänge des Berges erreichte, stieg sie auf den Gipfel von Shivas schweigender Erdengestalt hinauf und nahm dort oben, inmitten der Elemente, noch einmal ihre große Konzentration wieder auf. In der Hitze des Sommers, wenn der Berg verdorrte und wie eine rotbraune Glut über der trockenen Ebene lag, trotzte sie den erbarmungslosen Strahlen der Sonne. Zur Zeit der Monsunregen harrte sie in den windgepeitschten Regenstürmen aus, und an den kühlen Wintermorgen standen sie und der Berg in der morgendlichen Kühle in leuchtende Wolkennebel gehüllt. Shivas unermessliches Licht glühte wieder in ihr auf, und noch einmal verband sie, vom Dunkel der dichtesten Materie bis in die höchsten Höhen des Kosmos, sein formloses Sein mit der Erde. Sie umarmte es mit ihrem gesamten Wesen, ordnete alles, was sie an Kräften in sich trug, darum herum. Dann formte sie aus seiner Macht und ihrer Erdsubstanz einen Weg, auf dem die Schöpfung zurückfinden konnte in das Licht und die Einheit ihrer unvergänglichen Liebe. So wurde sie zur göttlichen Mittlerin zwischen dem Höchsten und der Welt. Im ewigen Schweigen des Berges stand ihr bewegungsloser Körper als eine lebende Brücke zwischen dem irdischen Leben und ihrem Gemahl. Alle Wesen, die sich ihr in aufrichtiger Suche zuwandten, führte sie über diesen Weg in die höchste Wahrheit. Jahrtausende gingen derweil vorbei, ohne dass sie es im Ausmaß ihrer inneren Konzentration bemerkte.

Schließlich war auch Shiva von der unerschütterlichen Ausrichtung und Treue seiner Shakti zutiefst berührt und beschloss, sie als seine ebenbürtige Macht zu ehren. Umgeben von einem rotgoldenen Licht trat er zu ihr, den heiligen Dreizack an der Seite, ein Leopardenfell um die Hüften geschlungen, die Schädelschale der Vergänglichkeit in der ausgestreckten Hand. Schlangen umspielten seine Glieder, der Sichelmond strahlte auf seinem Kopf, die Flussgöttin Ganga sprudelte hell aus seinen aufgetürmten Haarlocken und Sonne und Mond umarmten einander in seinem Blick, der zärtlich auf seiner Shakti ruhte. „Geliebte“, sprach er, „meine Einzige, ohne dich bin ich in dieser Welt unfähig, meine Arbeit zu tun. Du allein bist es, die mich wirksam macht. Du lässt mich in allen Dingen und Wesen leben und an ihren Erfahrungen teilhaben. Du bist auch die Kraft, die mein verborgenes Sein in ihnen zu mir selbst zurückführt. Nur durch deine unermüdliche Ausrichtung und

Hingabe schließt sich der Kreis." Dann gewährte er ihr als Anerkennung ihrer Macht einen Wunsch. „Dann lass auch in einer äußeren Form wahr werden, was im Herzen der Dinge die ewige Wahrheit ist, lass die Welt auf ewig mit dir eins sein", antwortete sie. Und der Herr des Wandels machte seine Shakti zu einem ebenbürtigen Teil seiner hohen Göttlichkeit. Zärtlich zog er sie an seine linke Seite und vollzog mit ihr die mystische Hochzeit, um dem ganzen Weltall kundzutun, dass er das weibliche Prinzip als gleichwertigen Teil seiner selbst akzeptiert hatte. Ihr Körper verschmolz vollkommen mit dem seinen. So wurden sie beide zu einem göttlichen Wesen, links Frau und rechts Mann, das an allen Ebenen der Schöpfung teilhat und das Dunkel von Shaktis All-Natur und All-Materie mit dem Licht von Shivas All-Bewusstsheit vereint.

Betrachtung: Yoga auf den Pfaden der Shakti-Kraft

Jeder spirituelle Weg ist ein Entfaltungsprozess und braucht die Unterstützung einer Energie, die die inneren Tore öffnen und das Wesen in die Erfahrung führen kann. In einigen spirituellen Traditionen wird sie ausschließlich über die persönliche Anstrengung eingebracht. Bei den auf die Shakti bezogenen Yoga-Pfaden kommt der Shakti-Kraft die wichtige Rolle zu, den Weg zwischen Seinem hohen Sein und unseren menschlichen Unvollkommenheiten zu bahnen. Die Shakti ist als hochbewusste, lebens- und weltzugewandte Mittlerin zudem die einzige Macht, die sich der Unzulänglichkeiten und Entwicklungsmöglichkeiten unseres Wesens in effektiver Weise annehmen kann.

Shakti-Kraft wird in der traditionellen Praxis vielfach von einem spirituellen Lehrer auf den Schüler übertragen – ein Vorgang, der „Shaktipad“ genannt wird und das innere Erwachen einleitet. Sie kann auch durch bewährte Übungsmethoden im Praktizierenden erweckt werden oder im unmittelbaren Kontakt mit universellen oder transzendenten Shakti-Aspekten in den Yoga einfließen. Ihre spirituelle Gegenwart ist ein Prinzip der göttlichen Gnade, die uns als Antwort auf unser Streben nach innerem Wachstum entgegenkommt. Sobald die Shakti-Kraft im Wesen zu wirken beginnt, transformiert sie Anteile unserer Natur und unseres Bewusstseins und es kommt es zu einem Anwachsen von spiritueller Energie, die für den inneren Fortschritt genutzt werden kann. Obwohl wir Voraussetzungen für ihr Wirken schaffen sollten, kann die Shakti nicht „dirigiert“ werden. Denn auf Shakti-Pfaden führen nicht wir den Yoga aus, sondern Sie tut dies in uns. Ihre Gegenwart kommt, wann und wie Sie es für richtig hält. Die Bedeutung ihrer Wirkweisen wird durch unser Erleben offenbar und ist mit den Mitteln unseres Verstandes nur äußerst begrenzt zu erfassen. Die Aufgabe besteht in erster Linie darin, für ihr Wirken empfänglich zu sein und diesem so weit wie möglich keine inneren Widerstände entgegenzusetzen. Um an der Hand der Shakti durch die Erfahrungen unseres spirituellen Weges zu gehen, müssen wir sie zunächst – wie Shiva in der Legende – als ausführende Wirkkraft im Yoga anerkannt haben und zu ihr in einer direkten Beziehung stehen. Denn nur, wenn wir uns ihr gegenüber öffnen können, wird sie sich im Yoga-Prozess in ihrem größeren Potenzial entfalten.

Yoga mit Shakti-Kraft beruht immer auf einer ganzheitlichen Sicht, die *Sie* und *Ihn*, Natur und Bewusstsein, Materie und Geist als Gleichwertige derselben Wirklichkeit betrachtet und zur Einheit führen will. Es gibt viele unterschiedliche Wirkweisen der Shakti. Im traditionell-tantrischen Kontext zielt ihre Dynamik – wie schon erwähnt – auf ein aufsteigendes energetisches Geschehen ab, das im inneren Wesen zu einer Erhöhung, Sublimierung und Ausweitung führt. Im Integralen Yoga erfährt auch das äußere Wesen ein Einwirken durch die Shakti, die in einer herabkommenden Bewegung eine Wandlung des Bewusstseins und der Natur bis hinunter in die Materie bewirkt. Die Legende von Ardhanarishvara lässt beide Möglichkeiten anklingen.

Die Anerkennung der Shakti-Kraft

Wie wichtig die Wirkkraft der Shakti ist, illustriert eine bekannte Episode aus dem Leben des großen spirituellen Meisters Shankaracharya, der zu Beginn des 9. Jahrhunderts in Indien lebte. Kompromisslos in der Tradition des Advaita-Vedanta stehend, befürwortete er einen streng vedantischen Weg, der als einzig wahre Realität das absolute Brahman anerkennt. Er ging dabei so weit, dass er die Welt als eine einzige Illusion betrachtete und ihr jede „wirkliche" Realität absprach. Aus diesem Grund war es ihm lange unmöglich, die Bedeutung der Shakti anzuerkennen.

Es wird erzählt, dass Shankaracharya, als er für einige Jahre in Varanasi lebte, jeden Morgen zu einer festgesetzten Zeit im Ganges sein rituelles Morgenbad nahm. Als er eines Tages durch eine der vielen engen Gassen der Stadt zum Ufer des Flusses hinunterschritt, lag plötzlich direkt vor ihm ein Leichnam im Weg, neben dem eine alte Frau hockte und weinte. Da der Körper quer in der Gasse lag und es als ungehörig und verunreinigend gilt, über einen Leichnam hinwegzusteigen, wandte sich Shankaracharya an einige Leute, die in der Gasse wohnten. Er bat sie darum, der Frau zu helfen, den Toten aus dem Weg zu tragen, damit er seinen Gang zum Fluss fortsetzen könne. Als dies nicht sofort geschah und man ihn warten ließ, wurde er ungeduldig, denn der günstige Zeitpunkt für sein Morgenbad rückte näher.

„Warum bittest du nicht diesen toten Körper selbst, dass er dir aus dem Weg geht?“, fragte ihn da auf einmal die weinende Frau. Shankaracharya stand für einen Moment sprachlos da und dachte über den Sinn ihrer Worte nach. Dann antwortete er: „Welcher Leichnam hat schon die Kraft, sich selbst aus dem Weg zu räumen?“ Da lächelte ihn die alte Frau unter ihren Tränen an und entgegnete sanft: „Wenn es noch nicht einmal einem so kleinen Körper wie dem meines toten Ehemannes möglich ist, sich ohne Kraft zu bewegen, wie kannst du dann immer noch auf der Ansicht beharren, das ganze Universum bewege sich, ohne dass eine lenkende Kraft es bewegt?“

Shankaracharya realisierte augenblicklich die Bedeutung ihrer Worte. Durch sie erkannte er, dass eine gewaltige göttliche Kraft in der Welt aktiv ist, deren Wirkungsfeld das gesamte Universum mit all seinen Ereignissen und Prozessen ist. Es ist dieselbe Kraft, die den Menschen zur Erleuchtung führt. Die Begegnung inspirierte ihn dazu, die bekannten Verse des Soundarya Lahari zu verfassen, einen poetischen Lehrtext zu Ehren der Shakti, den er – so wird erzählt – auf Geheiß von Shiva verfasste. Er beginnt mit den Worten: „Nur wenn Shiva mit Shakti vereint ist, besitzt er die Macht zu erschaffen.“

Das Dilemma der Dunkelheit

Es ist erstaunlich, mit welcher Selbstverständlichkeit der „Mainstream“ der indischen Spiritualität die Verwirklichung des ultimativen Bewusstseins in den Bereichen der formlosen Transzendenz sucht. Die relative Wirklichkeit der Welt wird dabei der absoluten Wirklichkeit so vollständig untergeordnet, dass sie als etwas angesehen wird, dem keine „wirkliche Wahrheit“ innewohnt. Aber auch Ansätze, die dem kosmischen Geschehen aufgeschlossener begegnen, wie der Tantrismus, lassen auf ihrem Weg ab einem bestimmten Punkt die weltliche Substanz als etwas zurück, das nicht in die transzendente Verwirklichung mitgenommen werden kann. Der Grund für dieses Zurücklassen der Natur liegt darin, dass die Welt, so wie sie gestaltet ist, zu viele Komponenten enthält, die in die letztendliche Erfahrung nicht integrierbar sind.

So hat zum Beispiel unser Körper bislang keinen wirklichen Anteil an der Erfahrung des unsterblichen Seins. Unsere Gefühle können das göttliche Ananda, die größtmögliche Wonne, nicht zum Ausdruck bringen. Unsere Denkfähigkeit vermag die höchste Wirklichkeit nicht als gelebte Erkenntnis, sondern nur im Rahmen einer mentalen Annäherung erfassen, und unser Wille hat nicht die Kraft, sich permanent auf das Wesentliche zu beziehen, sondern verliert sich immer wieder im ablenkenden Angebot der äußeren Annehmlichkeiten und Vergnügungen. Im spirituellen Leben ergibt sich daraus das Dilemma der Dunkelheit. Es gibt keinen vollkommenen Weg mit der Substanz der Schöpfung, aber es geht auch nicht ohne sie. Als Mutter Natur begleitet die Shakti unser Dasein in der irdischen Welt. Die Natur, mit der wir ausgestattet sind, ist auch die Basis, auf der wir die innere Reise antreten, und spirituelle Entwicklung ist nur im Körper möglich. Doch die Bewegungen unserer eigenen Natur-Energien verschleiern den in unserer Wesenstiefe anwesenden Höchsten. Sie halten ihm mit ihrem Wirken, wie die Parvati in der Legende, die Augen zu. Die innewohnende Bewusstheit, der essenzielle Kern unter der „Natur-Verpackung“, wird verdeckt vom Spiel der Dunkelheit, welche spirituelle Unkenntnis oder Unwissenheit ist. So leben wir mit einer weitgehend unbewussten Natur ein unbewusstes Leben mit unbewusstem Denken, Empfinden und Handeln, was eine innere Armut zur Folge hat. In dieser „lichtlosen Finsternis“, dem von spiritueller und seelischer Bewusstheit entkleideten Leben, entsteht viel Leiden und Schmerz, weil *Er*, die Kraft der uns innewohnenden Seele, sich nur unzureichend mitteilen kann. Das Leben wird kalt und ausdruckslos, wenn es nicht mehr angeschlossen ist an Sein Licht und am Wesentlichen vorbeilebt. Und wir dann, wie Parvati in der Geschichte, unsere Impulse aus mechanischen Gewohnheiten, Ego-Motiven und bedeutungslosen Wünschen schöpfen, nach denen die Unbewusstsheit unserer Natur uns verlangen lässt.

In der Tiefe unseres Wesens ist *Er* jedoch – wie Shiva in der Geschichte – nicht einverstanden mit der „lichtlosen Dunkelheit“ in unserer Natur und kommuniziert dies über eine wachsende, innere Sehnsucht nach etwas Wahrerem. Je stärker *Seine* innere Flamme in unserem Innern brennt, desto deutlicher spüren wir die Unstimmigkeiten und Unvollkommenheiten in uns und unserer Umgebung. Wir öffnen uns vielleicht für das Experiment einer Neuorientierung und konzentrieren unsere Energien auf eine Lebensausrichtung, die durch gezieltes Setzen von Prioritäten dazu beiträgt, dass *Sein* Licht unser Leben wieder erhellen kann. *Sein* liebevolles, aber beharrliches Veto wächst so lange in unserem Innern, bis es stark genug ist, sich unserem Denken und Fühlen mitzuteilen. Aus der „Tuchfühlung“ mit *Ihm* erwächst die Bereitschaft, uns mehr und mehr auf den Wahrheitsgrund in unserem Innern zu besinnen. Wenn wir über unser Gespür – die Hände der Parvati – die richtungsweisenden Impulse aus seinen „verbundenen Augen“ empfangen, stehen wir bereits mitten in einem Abenteuer. Sind diese richtungsweisenden Impulse stark genug, kann ihnen auf Dauer nichts widerstehen, und die

Natur muss sich *Seinem* Willen beugen. Hier beginnt die Wende, die den Weg aus dem Dilemma ermöglicht.

An diesem Punkt setzt ein wichtiger Teil der inneren Arbeit an. Der Teil der Shakti-Schwingung in uns, der als Naturprinzip (Prakriti) aktiv ist, muss lernen, sich konstruktiv in den inneren Wachstumsprozess einzubringen. Das erfordert die Sammlung und Ausrichtung unserer Energien – die Askese der Parvati. Sie vollzieht sich nicht in transzendenten Höhen, sondern mitten im Leben und geschieht in zwei Stufen. Zuerst muss Parvatis Kraft auf Geheiß ihres Gemahls zur Erde herabsteigen und sich mit den Ebenen auseinandersetzen, aus denen unsere Natur „gestrickt" ist. Jeder spirituelle Weg erfordert diese innere Arbeit, auch jene Wege, die weltbezogen sind und dazu anleiten, mitten im Leben zu stehen. Es sind das eigene Verhalten und die eigene Wahl, die im inneren Leben Tag für Tag den Unterschied ausmachen. Die Unvollkommenheit unserer Natur darf kein oberflächliches Spielfeld oder angenehmer Ruheplatz werden. Sie sollte uns im Gegenteil dazu anspornen, unser Leben rund um die in uns wachsende Wahrheit neu zu ordnen und unsere Energien auf das Wesentliche auszurichten. Dieselbe Energie, mit der wir uns nach außen zerstreuen, kann uns auch in die innere Sammlung führen – so wie Parvati, deren gesamtes Wesen sich dem im Herzen wohnenden Geliebten zuneigt und durch ihre Konzentrationskraft die Berührung mit seiner göttlichen Gegenwart erfährt. Nur so lösen wir uns von dem ichhaften Zustand unseres Bewusstseins, der ein Spielball der äußeren Reize ist und ständig von der Anziehungskraft der Dinge und Ereignisse gefangen genommen wird. In spiritueller Hinsicht wird das Leben erst interessant, wenn die Gesamtheit unseres jetzigen Bewusstseins die intensive Anstrengung der inneren Neuorientierung unternimmt. *„Der Maßstab für diese Intensität sind die*

Macht der Aspiration des Herzens, die Kraft des Willens, die Konzentration des Mentals sowie die Ausdauer und Entschlossenheit der eingesetzten Energie.“[35]

Der Schlüssel der konzentrierten Ausrichtung

Die traditionelle Spiritualität Indiens tut sich oft schwer damit, die höchste Erkenntnis und das Leben in der Welt zusammenzubringen. Wer die Welt will, so heißt es, verliert das Absolute, und wer das Absolute will, verliert die Welt. Diese auf Erfahrung beruhende Ansicht hat die spirituellen Werte über Jahrtausende maßgeblich bestimmt und für die Praxis das Ideal der Askese geschaffen. Wer sich mit den Geschichten der indischen Mythologie beschäftigt, wird feststellen, dass auch sie der Kraft der Entsagung in immer neuen Variationen eine ungeheure Macht zusprechen. Dahinter steht die verbreitete Ansicht, dass die Natur des Menschen und die Gegebenheiten in der Welt zu viele Aspekte beinhalten, die mit den Zielen des spirituellen Lebens unvereinbar sind. Der Mensch muss sich also auf eine fast übermenschliche Weise anstrengen, um die Schwächen und Widerstände seiner Natur zu meistern und das Ziel des inneren Weges zu verwirklichen. Dazu gehören auch Faktoren wie Beharrlichkeit, Enthaltsamkeit, Konzentration, Armut, innere Ausrichtung und eine gewisse Härte – was vielfach zu einer abgeschiedenen und klosterähnlichen Lebensweise geführt hat. Askese ist dann ein Weg, der auf einer Anstrengung aufbaut, die dem eigenen Wesen regelrecht abgefordert wird. Viele große Meister haben ihren Körpern und ihrem Geist Unmenschliches zugemutet, um zur Erkenntnis zu gelangen.

In unserer heutigen Zeit, die zunehmend nach einer in das Leben hineinwirkenden, weltzugewandten Spiritualität verlangt, dürfen wir berechtigterweise fragen, inwieweit diese extremen Praktiken für uns noch relevant sind. Doch beinhaltet jede Art von innerem Wachstum eine grundlegende Disziplin und erfordert das Überwinden von Elementen, die der Entwicklung im Wege stehen. Wenn wir bei unseren mythologischen Betrachtungen die allzu strenge asketische Praxis eher als Sinnbild für ausgerichtetes persönliches Bemühen ansehen, kann sie uns durchaus einige wertvolle Impulse geben. Ein Weg, der mit der Shakti gelebt wird, geht jedoch ab einem bestimmten Punkt – sobald die Hingabefähigkeit zum tragenden Element im Yoga wird – den Schritt über das persönliche Bestreben hinaus. Denn es ist letztendlich nicht der persönliche Einsatz, der zum Ziel trägt und die Voraussetzungen dafür schafft, sondern die Kraft der Shakti.

Das Geheimnis der Hingabe

Shakti-Kraft kann nicht dirigiert werden. Sie kommt zu uns, wenn wir „empfangsbereit" sind und sie es so entschieden hat. Wie viel wir von ihrer Kraft aufnehmen können, liegt an uns. Solange das Ego in vollem Ausmaß aktiv ist, gleichen wir im Yoga einem abgedeckten Glas. Nichts kann hinein- und nichts herauskommen. Durch die Kraft des ausgerichteten Bemühens, die das Bewusstsein mehr und mehr nach innen lenkt und auf das „wirklich Wesentliche" konzentriert, wird die Begrenzung und Bedürftigkeit unserer kleinlichen Ichhaftigkeit zurückgewiesen. So werden wir – wie Parvati – weit und offen für das, was wir suchen. Das Geheimnis dieser Empfänglichkeit liegt in einer inneren Haltung, mit der wir aufgrund unserer starken Betonung der Individualität oft Probleme haben. Es ist die Haltung der Hingabe. So wie Parvati sich in ihrer spirituellen Disziplin an Shiva hingibt, so können wir uns durch Hingabe den Wirkweisen *Ihrer* höheren Kraft übergeben, die uns dann in ihrer auf *Ihn* ausgerichteten, wirkungsvollen Bewegung „mitnehmen“ kann. Yoga, so betont Sri Aurobindo, wird durch Hingabe wirksam. Und Hingabe erfordert, wie alles im spirituellen Leben, eine bewusste Entscheidung des freien Willens. Erst wenn wir aus freien Stücken unsere Wahl getroffen haben und uns dem Kraftstrom der Shakti aus tiefstem Herzen anvertrauen, kommen die Dinge in Bewegung. Oftmals wird gesagt, dass erst dann der eigentliche Yoga-Prozess beginnt.

Die Weltentreppe und die Brücke zum Licht

Neben dem kosmischen Weltenbaum kennt die indische Tradition auch das Sinnbild der Weltentreppe, wie sie in den terrassenförmigen, sich nach oben verjüngenden Eingangstürmen der südindischen Tempelarchitektur zum Ausdruck kommt. Diese malerisch dekorierten Aufbauten werden als „Gopuram“ bezeichnet. „Go“ bedeutet im vedischen Sprachgebrauch Kuh oder Licht und „Puram“ Stadt oder Stätte. Ein solche „Kuh-Stätte“ ist die symbolische Darstellung der verschiedenen Bewusstseinsebenen des Universums, die sich in einzelnen Etagen von der formlosen, höchsten Realität bis hinunter zur Materie erstrecken und sich bis auf die unterste Ebene auf die innere Erfahrung beziehen. Der Unterbau besteht aus solidem Granit. Er repräsentiert die stoffliche Welt und damit die Ebene der äußeren Erfahrung. Der nicht darstellbare Ursprung des kosmischen Geschehens ist jene höchste Realität, auf die eine Reihe von Zinnen auf dem halbrunden Tonnendach nur hinweisen können. Die nach unten erfolgende Verbreiterung der Ebenen beschreibt über das kosmische Prinzip des Nama-Rupa („von der Essenz zur Form“) die schöpferische Bewegung, die sich vom Feinen (das näher am Ursprung ist) über viele Zwischenstufen zum Groben erstreckt.

Jede einzelne dieser Ebenen repräsentiert *Ihn* in einer bestimmten Manifestation. Jede einzelne ist von unzähligen (nicht-materiellen) Wesen bevölkert, die (auch wenn sie sich auf der Weltentreppe bewegen) an das Bewusstseinsgesetz ihrer „Etage“ gebunden sind. Die Ausnahme bilden wir, die Menschen, die zur spirituellen Bewusstseinsentwicklung fähig sind (die nur in Anbindung an den stofflichen Körper erfolgen kann). Aus diesem Grund heißt es in Indien auch, dass die Götter dem Menschen seine Geburt neiden, denn sie kennen den Rasa, den „Geschmack“, der Entwicklung nicht.

Im spirituellen Leben müssen wir die Stufen der Weltentreppe in umgekehrter Reihenfolge wieder erklimmen und über ein Wachstum im Bewusstsein (vom Groben zum Feinen) den Weg zur ultimativen Realität beschreiten, was durch die aufsteigende Verjüngung der Ebenen zum Ausdruck kommt.

Alle Stufen der Weltentreppe sind von der Shakti-Kraft ausgestaltet worden. Sie ist überall anwesend und als Wirkkraft der oberen Stufen stets im höchstmöglichen Sinne bewusst. Als solche vermag sie sich „frei“ im Bewusstsein auf den Stufen der Weltentreppe zu bewegen. Sie kann willentlich bis in die unteren, unbewussten Etagen hineinwirken und ein hochenergetisches „Kraftfeld“ aufbauen, das die beiden Enden von Geist und Materie miteinander verbindet. Wer sich den Pfaden dieses Shakti-Feldes anvertraut, wird merken, dass der Aufstieg im Yoga nicht mehr allein aus eigener Anstrengung erfolgt. Und dass sich mit *Ihrer* Energie Dinge in uns verändern, die wir nicht aus eigenem Bemühen ändern können, weil sie die Grenzen unseres Bewusstseins und unserer Natur weit überschreiten. Sie bringt auch hohe Gaben zu uns, denn über dieses Shakti-Feld fließen im bewussten Kontakt mit *Ihrer* göttlichen Präsenz hohe Bewusstseinsmächte wie

Frieden, Weite und höchste Freude oder Seligkeit in unser Wesen ein.

Durch die Energie der Shakti entstehen Wege ins Licht. Sie bildet die goldene Brücke zwischen unserer Vergänglichkeit und dem Ewigen. In dieser lebendigen Verbindung können wir wachsen, während ihre Kraft uns in unserem Entfaltungsprozess begleitet und gleichzeitig den Pfad darstellt, auf dem wir in den unbewussten Bereichen der Welt zu einer neuen Dimension des Bewusstseins erwachen.

„Sie ist die goldene Brücke und das wundervolle Feuer.
Das lichte Herz des Unbekannten ist sie auch,
und eine Macht des Schweigens in den Tiefen Gottes.
Sie ist die Kraft, das Wort, das unverbrüchlich ist,
und der Magnet für unsern mühevollen Aufstieg,
die Sonne, aus der wir all unsere Sonnen zünden,
ein Licht, das sich herniederneigt aus jenen unrealisierten Weiten,
die Freude, die aus dem Unmöglichen uns zuwinkt,
die Macht von allem, das noch nie herniederkam.
Zu ihr allein ruft flehend die Natur, damit sie mit
dem Kommen ihrer Füße des Lebens wehen Herzschlag heilt,
dass sie die Siegel auf des Menschen düstrer Seele bricht
und im verschlossenen Herzen der Dinge hell ihr Feuer zündet.
Eines Tages wird alles hier zur Heimstatt ihrer süßen Gegenwart,
und alle Gegensätzlichkeiten werden ihre Harmonie verbreiten.
Zu ihr klimmt unsere Erkenntnis, sehnt sich unsere Leidenschaft.

In ihrem wunderreichen Entzücken werden wir wohnen,

die Umarmung wird unseren Schmerz in Ekstase verwandeln.

Durch sie wird unser Selbst mit aller Wesen Selbst geeint sein.

In ihr gesichert, weil in ihr gewandelt,

soll unser Leben in seiner erfüllten Antwort

oben die grenzenlosen und geheimen Seligkeiten finden,

hier unten das Wunder der göttlichen Umarmung."[36]

Sri Aurobindo

Mythologie: Die Frau im Herzen

Eine volkstümliche Erzählung greift das Thema vom höchsten Herrn, der halb Frau ist, in einer zu Herzen gehenden Variante auf: Der Frühling hatte soeben begonnen, und auf dem majestätischen Berg Kailash saßen Shiva und Parvati vor ihrer Heimstatt gemeinsam auf einer Schaukel und genossen die milder werdende Luft, die das baldige Erwachen der Natur versprach. Zärtlich lehnte Parvati an der Schulter ihres Gemahls und schmiegte ihr Gesicht an seine Brust. Da sah sie, deren Blick tief in die verborgenen Winkel aller Dinge schauen kann, geradewegs in Shivas leuchtendes Herz hinein und erzitterte bis ins Mark. Denn im Zentrum seiner brennenden Herzensflamme erkannte sie die Anwesenheit einer anderen Frau, schöner und anmutiger als jedes weibliche Wesen, das sie jemals gesehen hatte. Und auch schöner und anmutiger als sie selbst. Zutiefst erschrocken sah sie mit ihren inneren Augen, dass sich ihr Gatte vollkommen an diese Frau verschenkt hatte und sein Herzenslicht nur noch für sie brannte.

Vollkommen verstört und erschüttert sprang sie von der Schaukel auf und rannte davon. Tagelang wanderte sie durch die karge Bergwelt und zog sich schließlich in die Einsamkeit eines abgelegenen Bergtals zurück. Hier begann sie eine strenge asketische Übungspraxis mit dem Ziel, ihren Gemahl durch die Kraft ihrer inneren Ausrichtung für sich zurückzugewinnen. Denn das Einzige, was den mächtigen Gott geneigt machen kann, sich dem Anliegen einer verzagten Natur zuzuwenden, ist das brennende Feuer der spirituellen Konzentration. Shiva, der ohne eine Erklärung seiner Gemahlin in der gemeinsamen Heimstatt zurückgeblieben war, fühlte sich verlassen und konnte sich das merkwürdige Verhalten seiner Shakti nicht erklären. Immer wieder fragte er sich, was seine Gattin von ihm fortgetrieben hatte, aber er fand keine plausible Antwort. Als sie nach einigen Tagen noch immer nicht nach Hause gekommen war, trieb ihn die Sehnsucht nach ihr auf die Suche. Er durchwanderte die umliegende Landschaft und suchte jeden Berggipfel, jede Gletscherspalte und jede Schlucht nach ihr ab, bis er sie schließlich in dem abgelegenen Tal in ihren extremen Übungen versunken vorfand. Sofort eilte er voller Freude zu ihr, schloss sie in seine Arme und fragte sie nach dem Grund ihres Verschwindens. Parvati erzählte ihm, was sie im Zentrum seiner Herzensflamme gesehen hatte.

Shiva begann daraufhin schallend zu lachen. „Schau noch einmal in mein Herz!“, rief er aus. Und Parvati öffnete ihre innere Sicht und sah im brennenden Feuer seiner Seele erneut die Frau, die ihr den Rücken zuwandte und sich dann langsam zu ihr umwandte. Ihre Augen trafen sich, und Parvati stieß vor Erleichterung einen tiefen Seufzer aus. Denn es war keine Fremde, sondern sie selbst, die dort im Zentrum seiner Seele stand. Sie verstand schlagartig, dass sie sich zuerst nicht erkannt hatte, weil sie sich selbst durch Shivas Augen der Liebe gesehen hatte, die sie viel schöner erschienen ließen als sie in Wirklichkeit war. „Meine Geliebte“, sprach Shiva, „lass uns von heute an niemals mehr voneinander getrennt sein. Ich will nicht dulden, dass dieses Gefühl von Einsamkeit und Verlassenheit sich wiederholt. Von heute an werden wir ein Körper, ein Herz, ein Gemüt, eine Seele und ein Spirit sein.“ Und er legte zärtlich den Arm um die Schulter seiner Shakti und zog sie an seine linke Seite. Langsam verschmolzen sie miteinander zu einem Wesen und wurden Shiva-Ardhanarishvara, „der höchste Herr, der halb Frau ist“.

Betrachtung: Im Herzen zu sich selbst finden

Wir sind alle in der inneren Wahrheit unseres Wesens die „Zwei-in-Einem“. Unsere innewohnende Göttlichkeit hat sich für die Dauer unserer derzeitigen Inkarnation in eine „Verpackung“ begeben, die aus Elementen der Natur besteht. Somit sind wir spirituelle Wesen, die eine (manchmal sehr fordernde) weltliche Erfahrung machen. Die Kraft der Maya lässt uns jedoch glauben, dass wir weltliche Wesen seien, die sich (bestenfalls) in ihren Naturkörpern darum bemühen, zur spirituellen Erfahrung zu gelangen. Von welcher Seite wir es auch betrachten: Solange der Schleier der geheimnisvollen Maya-Kraft aktiv ist, leben wir an unserem wahren Wesen vorbei. Das Wenige, was wir in diesem Zustand von uns wahrnehmen, gleicht dem eingeschränkten Selbstbild, das Parvati von sich hat. Die reduzierte Selbstwahrnehmung kann erst korrigiert werden, wenn im Yoga die innere Unterscheidungskraft und Hingabefähigkeit wächst. Je näher uns die Unterscheidungsfähigkeit (Viveka) an das Wesentliche heranführt, umso mehr nehmen wir vom Essenziellen in uns und der Welt wahr. Je mehr wir uns dem Essenziellen anvertrauen, umso deutlicher offenbart es sich in uns. Dass Parvati ihrem Shiva wiederbegegnet, ist das Resultat dieser Übung. Im Herzen ihres ewigen Geliebten erblickt sie dann, was sie in seiner All-Sicht immer schon gewesen ist: eine ebenbürtige und innig geliebte Manifestation seiner selbst, die erfüllt ist vom Bewusstsein seiner Göttlichkeit, eine Form, die immer schon vollkommen ist und sich dessen nur noch nicht bewusst war, bis zu jenem überwältigenden Augenblick, in dem sie zur Schönheit ihrer innewohnenden Essenz erwacht und sich dort in der Klarheit *Seines* Blickes gespiegelt sieht.

VON DER SHAKTI ALS KRIEGERIN

„Die Gottheit enthüllte ihr verborgenes Gesicht.

Jetzt stand in ihr die große Welten-Mutter auf ...

Eine leuchtende Kriegerin aus den ewigen Höhen ...“[37]

Sri Aurobindo

Die indische Tradition zeichnet das weibliche Gesicht des Höchsten keinesfalls nur als eine liebliche „Madonna“ an der Seite ihres Gott-Gemahls. Shakti ist darüber hinaus immer eine eigenständige Kraft. Das beinhaltet auch die Fähigkeit des energischen und zielgerichteten Handelns. Die große Tat, die die Götter in zahlreichen Erzählungen der indischen Mythologie von ihr erbitten, ist der Kampf gegen die Dämonen. Diese von egoistischen Trieben fehlgeleiteten anti-göttlichen Mächte werden in der indischen Tradition als Asuras bezeichnet. Im Aspekt der Dämonenbekämpferin offenbart sich die Shakti als eine kriegerische Göttin, die ihrer Aufgabe gut gerüstet entgegenschreitet und furchtlos jede Herausforderung zum Schutz der Welt annimmt. Da ihr Kampf immer wieder die Dunkelheit und Falschheit in der Welt zurückdrängt, gilt sie in dieser Form als die große Lichtbringerin unter den Shakti-Kräften.

Mythologie: Durgas Kampf gegen den Büffeldämon

Die Gleichgewichte der Schöpfung wurde schon lange von Mahishasura bedroht, einer gewaltigen Kraft der Dunkelheit und der Unwissenheit, die in Gestalt eines büffelköpfigen

Dämons die Gefilde der Gottheiten und der Menschen an sich gerissen hatte und mit gnadenloser egoistischer Macht beherrschte. Dieser Rechtsverletzer kannte kein Mitgefühl für andere Kreaturen. Mit erbarmungsloser Hand hielt er die Regionen, die er erobert hatte, fest im Griff des Terrors und der Gewalt. Sämtliche Welten erzitterten vor ihm, und überall, wo er und seine Heerscharen vorbeizogen, hinterließen sie eine Spur von Angst und Verzweiflung, die alle Wesen verkleinerte und am freien Aufblühen hinderte. Die Kräfte des Lichts waren in ein Nischendasein zurückgesunken und drohten gänzlich zu erlöschen.

Die Götter hatten schon mehrfach verzweifelt versucht, den großen Dämon zu entmachten, aber kein Einziger unter ihnen war stark genug, um es mit ihm aufzunehmen. Schließlich beschlossen sie, ihr gemeinsames Potenzial zu nutzen. Sie versammelten sich in einem Kreis, öffneten jeweils ihr drittes Auge und richteten die Lichtstrahlen, die aus ihrer inneren Sonne hervorströmten, auf den Mittelpunkt des Kreises. Aus der gebündelten Helligkeit ihres Bewusstseins, die im Zentrum des Kreises als ein gleißender Lichtkörper zu glühen begann, formte sich eine Shakti von lieblicher Gestalt, unbesiegbarer Kraft und unbezwingbarem Willen. So wurde Durga erschaffen, die Lichtgeborene unter den Shaktis, deren Name „die Unzugängliche" bedeutet.

„Ich bin Durga, die Unbezwingbare!", rief sie den Göttern zu. „Ich bin Parvati, die den Dingen ihre Form und den Wesen Bewusstsein gewährt! Ich bin Shakti, die Kraft, durch die alle Geschöpfe existieren, fühlen, denken und handeln. Ich bin Maya, die Macht der Verschleierung, die das Dasein zu einer verführerischen, aber flüchtigen Verlockung macht. Ich bin Kali, der dunkle Strom der Zeit! Und ich bin Durga, die Kriegerin! Gebt mir eure Waffen!" Die Gottheiten traten ehrerbietig vor sie hin und legten ihre kostbaren Waffen, die das Beste waren, was sie zum Schutz der drei Welten besaßen, in den Kreis der zahlreichen Hände, die ihr Haupt umgaben. So reichte ihr Shiva seinen Dreizack, Kartikeya seine Lanze, Vishnu den Diskus und die windschnellen Maruts einen Kampfbogen und zwei Köcher mit Pfeilen. Indra übergab einen Donnerkeil, Yama seinen Todesstab und Varuna eine Fangschlinge. Von Kala, der Zeit, erhielt sie ein Schwert und von Surya, der Sonne, die himmlischen Strahlen, die wie gleißende Lichtfäden aus allen Poren ihrer Haut drangen. Der gewaltige Himalaya schenkte ihr einen herrlichen Löwen als Reittier.

Demütig baten die Gottheiten die Unbezwingbare, sich derart gerüstet des Dämons anzunehmen und die Ausgewogenheit im Kräftespiel der Welten wieder herzustellen. „Unbezwingbare Herrin“, sprachen sie, „durch dich werden die Welten mit all ihren Wesen erschaffen und du allein, o Devi, bist auch ihre Zuflucht. Wir bitten dich, gib der Schöpfung ihr Gleichgewicht zurück. Hilf uns, o Lichtbringerin unter den Shaktis! Kämpfe mit dem mächtigen Asura, dem großen Widersacher der Welten! Stelle die göttliche Ordnung wieder her!“ Durga akzeptierte huldvoll die Herausforderung. Mit der mannigfaltigen Wirkkraft des göttlichen Potenzials ausgestattet bestieg sie ihr majestätisches Reittier und ritt in stolzer Haltung selbstbewusst in den Kampf. Begleitet wurde sie von der heulenden Heerschar der kleinwüchsigen Ganas, dem wilden und treuen Gefolge ihres Gemahls Shiva, eine unzivilisierte, furchteinflößende und kampferprobte Horde gespensterhafter und koboldartiger Erscheinungen.

Der mächtige Mahishasura, der die zierliche Gestalt der kriegerischen Göttin um mehr als eine Haupteslänge überragte, erwartete sie schon auf dem Kampffeld, begleitet von seiner in allen Kriegskünsten geschulten und hervorragend bewaffneten Armee. Die beiden Heere prallten aufeinander. Mit tosendem Ungestüm tobte die Schlacht. Unermüdlich schlugen Durga und ihre Helfer Wellen von Angreifern heldenhaft zurück. In der Mitte ihrer mutigen Gefolgsschar war der Wille der Göttin unerbittlich auf den büffelköpfigen Mahishasura konzentriert, zu dem das Heer der göttlichen Mächte sich langsam vorarbeitete. Doch der Armee des Mahishasura war nur schwer beizukommen. Sobald Durga und ihr Gefolge einen Mitstreiter des Büffeldämons bezwungen hatten und dieser getötet zu Boden sank, erhob sich aus jedem Tropfen seines Blutes, der die Erde berührte, ein neuer Kämpfer für die Mächte der Dunkelheit, der sich sofort erneut in das Schlachtgetümmel stürzte. Je mehr Feinde Durga und ihre Ganas besiegten, desto stärker und bedrohlicher wurde die Armee des Mahishasura. Die Schlacht schien aussichtslos, da jeder Angriff der göttlichen Kraft umgehend eine gewaltige Multiplikation ihrer Widersacher zur Folge hatte.

In ihrer Not rief Durga eine weitere Wirkkraft ihrer universellen Shakti-Energie zu sich auf das Schlachtfeld. Sie erschien in Form der schwarzen Göttin Kali, welche der alles verschlingende Fluss der Zeit ist, die große Göttin der Transformation, der letztlich kein Aspekt der Schöpfung standhalten kann. In der kampferprobten Gestalt einer wilden Kriegerprinzessin eilte sie, ihr gefürchtetes Schwert in der Hand, der lichtvollen Durga zu Hilfe und schob sich sofort in die vorderste Linie der Schlacht. Ihr brüllendes Lachen erscholl über das Schlachtfeld und ließ das gesamte Universum erzittern. Es raubte dem Büffeldämon den Willen und ließ seinen Heerscharen das Blut in den Adern gefrieren. Die Berge bebten und die Meere traten über die Ufer. Der mit Öl gesalbte schwarze Körper der Kali (siehe Abb. 9 im Bildteil) entzog sich jeder zugreifenden Hand und am Schutz ihrer starken Aura prallten alle Waffen ab. Mitten im dichtesten Kampfgetümmel auf dem

Boden kniend reckte die schwarze Prinzessin den ausgestreckten Schwertarm hoch über ihr Haupt. Jeder der von Durga erschlagenen asurischen Kämpfer fiel jetzt, bevor er den Boden berührte, zuerst auf ihre Schwertklinge, in der die Unterscheidungsfähigkeit wohnt, jene Macht des erwachenden Bewusstseins, die dem Ego seine unreflektierte Gewalt nimmt. Derart befreit vom Handlungsmotiv der Selbstsucht konnten sich die dunklen Streiter nicht wieder erheben. Die Ganas heulten bewundernd und siegessicher auf. Und selbst der mächtige Mahishasura konnte nicht umhin, Kalis meisterhaften Umgang mit den Wesen der Schattenwelt anzuerkennen. Über die Köpfe der kämpfenden Heerscharen hinweg rief er ihr unwillige Worte der Bewunderung zu.

Nach diesem Bekenntnis war der Wendepunkt erreicht; der Rechtsverletzer und sein Gefolge wichen zurück, und die Heerschar des Lichts gewann beständig an Boden. Sieben weitere kriegerische Shaktis gingen aus Durga hervor und kämpften an ihrer Seite. Schritt für Schritt arbeiteten sich Durga und ihre Streitmacht auf den gewaltigen Büffeldämon zu, der vor ihnen langsam zurückwich. Als er Durga in seiner Bedrängnis unfaire Kampfmethoden vorwarf, nahm diese ihre Emanationen zu sich zurück und erklärte mit lautem Lachen, dass diese nichts anderes als Formen ihrer eigenen Macht seien. Schließlich standen sich die beiden Anführer von Angesicht zu Angesicht gegenüber. Mahishasura versuchte verzweifelt, sich zu retten, indem er mehrmals seine Gestalt wechselte. Er verwandelte sich zuerst in einen Löwen, dann in einen Elefanten, und als er wieder in seiner Büffelform erschien, nutzte Durga ihre Chance. In heldenhaftem Mut preschte sie auf den Dämon los und stieß ihm, während ihr Löwe sich in seinen mächtigen Schenkel verbiss, mit einem kraftvollen Stoß ihre Lanze ins Herz.

So errangen die Kräfte des Lichts den Sieg, und die Welten glitten erleichtert in ihr Gleichgewicht zurück. Die Götter jubelten und beugten das Knie vor der lichtvollen Shakti, die in majestätischer Siegespose auf dem Haupt des getöteten Büffeldämons stand, die Hand in segnender Geste erhoben. Sie huldigten ihr mit einer Hymne an ihre alldurchdringende, siegreiche Muttermacht, die allein die Macht hat, ihre Kinder, die Wesen der Schöpfung, aus dem Griff der Dunkelheit zu befreien. Noch heute wird diese Hymne, die ein Teil des Devi Mahatmya ist, an den Tagen des Durga-Festivals und zu anderen Anlässen zu Ehren der Shakti gesungen. Sie erinnert die Menschen daran, dass trotz aller Konflikte letztendlich das Licht siegen wird und alle schwierigen Umstände ebenfalls Teile der Schöpfung sind, die wieder in die göttliche Ordnung integriert werden müssen.

„Der Kraft, die als Bewusstsein in allen Wesen wohnt,
Ihr sei Ehre, ihr sei Ehre, ihr sei Ehre, Ehre, Ehre.

Der Kraft, die als Vernunft in allen Wesen wohnt,
Ihr sei Ehre, ihr sei Ehre, ihr sei Ehre, Ehre, Ehre.

Der Kraft, die als Energie in allen Wesen wohnt,
Ihr sei Ehre, ihr sei Ehre, ihr sei Ehre, Ehre, Ehre.

Der Kraft, die als Frieden in allen Wesen wohnt,
Ihr sei Ehre, ihr sei Ehre, ihr sei Ehre, Ehre, Ehre.

Der Kraft, die als Anmut in allen Wesen wohnt,
Ihr sei Ehre, ihr sei Ehre, ihr sei Ehre, Ehre, Ehre.

Der Kraft, die als Mitgefühl in allen Wesen wohnt,
Ihr sei Ehre, ihr sei Ehre, ihr sei Ehre, Ehre, Ehre.

Der Kraft, die als Mutter in allen Wesen wohnt,
Ihr sei Ehre, ihr sei Ehre, ihr sei Ehre, Ehre, Ehre.“

Devi Mahatmya

Betrachtung: Yoga in den Konfliktfeldern des Lebens

Die Auseinandersetzung mit den Schwierigkeiten

„In der gegenwärtigen Verfassung der Welt sind die Umstände immer schwierig. Die ganze Welt ist in einem Zustand von Kampf und Konflikt zwischen den Mächten der Wahrheit und des Lichtes, die sich offenbaren möchten, und dem Widerstand all dessen, was sich nicht wandeln will, welches das Vergangene verkörpert, das festgefahren und verhärtet ist und sich weigert, zu verschwinden. Naturgemäß empfindet jeder Einzelne seine Schwierigkeiten und sieht sich denselben Hindernissen gegenübergestellt.“[38]

Die Mutter (Mirra Alfassa)

Die Geschichten der Durga-Mythologie stellen mächtige Sinnbilder für die Auseinandersetzung mit den Krisen des Lebens dar. Konfliktfelder und Konfrontationen gehören unweigerlich zu unserer Existenz, und keiner von uns kann den Schwierigkeiten des Lebens auf längere Zeit entkommen. Die Welt, wie wir sie kennen, ist aus Licht und Dunkelheit zusammengesetzt und wird uns zwangsläufig auch mit ihren dunklen Aspekten konfrontieren. Wir alle stehen Tag für Tag auf den (inneren und äußeren) Schlachtfeldern unseres Lebens und müssen uns in vielen Situationen zu einem standhaften Verhalten durchringen. Im Yoga werden zudem alle bestehenden Spannungen in den Brennpunkt der inneren Erfahrung gerückt. Aus diesem Grund wird schon im Veda betont, dass der spirituelle Entwicklungsweg nicht nur eine Reise und einen Aufstieg, sondern auch einen Kampf darstellt. Auf jedem Yoga-Weg stellt sich deshalb die Frage, wie diese Tatsache mit spiritueller Geschicklichkeit zu meistern ist.

Aus der Sicht der Shiva-Shakti-Philosophie besteht eine direkte Entsprechung zwischen Mikrokosmos und Makrokosmos, Innenwelt und Außenwelt. „Was hier ist, ist überall. Was nicht hier ist, ist nirgendwo“, so beschreibt das Visvasara-Tantra[39] diese grundlegende Einsicht. Was uns im Außen begegnet, hat deshalb immer einen Bezug zu uns selbst. Wenn wir uns innerlich verändern, bleibt das nicht ohne Auswirkungen auf unsere Erfahrungen in der Welt, und wenn wir uns den Anforderungen des Außen annehmen, wird dies zu unserer inneren Entwicklung beitragen. Zu den Shakti-Wegen gehören deshalb auch in spannungsgeladenen Zeiten die Aktion und sie fordern die bedingungslose und weltzugewandte Bereitschaft, uns auf die problematischen Aspekte unseres Lebens in dynamischer Weise einzulassen. Sie billigen die spirituelle Einsicht, dass wir uns schneller und integraler entwickeln, wenn wir einem gewissen Druck ausgesetzt sind. Wir sollen Reibungsflächen und Konflikte nicht suchen, aber wir sollen uns auch nicht von ihnen abwenden. Durga fordert in ihrem Kampfgeist vehement dazu auf, auch in den größten Krisensituationen nicht in eine Handlungslähmung zu verfallen oder die Augen in Vogel-Strauß-Manier vor den Problemen zu verschließen, sondern den Herausforderungen des Lebens tapfer und gut gerüstet zu begegnen. Sie ermutigt uns dazu, Konflikte anzugehen, Standpunkte zu beziehen, unsere Sichtweisen nach außen zu vertreten und im Handeln zu bleiben. Das Gleiche gilt auch für die Auseinandersetzung mit den inneren Schwierigkeiten. Gerade wenn wir im Rahmen eines Yoga-Prozesses wachsen und uns verändern wollen, ist es wichtig, dass wir den negativen und destruktiven Kräften in uns selbst auf eine angemessene Weise die Stirn bieten. Der Umgang mit den Schwierigkeiten des Alltags stellt im spirituellen Leben eine verlässliche „Messlatte" für den inneren Fortschritt dar. Denn in ihm zeigt sich, ob das, was im Yoga erreicht wurde, die Berührung mit der unvollkommenen Welt gefestigt ertragen kann und sich im Alltag und in Extremsituationen bewährt.

Der Kampf gegen die Mächte der Dunkelheit

Der immer wieder aufs Neue erfolgende Kampf gegen die dunklen Mächte in der Welt bildet ein zentrales Thema der hinduistischen Mythologie, das bereits in den vedischen Hymnen Erwähnung findet. Viele Gottheiten sind an diesem endlosen Unterfangen beteiligt. Neben der kriegerischen Shakti und ihrem ebenso kriegerischen Sohn Kartikeya reiht sich vor allem der Weltenerhalter Vishnu in das Licht bringende Bemühen ein – meist in Gestalt seiner zehn großen Inkarnationen, von denen besonders Rama und Krishna hervorzuheben sind. Aber auch die anderen Gottheiten tragen ihren Teil dazu bei, wie etwa Shiva, wenn er beim Quirlen des Ur-Ozeans das Gift der Welt auf sich nimmt.

Im Weltbild der hinduistischen Tradition durchdringt die dunkle Macht mit ihrer Unwissenheit und Falschheit alle Ebenen unserer Existenz. In Gestalt dämonischer Wesenheiten widersetzt sie sich mit allen ihr zur Verfügung stehenden Mitteln der Bewusstwerdung und hält dadurch – wie der Veda es ausdrückt – die Ströme der Wahrheit zurück. Der wirkungsvollste Verbündete der asurischen Falschheit ist das menschliche Ego, das auf selbstbezogene Weise an seinen Ansprüchen festhält und das Fortschreiten zur Wahrheit mit aggressiver Beharrlichkeit behindert. Ist asurische Falschheit mit Macht kombiniert, wird sie, wie schon die Bhagavadgita betont,

„zum Mittelpunkt oder Werkzeug einer wilden, titanischen, gewalttätigen Aktion, eine Macht der Zerstörung in der Welt, eine Quelle der Rechtsverletzung und des Bösen".[40]

Die Kräfte der Unwissenheit, Unbewusstheit und Falschheit sind die beängstigenden Schatten der Welt, die in allen Zeitaltern und Kulturen als anti-göttliche Mächte Erwähnung finden. Der Hinduismus betrachtet sie als einen unvermeidbaren Teil der Natur, dem im Gleichgewicht der Welt die lichtvollen Kräfte der Devas (Gottheiten) in ausgewogener Zahl gegenüberstehen. Doch von Zeit zu Zeit, so berichtet die hinduistische Mythologie, nimmt die asurische Kraft so stark überhand, dass sie das instabile Gleichgewicht von Licht und Schatten „aus dem Ruder wirft" und die Welt in eine Krise steuert. In diesem Moment greifen die Licht bringenden, göttlichen Kräfte ein, um die verloren gegangene Balance erneut zu etablieren.

Das sogenannte Böse kann zwar immer wieder in seine Schranken verwiesen, aber nicht vollständig vernichtet werden. In traditionell-hinduistischer Sicht gehört es unvermeidlich zu unserer Ebene der Welt. Und mehr noch: Jeder Einzelne von uns hat Anteil daran und trägt seinen eigenen Anteil an der dunklen Last. Deshalb werden oft sogar die Götter und Weisen mit einem „dunklen Fleck" in ihrer Persönlichkeit dargestellt, der einen scheinbaren Widerspruch zu ihrem erhabenen Wesen bildet. Der spirituelle Ausweg aus der unvermeidbaren Situation wird im Freiwerden von der eigenen Natur oder einer Kontrolle derselben gesucht – was das Problem der Schattenseiten jedoch nicht durchgreifend aus dem Wege räumt. Anders ist es hingegen im entwicklungsbezogenen Ansatz des Integralen Yoga, der die Lösung nicht in einem abgeschirmten Kokon oder einer niemals endenden Fehde sucht, sondern in einer grundlegenden Veränderung des Bewusstseins, die dem Asura seine Macht entziehen kann.

Durga und das Ringen um Licht

Die Notwendigkeit, die dunkle Macht immer wieder zu besiegen, ist einer der großen Themenstränge der indischen Mythologie. Die lichtgeborene Durga verkörpert eine starke, konzentrierte und ausgerichtete Kraft, deren Aufgabe im kosmischen Geschehen der unermüdliche und siegreiche Kampf gegen die Mächte der Unwissenheit und der Falschheit ist. Sie repräsentiert die höhere Maya, die sich den Auswüchsen der niederen Maya entgegenstellt. Auf dem Löwen reitend ist sie das Symbol des höheren Bewusstseins, das durch eine vergöttlichte körperlich-emotionale Kraft handelt. Der Löwe ist ein Attribut der Shakti und stellt den erobernden und schützenden Aspekt der universellen Mutter dar.

Ihr Gegenspieler Mahishasura verkörpert die dunkle Seite eines von Emotionen und selbstbezogenen Gedanken gesteuerten Daseins. Sein hauptsächliches Charaktermerkmal ist eine egoistische Stärke, die das höhere Gesetz des Bewusstseins nicht anerkennt. Und doch wirkt in ihm keine rohe und ungebildete Kraft. Auch er besitzt Selbstkontrolle, einen konzentrierten Willen und hochentwickelte Intelligenz, doch all dies um seines Egos willen. Sein Denken und Fühlen dient dem Begehren und nicht der Wahrheit.

Wir alle haben Aspekte von ihm in uns. Auch wir haben Anteile, mit denen wir uns der Wahrhaftigkeit widersetzen, indem wir aus der Ego-Bezogenheit heraus negativ denken, fühlen oder handeln. Aber auch Durga und Kali und eine Vielzahl weiterer Kräfte, die sich für unsere Bewusstwerdung und unseren Schutz einsetzen, leben in uns. Unsere eigenen Anteile an Licht und Finsternis ringen ständig miteinander, weil die dunklen Kräfte in uns, wie überall, das kosmische Spiel und das Erdenleben beeinflussen und die Herrschaft über unser Dasein, unseren Charakter und unsere Taten beanspruchen.

Der Prozess des inneren Wachsens fordert, dass wir mehr und mehr wahrhaftig werden. Eine wichtige Aufgabe ist in diesem Zusammenhang die Annahme des Konflikts, der sich aus dem Schatten ergibt. Das bedeutet, dass wir auch die damit verbundenen Herausforderungen sowohl im Außen wie im Innern annehmen. Wichtig ist die innere Haltung, mit der wir uns dem Dunkel entgegenstellen, denn es ist – wie alles in der Welt – in seiner innersten Essenz ebenfalls ein Teil des All-Einen.

Auch in uns wird diese Konfrontation zunächst die Wesensteile verstärken, die es zu überwinden gilt. Wenn unbewusste Anteile bewusst werden (und wir sehen, was wir vorher nicht gesehen haben), erscheinen sie zunächst überwältigend groß. Um diese Phase durchzuhalten, benötigen wir große Ausdauer in unserem Bemühen, außerdem eine ins Leben umgesetzte Unterscheidungsfähigkeit und das Vertrauen auf den unterstützenden Einfluss der Zeit. Im Bereich der Schöpfung entfaltet sich alles im Fluss der Zeit. Auch unser spirituelles Bemühen wird von ihm getragen und genährt, bis es so stark und heldenhaft geworden ist, dass es mit Leichtigkeit um das Licht ringen und den Sieg davontragen kann.

Mythologie: Die Shakti und die Rettung der ungeborenen Welt

„Der Kraft, die in der Form von Schlaf in allen Wesen wohnt,

Ihr sei Ehre, ihr sei Ehre, ihr sei Ehre, Ehre, Ehre.“

Devi Mahatmya

Auch die Welt, so wird in Indien erzählt, ist großen Zyklen von Werden und Vergehen unterworfen. Sie entsteht aus einer Lotusblüte, die dem Nabel der schlafenden Gottheit Vishnu entwächst und in deren Mitte der Schöpfergott Brahma thront. Wenn die Schöpfung aus Brahmas Bewusstsein hervorgegangen ist, sorgt das fürsorgliche Eingreifen des Weltenerhalters Vishnu in den dunklen Zeitaltern, in denen die Schatten überhandnehmen, für den Ausgleich zwischen Licht und Dunkelheit, Wahrheit und Falschheit, Bewusstsein und Unbewusstheit. Am Ende eines Weltenzyklus ist es Shiva, der Herr des Wandels, der die Vielfalt der Schöpfung wieder auflöst und ihre reine Essenz einfließen lässt in die transzendente All-Einheit des Höchsten, aus der sie ursprünglich hervorgegangen war (siehe Abb. 10 im Bildteil). So beginnt eine Periode der Weltenruhe, in der zwar keine Schöpfung existiert, jedoch die Möglichkeit einer erneuten Weltenschöpfung bewahrt wird. Die indische Mythologie versinnbildlicht dies durch die Gestalt des schlafenden Vishnu, der ausgestreckt auf den riesigen Windungen der Weltenschlange Ananta im bewegungslosen Ur-Ozean des Bewusstseins ruht und verborgen in seinem schlummernden Sein den Samen für eine neue Schöpfung trägt.

Einmal, so heißt es, hatte Shiva bei dem Pralaya, der Auflösung des Kosmos, zwei schreckliche Dämonen übersehen, die sich in Vishnus Ohren versteckt hielten und auf die Gelegenheit warteten, den Weltenschöpfer Brahma zu töten, um dadurch eine erneute Weltenschöpfung zu verhindern. Von seinem hohen Lotusthron aus, der auf seinem schlanken Stängel weit über Vishnus ausgestreckten Körper hinaufragte, entdeckte Brahma, dessen Blick auch das Verborgene durchdringt, die beiden Widersacher. Augenblicklich wandte er sich in inniger Hinwendung der großen Shakti zu, der mächtigen Weltenmutter, die tief in Vishnus Herzen seinen

Weltenschlaf wiegte und den unwiderstehlichen Schleier der Müdigkeit über seine Augen gebreitet hatte.

„Herrin der Welt“, betete er, „Werden und Vergehen sind der Atem des Ewigen! Du bist die Kraft, die mit ihrem Kommen und Gehen, mit ihrem Anschwellen und Absinken diesen Rhythmus lebendig hält, den jetzt die grausamen Mächte der Finsternis bedrohen. In deinen Armen pulsiert das Ein und Aus des göttlichen Werdens in all seiner Größe und all seiner Vielfalt. Selbst wenn die Gestaltungen des Ewigen wieder eingemündet sind in das Ungestaltete, trägt deine Kraft im Ungreifbaren noch die Welt. Und deine Hände bergen den Pulsschlag der Schöpfung auch in den Meeren der Formlosigkeit. Sieh meine Not, die die Not einer ungeborenen Welt ist, die bei dir ihre Zuflucht sucht! Erbarme dich der Schöpfung, die ohne deine Gnade nicht mehr ins Werden gelangen kann! Deine versunkene Kraft hält den Bewahrer des Werdenden fest in ihren Armen. Ich bitte dich, wiege ihn nicht länger im Weltenschlummer. Du bist die erhabene Seelenruhe, aber auch der heroische Kampf um das Licht. Nimm den Schleier der Müdigkeit von Vishnus Antlitz und lass ihn erwachen, damit er die kommende Schöpfung erhalten kann, deren vielfältige Formen in seinen Träumen schon ihre schimmernden Gestalten annehmen. Für die kommende Welt flehe ich zu dir. Sei du der Tod des Weltentods. Gib Vishnu deine wache Kraft, um die grausamen Dämonen zu erschlagen!“

Da erhob sich die Shakti aus der sanften Ruhe in Vishnus Mitte, stieg durch seine Brust und sein Haupt in die transzendente, all-eine Wirklichkeit über dem Schläfer empor und offenbarte sich Brahma in der Form der Gnaden gewährenden Weltenmutter. Mit rascher Geste entfernte sie die Maya der Müdigkeit von Vishnus Augen und senkte ihren wachen Heldenmut und ihre Tatkraft in sein Herz. Derart gerüstet erwachte er und erblickte inmitten der raum- und zeitlosen Wasserweite des grenzenlosen Ur-Ozeans sofort die beiden gewaltigen Widersacher, die soeben mit ihren gezogenen Schwertern auf den Schöpfergott in seiner Lotusblüte einstürmten.

Eine mächtige Shakti-Energie durchströmte die Gestalt des erhabenen Vishnu. Belebt von dieser Kraft bewegten sich seine Glieder, und er erhob sich von seinem Schlangenbett zu seiner alldurchdringenden Größe. Ohne zu zögern ließen die beiden Dämonen von Brahma ab und stürzten sich auf ihn. Der Weltenbewahrer rang lange mit ihnen und benutzte dabei seine bloßen Arme, um die Schwerthiebe auf unbeholfene Weise abzuwehren und die Angreifer in ihrem Gefühl der Überlegenheit zu bestärken. Je länger der Kampf andauerte, desto siegessicherer wurden seine Gegner. Berauscht von ihrer unermüdlichen Kraft wurden sie schließlich unvorsichtig.

„Du hast noch einen einzigen Wunsch frei, bevor wir diesen Kampf mit dir beenden!“, riefen sie ihm in ihrem Übermut zu. „Dann sollt ihr beide von mir erschlagen werden!“, antwortete Vishnu sofort. „Dies ist mein Wunsch!“ Die beiden Widersacher ließen ihren Blick mit höhnischem Lachen über die unendliche Wasserweite des Ur-Ozeans schweifen. „Dann töte uns dort, wo kein Wasser ist“, forderten sie, geblendet von ihrer maßlosen Überheblichkeit. „So sei es“, antwortete Vishnu. Und seine Gestalt dehnte sich aus, wuchs der Unendlichkeit entgegen, durchmaß den allumfassenden Ozean und bewegte sich in der grenzenlosen Weite, bis die beiden Dämonen auf seinem Schenkel zu stehen kamen, den er augenblicklich über die Wasseroberfläche erhob. Dann hieb er ihnen mit seinem goldenen Diskus, dem strahlenden Sonnenrad der Wahrheit, die Köpfe ab. Und Brahma pries Vishnus Heldentat und dankte der Shakti, dass sie sich der Weltennot angenommen und die ungeborene Schöpfung gerettet hatte.

Betrachtung: Durch Zurückweisung den Weg offenhalten

Wir alle haben Anteile in uns, die nicht mit unserem spirituellen Wachstum vereinbar sind. Zu ihnen zählen bestimmte Meinungen, Vorlieben und Gewohnheiten des Mentals ebenso wie egoistische Ansprüche, Begierden und Gefühle des emotionalen Wesens und körperliche Regungen und Widerstände, die sich aus der Trägheit und Unbewusstheit der Stofflichkeit ergeben. Sie sind in gewisser Weise legitim, denn sie sind ein Teil unserer Natur. Wenn wir jedoch einen spirituellen Weg gehen, müssen wir lernen, mit ihnen in konstruktiver Weise umzugehen. Aus einer integralen Sicht, die auch die Entwicklung und Transformation der Natur im Auge behält, ist deshalb das Prinzip der Zurückweisung ein wichtiger und nicht zu unterschätzender Aspekt der inneren Arbeit. Zurückweisung bewirkt, dass wir uns nicht ständig wieder aufs Neue von den instinktiven, egohaften oder halb automatischen Bestrebungen unserer Natur ablenken lassen und in dieser inneren Flut den Fokus auf das Wesentliche verlieren. So wie Brahma wachsam geblieben ist und Vishnu seine Widersacher auf energische und doch spielerische Art zurückgewiesen hat, müssen wir dasselbe mit unseren innere „Dämonen" tun.

Zurückweisung darf dabei nicht mit Unterdrückung verwechselt werden, denn sie zielt auf eine grundlegende Veränderung ab, und verändert werden kann nur das, was auch wahrgenommen wird. Sie stellt eine psychologische Bewegung dar, die diese Kräfte (bildlich gesprochen) an die Peripherie unserer Innenwelten drängt und ihnen keinen Raum im Zentrum unseres Wesens erlaubt, in dessen Mittelpunkt die Flamme unseres Strebens brennt. Durch die Übung der Zurückweisung tragen wir dafür Sorge, dass dieses innere Licht, das der lebendige Ausdruck unserer Sehnsucht nach Höherem ist, nicht immer wieder durch die Bewegungen unserer Schattenaspekte verdunkelt wird. Wir mindern dadurch die Macht dieser Schattenaspekte und gleichzeitig die Bereitschaft, uns mit ihnen zu identifizieren. So halten wir in unserem Yoga den Weg offen für das, was sich aus der Tiefe unseres Wesens heraus gestalten oder über die Shakti-Kraft in unseren Wachstumsprozess einbringen will. Darüber hinaus schaffen wir in uns ein „freieres Feld", in dem die Wirkkraft der Shakti sich entfalten und das die Dinge, die uns nur noch „peripher tangieren", durchgreifend verändern kann.

Mythologie: Der hundertundachte Lotus

Vishnu hatte in seiner Inkarnation als Rama die Aufgabe übernommen, die Welt von dem zehnköpfigen Ravana, dem Dämonenkönig von Sri Lanka, zu befreien. Da Rama im nördlichen Indien als angesehener Prinz geboren wurde, der als Thronerbe die Nachfolge seines Vaters Dasaratha antreten sollte, musste in seinem Leben etwas geschehen, das die Kraft besaß, ihn aus seiner vorgezeichneten Lebensbahn zu katapultieren und quer durch den indischen Subkontinent bis nach Sri Lanka zu bringen. Das bekannte indische Epos namens Ramayana berichtet, wie Rama sich einer Verkettung von Umständen beugt, die ihn zusammen mit seiner Frau Sita und seinem Bruder Lakshman in ein langjähriges Exil zwingen, das sie nach Südindien führt. Hier wird Sita von dem Dämonenkönig Ravana nach Sri Lanka entführt. Rama und Lakshman, die beide Sitas Befreiung als ihr Dharma, ihr Lebensgesetz, anerkennen, gewinnen in dem Affenkönig Sugriva und seinem General

Hanuman treue Verbündete, mit deren Hilfe sie es nach vielen dramatischen Ereignissen auch schaffen, Ravana und seine beiden Brüder zu töten und Sita zu befreien.

Eine kleine, aber entscheidende Episode aus dem Ramayana bildet den Hintergrund der in Indien alljährlich mit großem Aufwand gefeierten Durga-Puja und weist darauf hin, dass selbst ein Mensch, der die Welt als göttliche Inkarnation betritt, ohne die Unterstützung der Göttlichen Mutter seiner Lebensaufgabe nicht gerecht werden kann. Selbst er muss Zuflucht bei der Shakti nehmen, den Zugang zu ihrer Gnade finden und für sein gewaltiges Werk, das die Möglichkeiten des Menschlichen weit überschreitet, um ihren unverzichtbaren Segen bitten.

Als Rama vor dem entscheidenden Kampf gegen Ravanas gewaltige Armee steht, weist ihn der Götterkönig Indra darauf hin, dass der Sieg nur mit dem Beistand der Göttin Durga möglich ist. Rama entschließt sich, die kriegerische Göttin mit einer besonderen Verehrungszeremonie für sein Anliegen zu gewinnen und gelobt, ihr eine Opfergabe von einhundertundacht blauen Lotusblüten darzubringen – jene seltenen Blumen, die sie über alles liebt. Auf sein Geheiß springt sein treuer Diener Hanuman, der Affengott, der auf fliegenden Füßen schnell wie der Wind große Distanzen überbrücken kann, in den Himalaya und pflückt die Lotusblüten, die er sorgfältig zählt, in einem hochgelegenen Bergsee. Doch Durga, deren Name nicht ohne Grund „die schwer Zugängliche" heißt, will Ramas Aufrichtigkeit auf die Probe stellen und sorgt dafür, dass ein Lotus aus dem Bündel fällt, als Hanuman sich auf dem Rückweg befindet. Während der Verehrungszeremonie muss Rama, nachdem er der Göttin schon einhundertundsieben Lotusblüten dargebracht hat, feststellen, dass die letzte Gabe fehlt – jene entscheidende Blüte, die das gesamte Opfer wirksam macht. Um sein feierliches Gelübde nicht zu brechen, entscheidet er sich spontan, der Göttin eines seiner Augen zu opfern. In seiner Kindheit wurden seine Augen oft als blaue Lotusblüten bezeichnet und er selbst der „Lotusäugige“ genannt. Genau in dem Moment, als er sich das Auge herausstechen will, offenbart sich die Göttin. Erfreut, dass Rama sich trotz der auferlegten Prüfung nicht von der Erfüllung seines Gelübdes abhalten ließ, segnet sie ihn und gewährt ihm für den bevorstehenden Kampf die Gnade des Sieges.

Betrachtung: Aufrichtigkeit auf dem spirituellen Weg

Die spirituelle Literatur Indiens kennt viele Schilderungen, in denen der Beistand der göttlichen Kraft im Kräftemessen mit den Vertretern der dunklen Macht das alles entscheidende Zünglein an der Waage ist. Doch der Segen der Shakti ist nicht etwas, das leichtfertig errungen wird. Selbst Menschen, die um ein bescheideneres Anliegen oder eine spirituelle Belehrung bitten, werden zunächst einem Test unterzogen und müssen mit dem Bestehen einer Prüfung beweisen, dass sie diese Gunst auch wert sind. Das Wesen des Bittenden muss völlig aufrichtig sein. Und je größer das Unterfangen, desto intensiver ist der Test. Selbst Rama, die Inkarnation der Gottheit Vishnu, kann sich im Rahmen der Aufgabe, für die er sich mit seinem göttlichen Bewusstsein in einem menschlichen Körper inkarniert hat, der Prüfung nicht entziehen, die seine Aufrichtigkeit auf die Probe stellt. Sie enthält auch das Element des Opfers. Durch Geben zu wachsen und zur Selbst-Erfüllung zu gelangen durch Selbst-Aufgabe, ist das dem Opfer zugrundeliegende Gesetz. Spirituelles Leben kennt keine Halbherzigkeit. Die äußere Gabe muss kompromissloser Ausdruck der inneren Haltung sein. So wird Ramas Verehrung der Durga zum Symbol seiner aufrichtigen Anerkennung ihrer Macht. Jede egoistische Regung muss hinter der eigenen Wahrhaftigkeit zurücktreten. Was zählt, ist einzig der gelebte Ausdruck der Aufrichtigkeit.

Du allein bist mein Weg – Zuflucht bei der Shakti-Kraft

„Und wenn Gnade und Beistand der Göttlichen Mutter mit dir sind, was kann dir noch geschehen, was hast du noch zu fürchten? Ein Weniges ihrer Gnade schon kann dich über alle Mühen, Hindernisse und Gefahren hinwegheben. Umhegt von ihrer vollen Allgegenwart aber kannst du umso furchtloser auf deinem Weg gehen, denn es ist der ihre. Keine Drohung bekümmert dich, keine Feindseligkeit geht dir nahe, so mächtig sie auch sein mögen, ob sie aus dieser Welt kommen oder einer unsichtbaren."[41]

Sri Aurobindo

Durga repräsentiert auch eine Shakti-Kraft, bei der in innerer und äußerer Bedrängnis Sicherheit, Schutz und Zuflucht gesucht wird. Es heißt, dass sie jeden, der sich schutzsuchend an sie wendet, voller Wohlwollen in den Mantel ihrer fürsorglichen Gnade hüllt, die wie ein unsichtbarer Schutzschild wirkt. In einem Weg, der mit der Shakti-Kraft gelebt wird, ist Zufluchtssuche ein wichtiges Element. Sie gibt uns sofort das Gefühl, in den weltlichen und spirituellen Schwierigkeiten des Lebens nicht allein dazustehen, sondern eine machtvolle Verbündete an unserer Seite zu haben. Es ist die intuitive, innere Hinwendung und die spontan aus der Wesenstiefe erfolgende Anrufung, die den Beistand ihrer Kraft herbeiruft – als eine spirituelle Gegenwart, die uns gerüsteter vor den Herausforderungen des Lebens stehen lässt.

Auch der große Advaita-Philosoph Shankaracharya nahm Zuflucht bei der Shakti-Kraft. Er verfasste viele Hymnen zu Ehren der Göttlichen Mutter, die ganz unterschiedliche Aspekte ihrer göttlichen Kraft preisen. Eine der bekanntesten ist das acht Strophen umfassende Bhavani Ashtakam, das zu den hingebungsvollsten Gesängen der Shakti-Verehrung gehört. Die Worte der über tausend Jahre alten Sanskritverse besitzen eine starke mantrische Wirkung. Es verwundert, dass ein so „shaktivoller Shakti-Text" von einem Philosophen stammt, der sämtliche Energien der Welt als bloße Illusion verwarf. Die Hymne beschreibt, wie die überwältigende Erkenntnis der eigenen Schwächen und Unvollkommenheiten den Verfasser Zuflucht nehmen lässt bei der Shakti-Kraft, die er als Göttin Bhavani (eine Form der Durga) anspricht. Aus den Versen, in denen die tiefe Hingabe des berühmten Philosophen zum Ausdruck kommt, spricht die kompromisslose Anerkennung der einzigen Kraft, die den Schatten der menschlichen Natur in Licht verwandeln kann.

„Keinen Vater habe ich, keine Mutter, keinen Kameraden,
keinen Gönner, keinen Sohn, keine Tochter, keinen Diener,
keinen Herrn. Keine Frau, keine Weisheit, keine Begabung –
Du allein bist mein Weg,
Du allein bist mein Ziel, o Bhavani!

Versunken im Ozean weltlicher Existenz, endlos bedroht von
Leiden, bin ich lustvoll und töricht und gierig und trunken,
auf immer gekettet an die Fesseln des Bösen –
Du allein bist mein Weg,
Du allein bist mein Ziel, o Bhavani!

Mir liegt kein Almosengeben und Meditieren, keine heiligen Texte und Hymnen und Mantras; ich kenne keine Anbetung, keine Weihung und trotzdem, o Mutter –
Du allein bist mein Weg,
Du allein bist mein Ziel, o Bhavani!

Ich brauche keine Pilgerfahrten und religiösen Verdienste, keine Meisterung der Gedanken und Befreiung der Seele, keine strengen Gelübde und keine Ergebenheit –
Du allein bist mein Weg,
Du allein bist mein Ziel, o Bhavani!

Süchtig nach Sünde und schlechter Gesellschaft, voll kranker Gedanken und unredlichem Verhalten, bin ich verlassen, entarteten Dingen verhaftet und bewandert in schlechter Sprache –
Du allein bist mein Weg,
Du allein bist mein Ziel, o Bhavani!

Ich weiß wenig von Brahma, Vishnu und Shiva; kenne weder Indra, noch Sonne oder Mond oder ähnliche Wesen, keinen der zahllosen Götter –
Du allein bist mein Weg,
Du allein bist mein Ziel, o Bhavani!

Im Streit und in Trauer, in fremden Ländern und in Gefahr, berauscht und im Irrsinn, im Wasser, im Feuer, in Wildnis und Bergen, umringt von Feinden, o Retterin, schütze mich!
Du allein bist mein Weg,
Du allein bist mein Ziel, o Bhavani!

Wehrlos bin ich, krank und hilflos, entkräftet, erschöpft und voll stummer Verzweiflung, ständig gequält von Sorge und am Ende meiner Kraft.
Du allein bist mein Weg,
Du allein bist mein Ziel, o Bhavani!“

VON DER SHAKTI ALS HERRIN DER TRANSFORMATION

„Führe mich vom Nicht-Wissen in das Wissen, führe mich von der Dunkelheit in das Licht, führe mich vom Tod in die Unsterblichkeit."

Brihadaranyaka-Upanishad *(1.3.28)*

Der transformative Aspekt der Shakti-Kraft

Transformation oder Wandlung ist ein Kernbegriff des spirituellen Wachsens. Er bezeichnet einen umgestaltenden Vorgang, der den inneren Weg von Anfang bis Ende begleitet und auf der Ausarbeitung durch eine bewusste Wirkkraft basiert. Wir sind als Mensch an die Begrenzungen unserer menschlichen Natur und unseres menschlichen Bewusstseins gebunden. Unter Einsatz von persönlichem Bemühen können wir diese zwar sublimieren und läutern, aber wir können aus eigenem Antrieb nicht mehr werden, als unser Wesen in den verborgenen Möglichkeiten seiner Anlagen „hergibt". Transformative Prozesse setzen am Punkt der Unmöglichkeit an und verhelfen über den unmittelbaren Kontakt mit einem „bewussteren Bewusstsein" – das auf shaktibezogenen Wegen die hochbewusste Transformationskraft der Shakti ist – zum Durchbruch in eine höhere Dimension des Seins. Die wegbereitende Kraft der Shakti wirkt im Yoga schon, bevor wir uns dessen überhaupt bewusst sind und bereitet unser Bewusstsein auf die Gewahrwerdung ihrer Gegenwart vor. Der eigentliche Transformationsprozess beginnt, wenn wir sie als eine lebendige Präsenz wahrnehmen und uns in den Momenten ihrer spürbaren Gegenwart bewusst ihrer Wirkkraft überlassen.

Was dann geschieht, lässt sich auf anschauliche Weise am Sinnbild des Lotus erfassen, das eines der bedeutendsten Symbole der indischen Kultur darstellt und den Vorgang der transformativen Entwicklung bildhaft beschreibt. Unser spirituelles Wachstumspotenzial wurzelt im tiefen, aber fruchtbaren Schlamm unserer menschlichen Unwissenheit und Unbewusstheit. Dort ruhen all unsere Unvollkommenheiten, „Krummheiten“ und Limitierungen in einem Zustand spiritueller Dunkelheit. Damit sie sich verändern und zur Schönheit einer Lotusblüte werden können, müssen sie ins Licht des Bewusstseins gelangen. Der Weg dorthin ist der transformative Wachstumsprozess. Er beginnt in uns selbst, durch die Kraft unseres inneren Strebens nach Licht, so wie der Lotussame inmitten des Dunkels aufbricht und zu keimen beginnt. Der Wachstumsprozess entfaltet sich, und die Lotuspflanze unseres spirituellen Weges wächst, angezogen von der nährenden Kraft der Sonne, einen langen Weg durch das Wasser des Lebens hinauf zum Licht, um schließlich (oberhalb des Wassers) unter den freien Strahlen der höchsten Sonnen-Wahrheit in einer neuen Dimension des Seins aufzublühen.

Auf dem Weg ins Licht wird die Dunkelheit zunehmend von Helligkeit erfüllt. Jedes „Mehr“ an Licht schenkt dem wachsenden Bewusstsein neue Kraft und neue Möglichkeiten. Jede Wachstumsstufe bringt eine neue Art des Gewahrseins; jeder Schritt lässt überholte Seinsweisen zurück. Das ist das Prinzip der Transformation. Wir können also nicht davon ausgehen, dass wir im Prozess des inneren Wachsens alles mitnehmen und integrieren können, was wir an seinem Ausgangspunkt sind. Vieles in uns wird auf dem Weg der Bewusstseinsentfaltung eine

Veränderung erfahren, vieles wird aus unserem Leben „entrümpelt“ werden, und es mag uns zuzeiten auch schwerfallen, bestimmte Veränderungen zu akzeptieren. Der transformierende Prozess greift, um etwas Höheres hervorzubringen, immer in ein bestehendes Gleichgewicht ein, was in vielen Aspekten unseres Daseins eine zeitweise Disharmonie auslösen kann. So sind die Übergänge oft fordernde Zeiten, die innere und äußere Herausforderungen darstellen. Es verwundert also nicht, dass die mächtigste und durchschlagendste Transformationskraft, die die indische Tradition kennt, mit ihrer formhaften Erscheinung den Aspekt der Herausforderung unterstreicht.

Kali – die dynamische Herrin der Zeit

„Die Formen der höchsten Wirklichkeit sind zwei:
die Zeit und das Zeitlose.“

Maitri-Upanishad (6.15)

In der tantrischen Tradition wird betont, dass drastische Wahrheiten drastische Bilder brauchen. Eine alte indische Legende berichtet davon auf ihre Art. Sie erzählt, dass sich der Schöpfergott Brahma, der auf allen Ebenen des Universums den Segen der Wunscherfüllung gewährt, vor langer Zeit einmal Parvati zuwandte und sie wohlwollend fragte, welchen Wunsch er ihr erfüllen könne. Parvati, die sich schon geraume Zeit für ihre dunkle Erscheinung schämte, weil Shiva sie deswegen hin und wieder verschmähte, bat ihn um eine neue Hautfarbe. Brahma erfüllte ihr den Wunsch, indem er sie in zwei Hälften teilte, von denen eine zu einer wunderschönen goldfarbenen Göttin wurde, der

Shiva nicht mehr widerstehen konnte, und die als Gauri, die Goldene, verehrt wird. Die andere Hälfte aber wurde noch dunkler, und aus ihr entstieg Kali, die schwarze Mutter der Zeit.

Von allen Gottheiten des Hinduismus ist es vor allem diese dunkelhäutige Göttin, die in einem Betrachter, der dem westlichen Kulturkreis entstammt, Gefühle von Abwehr und Entsetzen hervorrufen kann. Kali verkörpert einen zum Leben gehörenden Aspekt, der aufgrund seiner beunruhigenden Endgültigkeit nicht ohne Weiteres akzeptiert und vielfach sogar mit Grauen aus der Vorstellungswelt ausgeklammert wird. Denn in der Gestalt der wilden Kali wird die sanftmütige Parvati zur dunklen und unberechenbaren Gefährtin Shivas, aus der Zerstörung und Neubeginn geradezu hervorbrechen.

Mit Kali betreten wir ein psychologisches Grenzland. Wer schreckt schon auf den ersten Blick nicht vor dem Abbild einer nackten und wilden Frauengestalt zurück, die mit abgeschlagenen Köpfen und einem Lendenschurz aus menschlichen Händen geschmückt, mit aufgelösten Haaren, blutverschmiert und mit heraushängender Zunge als archetypisches Symbol des unausweichlichen Todes erscheint? Die Form der Kali enthält zunächst wenig Anhaltspunkte, die mit dem gewohnten ästhetischen Empfinden konform gehen, das sich an den sanfteren Formen einer hingebungsvollen Anmut orientiert. Und doch strahlt aus ihr eine ursprüngliche, wilde, dynamische und archaische Kraft, die trotz des Zurückschreckens eine positive Bewunderung hervorruft und auf einen tiefgründigen Symbolgehalt verweist. Die Furcht vor der dunklen Göttin Kali kann nur durch Annäherung überwunden werden, durch ein Sicheinlassen auf die Tiefe der in ihr zum Ausdruck kommenden Facetten der Wirklichkeit.

Das Wort „Kali“ hat seinen Ursprung in dem Sanskritbegriff „Kala“, der „Zeit“ bedeutet. Kali ist die alles hervorbringende, alles verschlingende und alles zerstörende Macht der Zeit. Einer solchen Gewalt, der das ganze Dasein unterliegt, kann nur eine Darstellungsweise gerecht werden, die sowohl den Terror als auch die Ehrfurcht zum Ausdruck bringt, die sie auslösen kann. Die vielarmige Kali wird oft auf einem Verbrennungsplatz oder Schlachtfeld abgebildet, auf dem tote und verstümmelte Körper ihre Zerstörungsgewalt repräsentieren. Sie steht oder tanzt in herausfordernder Haltung und mit herausgestreckter Zunge auf dem reglosen Körper ihres Gemahls. Die hinduistische Mythologie berichtet, dass Kali oft so stark in ihrer Zerstörung bringenden Bewegung gefangen ist, dass sie von Shiva wieder besänftigt werden muss. Denn nur der Herr der Zeit und der Zerstörung hat die Macht, ihrer destruktiven Natur Einhalt zu gebieten. Wenn Kali sich in ihrem „Blutrausch“ verselbstständigt und jedes Gefühl für das rechte Maß verliert, beginnt das Universum unter ihrem wütenden Ansturm zu leiden. Einzig die Erkenntnis, dass sie auf ihrem Geliebten herumtrampelt, kann sie dann aus ihrer zügellosen Raserei zurückholen. Aber Shiva legt sich auch aus einem anderen, nicht ganz so selbstlosen Grund unter ihre stampfenden Füße. Denn ohne sie, so sagt der Tantrismus, ist er nichts anderes als ein Leichnam, und ohne ihn ist Kalis Tanz nur ein verheerendes und sinnloses Chaos.

Kali bewegt sich unbekleidet im unendlichen Raum des Universums, weshalb sie auch Digambara, die „Raumgekleidete“, genannt wird. Ihre tiefblaue oder fast schwarze Gestalt bildet einen scharfen Kontrast zum hellen Körper ihres Gemahls. Abgesehen von einem Schurz aus abgeschlagenen Händen und einer Girlande aus menschlichen Köpfen oder Totenschädeln ist sie vollkommen nackt. Ihr üppiges Haar ist nicht in sittsamen Zöpfen gebändigt, sondern fließt wild und offen über ihren Körper herab. Auf ihrer Stirn befindet sich ein glühendes drittes Auge. Ihre vielen Hände halten unter anderem ein gebogenes Opfermesser, einen frisch abgeschlagenen menschlichen Kopf, eine Schale mit Feuer und manchmal eine tiefrote Hibiskusblüte. Kali wird oft auch mit langen, scharfen Eckzähnen und krallenartigen Fingern gezeigt, die Lippen blutverschmiert, der wilde Blick ein Ausdruck des Blutrausches.

Angesichts ihrer abschreckenden Erscheinung könnte man annehmen, dass die schwarze Shakti in der hinduistischen Götterwelt nur einen Randplatz einnimmt. Doch das Gegenteil ist der Fall. Obwohl sie eine Göttin darstellt, die Stabilität und Ordnung infrage stellt und damit außerhalb des gesellschaftlichen Rahmens steht, wird sie in vielen Landesteilen Indiens mit inniger Hingabe verehrt. Für den Hindu ist sie der Inbegriff der Göttlichen Mutter. Denn sie repräsentiert in ihrer zerstörenden Dynamik, die gleichzeitig den Samen für Erneuerung bringt, einen unverzichtbaren Aspekt der schöpferischen Energie.

Wie bei jeder Hindu-Gottheit muss auch bei Kali jedes Detail ihrer Gestalt symbolisch verstanden werden. So stehen die abgeschlagenen Hände ihres Lendenschurzes für die Fähigkeit und die Folgen des Handelns – und damit für das Karma. Das aufgelöste Haar unterstreicht ihre Unabhängigkeit. Kali wird unbekleidet abgebildet, um darauf hinzuweisen, dass das Göttliche in allen Formen dieser Welt immanent ist. Wird die „Bekleidung“ entfernt, tritt das darunter verborgene göttliche Bewusstsein „nackt“ und sichtbar hervor. In spiritueller Hinsicht ist die heftige Kraft der Kali nichts anderes als ein Akt der Enthüllung, mit dem sie sich die Kleider regelrecht vom Leibe reißt, um als ultimatives Licht dazustehen. Der indische Mystiker Ramakrishna, der einen tiefen Erfahrungsweg mit der dunklen Mutter ging, lehnt deshalb jede Reduzierung ihres grenzenlosen Wesens auf die Formen und Energien unserer begrenzten Weltenerfahrung ab und geht im Kontakt mit ihr pfeilgerade zur Quelle. Für ihn ist sie das ewige Brahman selbst, das in der Welt und als Welt aktiv ist.[42]

Nataraja – der kosmische Tänzer

Wer mit dem spirituellen Auge auf Kalis vehemente Dynamik blickt, wird gewahr, dass sie der Welt durch ihre zerstörende Gewalt auch die ekstatische Erfahrung der Seligkeit schenken kann. Dieser bewusstseinserweiternde Aspekt ihres Wirkens ist in der bekannten Form des Nataraja integriert, des tanzenden Shiva, der als Gefährte der dunklen Shakti gilt. Shiva-Nataraja verkörpert die Dynamik des Universums und verdeutlicht auf eine besonders ansprechende Art, dass Shiva und Shakti in allen Bewegungen ihres gemeinsamen Weltenspiels als Zwei-in-Einem anwesend sind. Er ist der Meister des Ananda Tandava, des königlichen Tanzes ewiger Glückseligkeit, der auf die rhythmische Gesamtheit der kosmischen Aktivität und zugleich auf ihren ewig unbewegten Ursprung verweist.

Legenden berichten, dass Shiva-Nataraja jeden Abend zur Stunde des Sonnenuntergangs vor seiner Gefährtin Kali den Ananda Tandava tanzt. Indem er ihr über die Rhythmen seiner Bewegung die verborgene Freude des Kosmos mitteilt, beruhigt er ihr unberechenbares Gemüt und verhindert, dass sie jegliche Kontrolle über ihr zerstörerisches Wirken verliert und den Wesen der Welt unangemessenen Schaden zufügt. Er tanzt so lange, bis die dunkle Göttin dem göttlichen Rhythmus nicht länger widerstehen kann und, umringt von ihrer schrecklichen Gefolgschaft, im Einklang mit der kosmischen Freude ebenfalls zu tanzen beginnt.

In der universellen Realität, in der Myriaden von ineinander eingebetteten Bewegungen gleichzeitig ablaufen, repräsentiert Shiva-Nataraja fünf grundlegende Manifestationen der ewigen Energie: Schöpfung (Shrishti), Erhaltung (Sthiti), Zerstörung (Samhara), Verschleierung der göttlichen Essenz durch das Prinzip der Maya (Tirobhava) und ihre Entschleierung durch die göttliche Gnade (Anugraha). Im Kern der immensen und vielschichtigen Weltendynamik steht sein ewig-unbewegtes Sein als ruhige Mitte und unveränderliche Konstante, um das die Welt der Erscheinungen, geschaffen aus der wirbelnden Kraft seiner Shakti, in gewaltigen und hochenergetischen Zyklen ihre Runden zieht. In diesem Sinne ist Nataraja ein Shiva-Aspekt, der als integralen Teil seines göttlichen Wesens auch die Shakti mit einbezieht.

Die wunderschönen Nataraja-Bronzen der südindischen Chola-Epoche offenbaren, wie der König der Tänzer verstanden werden soll. Sie zeigen einen vierarmigen Nataraja von schlanker Gestalt und harmonischen Proportionen, der umgeben von einem Flammenkranz auf dem Rücken eines kleinen Dämons seinen mystischen Weltentanz präsentiert. Die Form des Nataraja kann vom Betrachter „gelesen“ werden, denn Attribute, Körperhaltung und Gesichtsausdruck bringen, ebenso wie die Gesten der Hände und die Haltung der Füße, verschiedene Aspekte einer tieferen Weisheit zum Ausdruck und vermitteln in ihrer Ausgewogenheit eine Botschaft, die inmitten der Turbulenzen des Lebens den Weg zur höchsten Glückseligkeit weist.

Shivas rechte obere Hand hält die Damaru, eine kleine Opfertrommel, deren Ton die Rhythmen der Schöpfung symbolisiert. Alles Geschaffene entsteht aus seiner Hand. Die linke obere Hand hält das Feuer der Zerstörung, das für das transformative Zusammenspiel von Shiva und

Shakti von großer Bedeutung ist. Alles Geschaffene kehrt durch das Feuer der Auflösung, das die Kali-Kraft ist, in Shivas Hand zurück. Der Mensch kann in seiner Endlichkeit diesem gewaltigen Wirken nur dann unerschrocken begegnen, wenn er sich auf die Geste der unteren rechten Hand besinnt, die ihm Furchtlosigkeit und Schutz gewährt.

Alles Lebendige in der Schöpfung wird für eine bemessene Zeit in seinem formhaften Dasein erhalten, indem das gleiche Feuer der Zerstörung für seinen Unterhalt sorgt. In der physischen Welt kann nur am Leben bleiben, wer sich von seiner Umgebung ernährt. Dafür jedoch muss anderes Leben getötet werden. Lebenskraft ist die Nahrung des Körpers, und der Körper die Nahrung der Lebenskraft. Ein dem Leben immanentes Verschlingenwollen zieht sich wie ein unsichtbares Band durch alle Ebenen des Seins und äußert sich überall in einem unstillbaren Begehren. Jedes Wesen wächst so durch andere, lebt durch andere und erhält andere. Diese universelle Realität lässt sich in wenigen Worten zusammenfassen: „Der essende Esser wird gegessen." In der Brihadaranyaka-Upanishad (1. 2. 4) heißt es: *„Leben ist Hunger, und das ist der Tod, und durch diesen Hunger, welcher der Tod ist, ist die materielle Welt geschaffen worden."*

Auf der spirituellen Suche ist das unstillbare Begehren als „innerer Hunger" aktiv, der in einer „Umkehrbewegung" gelebt wird. Denn hier geht es nicht um Befriedigung im weltlichen Mangel, der sich durch ständiges Nehmen und Einverleiben im Außen zu sättigen sucht (und nie zu sättigen ist), sondern um den Hunger nach etwas Wahrerem, das nur durch Geben und Hingabe an das Wesentliche erreicht werden kann. Spiritueller Hunger erfordert, dass das individuelle Wesen immer wieder der göttlichen Größe dargebracht wird. Das ist der Weg des Werdens, für den die Fähigkeit des Loslassens eine wertvolle Hilfe ist. Wenn eine anstehende Ablösung nicht freiwillig erfolgt, erzwingt sie die Feuerkraft der Kali unter Umständen auch mit Gewalt. Ihr transformatives Potenzial äußert sich darin, dass sie notfalls auch gegen den Willen des Praktizierenden jene Tore aufbricht, die ihn daran hindern, die ekstatische Freude, die im Herzen des Weltentanzes verborgen ist, in seinem eigenen Dasein zu erfahren.

Was den inneren Wachstumsprozess immer wieder behindert, ist die Ego-Haftigkeit, die sich von bestimmten Dingen und Verhaltensmustern nicht lösen will. Der kleine Dämon Mulayaka, auf dem Shiva tanzt, repräsentiert das menschliche Ego, das vom rechten Fuß des göttlichen Tänzers fest unter Kontrolle gehalten wird. Im Tanz der Glückseligkeit zerbricht die Ichbezogenheit. Die Haltung der linken unteren Hand symbolisiert Erlösung. Sie deutet auf den erhobenen linken Fuß und zeigt damit an, dass die Befreiung von den Turbulenzen der Welt erreicht werden kann, wenn der Mensch sich vom Ego löst, während er es gleichzeitig, wie Shiva, fest unter Kontrolle hält. Die gesammelte Ruhe der unbewegten Mitte entspricht dem inneren Losgelöstsein vom weltlichen Geschehen. Der königliche Tänzer ist in der Welt, aber nicht von der Welt. Er verkörpert im Zentrum eine Haltung innerer Distanz, um die das gestaltende und zerstörende Prinzip der Shakti kreist, das durch die Bewegung der Arme zum Ausdruck kommt. Die ruhige Mitte und der nach innen gerichtete Gesichtsausdruck des Tänzers stehen in einem starken Kontrast zur kraftvollen Bewegung seines Körpers, die durch die aufgelösten und zur Seite wehenden Haarflechten noch unterstrichen wird.

Nataraja wird mit den üblichen Attributen Shivas abgebildet: das dritte Auge, die Kobra, der Sichelmond und die Göttin Ganga in seinem Haar. Sein Körper ist mit Armspangen und Halsbändern reich geschmückt. Der ungleiche Schmuck seiner Ohren ist ein Hinweis auf das kosmische Zusammenspiel von männlichem und weiblichem Prinzip als Grundlage der kosmischen Realität. Die Flammenaureole um Nataraja symbolisiert den Kreislauf von Schöpfung, Erhaltung und Auflösung, die zyklische Existenz des Universums und den Flammenkreis des menschlichen Herzens, das von Shivas kosmischem Tanz durchdrungen wird. Denn Nataraja ist ein Shiva-Aspekt, der mit der Tiefe des spirituellen Herzens verbunden ist. So verwundert es nicht, dass sich sein Haupttempel im südindischen Chidambaram befindet, dem „Ort, an dem Bewusstsein im Herzen wohnt".

Göttlicher Tänzer

Herr der Zerstörung! Göttlicher Tänzer!
In Bronze vollendet zum Ausdruck gebracht
trägt deine zeitlose Form durch die Jahrhunderte
das Abbild steigend zerfallender Vielfalt
und alles durchdringender ruhender Kraft.

Hüter des dritten Auges! Herr der Askese!
Als unbewegter Maßstab und ewiges Lächeln
stehst du – ein großer Unbeteiligter –
in einer Mitte, der Welten entspringen,
die sich vergessend in dir entfalten und die
du gnädig wieder hinwegraffst,
wenn der rasende Pulsschlag der Enge
die Wonne des göttlichen Selbst nicht erreicht.

Träger des Sichelmonds! Herr der Erkenntnis!
In den wirbelnden Wolken der Maya bist du
Geringes und Alles, Vernichter, Beschützer,
Erzeuger, Lehrer und Mutter im Rhythmus der Zeit.

Zwischen Feuer und Trommel treibt die Bestimmung,
Schlag um Schlag verlängert die Schöpfung,
jede Flamme erhält die kosmische Summe
in kreisendem Gleichgewicht
und läutert den einzeln begriffenen Raum,
bis die Seele vollkommen erwacht.

Herr der Ekstase! Lehrer der Weisen!
Durch die Sprache der Hände gewährst du
inmitten des kämpfenden Chaos
Befreiung und Furchtlosigkeit.
Auf dem Weg der Erkenntnis offenbart sich
das Unsichtbare – Zerstörung wird schöpferisch.
Kosmischer Tänzer – du tanzt den Ananda Tandava
auch im Flammenkreis menschlicher Herzen.

Mythologie: Die Geschichte vom Tanzwettbewerb

Der Ursprung des Nataraja-Tempels von Chidambaram in Südindien wird mit einer alten Legende in Verbindung gebracht, die berichtet, dass dort, wo heute der Tempel steht, der Chola-Herrscher Vira Chola vor über tausend Jahren der Augenzeuge eines ungewöhnlichen Ereignisses wurde.

Vira Chola, so wird erzählt, war mit großem Gefolge zur Jagd in den Wäldern von Thillai unterwegs. Das Wild, dem sie folgten, führte den König und seine Jagdgesellschaft immer tiefer in den Dschungel hinein, und am Ende des Tages mussten sie feststellen, dass sie jedes Gefühl für die Richtung verloren hatten. Auf der Suche nach dem richtigen Weg hörten sie plötzlich durch das dichte Laubwerk hindurch den rhythmischen Klang von Tanztrommeln und folgten ihm zu einer Lichtung im Wald, wo sich ihren Augen ein höchst seltsamer Anblick bot. Rings um den freien Platz hatte sich eine merkwürdige Versammlung unterschiedlichster Waldbewohner eingefunden. Da saßen die weisen Rishis, die tagelang in der einsamen Stille der Natur meditierten, neben ausgezehrten Asketen, die in der Abgeschiedenheit strengste Enthaltsamkeit übten, und den wilden Männern der im Wald lebenden Volksstämme, die die Tanztrommeln schlugen. Auch die Tiere des Waldes hatten sich eingefunden, Elefanten und Tiger, Wildbüffel und Affen, Rehe und Leoparden, Streifenhörnchen, Vögel und Bienen. Aus ihren Höhlen in der Unterwelt kamen die Nagas, die Fruchtbarkeit schenkenden Schlangenwesen, hervorgekrochen, und selbst die Götter waren von den hohen kosmischen Ebenen herabgestiegen und hatten sich unter die Versammlung gemischt, die wie gebannt auf das Zentrum der Lichtung starrte. Dort trafen sich Shiva und Kali im rotgoldenen Licht der untergehenden Sonne, begleitet von den ekstatischen Rhythmen der Trommeln, zu einem Tanzwettbewerb. Der große Gott hatte seine Shakti zu diesem Wettstreit herausgefordert.

Der Chola-König und sein Gefolge wurden beim Zuschauen sofort von dem unwiderstehlichen Zauber des Tanzes erfasst. Shiva tanzte die Vorgaben im männlich-kräftigen Tandava-Stil. Sein Tanz war vollkommen. „Nataraja!“, riefen die Anwesenden, „unser Herr ist ein Tänzer! Ein königlicher Tänzer!“ Danach tanzte die dunkle Göttin Kali, die eine lodernde Feuerkrone über dem Haar trug, dieselben Schrittfolgen im anmutig-weiblichen Laya-Stil. Auch ihr Tanz war vollkommen. „Machtvolle Mutter!“, rief die Versammlung, „königliche Herrin, nichts ist vergleichbar mit deiner Kraft!“ Über eine lange Zeit hinweg wechselten sich die beiden Tänzer ab. Ein Sieger konnte nicht ermittelt werden, da ihre Kunstfertigkeit gleichermaßen perfekt war. Als die Sonne schon untergegangen war, tanzte das wettstreitende Paar immer noch im letzten Licht der Dämmerung und feuerte sich, eingebettet in die kommende Nacht, zu immer neuen Höchstleistungen an. Der Tanzwettbewerb entschied sich, als Shiva im atemberaubenden Wirbel seiner Bewegungen einen seiner Ohrringe verlor. Ohne den wilden Tandava auch nur für einen einzigen Augenblick zu unterbrechen, hob er das Schmuckstück mit den Zehen auf und streckte das Bein vor dem Körper in die Höhe, um sich den Ohrring, ebenfalls mit den Zehen, wieder einzusetzen. Diese Bewegung, die intimste Körperteile entblößte, wollte Kali aufgrund ihres Schamgefühls nicht nachtanzen. Obwohl es sie mit bebendem Zorn erfüllte, mit dem sie nur umgehen konnte, indem sie den Ort des Wettstreits sofort verließ, gewährte sie ihrem Gemahl den Sieg. Es heißt, dass der Chola-Herrscher Vira Chola zu Ehren des Shiva-Nataraja am Ort des Tanzwettbewerbs eine goldene Halle erbaute, um welche später die imposante Tempelanlage von Chidambaram entstand.

Betrachtung: Das Mysterium des Ursprungs

Was war zuerst da, die Henne oder das Ei? Wir alle kennen diese berühmte Frage, die hier – übertragen auf den Tanzwettbewerb – die Frage nach der Vorrangstellung von höchstem Bewusstsein oder höchster Kraft ist. Wir wissen auch, dass es sich um eine dieser seltsamen Fragen handelt, die kaum zu beantworten sind, weil beide Aspekte in einem so engen Zusammenhang stehen, dass der Ursprung sofort zur Wirkung und die Wirkung sofort wieder zum Ursprung führt. Und so tanzen Shiva und

Kali höchst symbolisch abwechselnd in die sie einhüllende Nacht hinein – in jenen Zustand also, in dem eine eindeutige Antwort nicht mehr gesehen werden kann. Die beiden wettstreitenden Tanzpartner repräsentieren dabei nicht nur das göttliche Bewusstsein und seine Kraft, sondern auch zwei entgegengesetzte Richtungen der indischen Spiritualität. So tanzt Shiva-Nataraja sinnbildlich für das vedantische Wissen, das sich gänzlich auf den Ishvara-Aspekt des Göttlichen bezieht. Ziel seiner Erkenntniswege ist allein das Aufgehen in Brahman, das jenseits der vergänglichen Formen der Welt und des eigenen Geistes im Zurücktreten von der Weltnatur realisiert wird. Kali dagegen steht für die tantrische Tradition, die den Shakti-Aspekt betont und ihren Erfahrungsweg mit der Göttlichen Mutter geht. Ihr Ziel ist, unter Einbeziehung der Welt-Natur zum wahren Genuss ihrer Macht und zur höchsten Verwirklichung zu gelangen. Doch gewinnt keiner der beiden Tänzer den Tanzwettbewerb durch eine klar erkennbare Überlegenheit, denn im spirituellen Leben gibt es keine Vormachtstellungen. Alle Wege und Methoden haben ihren Wert, und alle haben wichtige Elemente zum Mosaik der spirituellen Entwicklung beigetragen. Und im Grunde sind an der Suche nach der höchsten Wirklichkeit immer beide Aspekte, *Er* und *Sie*, beteiligt – so wie Nataraja sein eigenes Wesen und das seiner Shakti in seiner kraftvollen, statisch-dynamischen Gestalt vereint. Als Shiva die Entscheidung schließlich mit einer List herausfordert, tritt Shakti zurück und überlässt ihm den Sieg, da sie ihr größtes und sorgsam gehütetes Geheimnis nicht preisgeben will – das große Rätsel vom Ursprung der Welt, das die Seher aller spirituellen Traditionen und alle Wissenschaftler nicht lösen konnten und das noch immer unerkannt im Dunkel des Anfangs liegt. Wie geschieht der Übergang vom Transzendenten zum Immanenten? Wie wird die überkosmische zur kosmischen Realität? Was geschieht wirklich im Geburtskanal der Shakti, wenn sie die Welten gebiert? Wie beginnt Shivas königlicher Weltentanz? Auch wenn die Weisheit Indiens viele nachvollziehbare Konzepte dazu entwickelt hat, bleibt die Antwort auf diese Fragen alleine *Ihm*, dem einzigen Zeugen der kosmischen Geburtsstunde überlassen.

Kali und die tausend Tode zur Seligkeit

Auf jedem Entwicklungsweg müssen Komponenten im Menschen bezwungen oder verändert werden, damit eine Annäherung an das Wesentliche stattfinden kann. Das innere Wachstum ist Kalis Weg der tausend kleinen Tode. Wer so bleiben will, wie er ist, kann keine spirituelle Entfaltung erfahren. Jede Veränderung aber ist gleichzeitig auch ein Abschied oder ein kleiner Tod, der im dynamischen Fluss der Kali-Zeit geschieht. Zerstörung ist damit ein schöpferischer Prozess, der den Fortschritt des spirituellen Weges durch das Beiseiteräumen aller hinderlichen Komponenten sichert.

Am Ende des spirituellen Weges ist Kali auch die große Verschlingerin von Kala, der Zeit. So führt sie als Energie, die im Fluss der Zeit für Auflösung sorgt, in letzter Konsequenz in einen Seinszustand, in dem sich Raum, Zeit und Kausalität spurlos auflösen. Hier wird Kali zu Shivaratri, zur „dunklen Nacht Shivas". Dieser Zustand ist wie ein Nichts, das die Macht hat, alle äußeren Komponenten des Universums zu absorbieren. Um diesem Schritt einen sichtbaren Ausdruck zu verleihen, wird Kali schwarz oder dunkelhäutig dargestellt. In diesem Zusammenhang ist es wichtig zu verstehen, dass sie auch dann keinen radikal auslöschenden Aspekt repräsentiert. Denn wenn sämtliche Formen und Energien des Kosmos annulliert sind, existiert immer noch das ewige Brahman, in dem neben absolutem Sein und größtmöglichem Bewusstsein auch der Aspekt der höchsten Freude enthalten ist. In diesem Sinne stellt die von allem Weltlichen entkleidete, dunkle Kali eines der größten Symbole für das Ananda, die reine, transzendente Seligkeit des Brahman, dar.

Kali und Krishna – das geheime Paar

„Wie soll der zu Krishna gelangen, der niemals Kali verehrt hat?“[43]

Sri Aurobindo

Die Gottheit, die das göttliche Entzücken des Ananda wie kein anderer Aspekt des Hindu-Pantheons zum Ausdruck bringt, ist der blauhäutige Flötenspieler Krishna, der zusammen mit Rama als die bedeutendste Inkarnation Vishnus angesehen wird. Er verkörpert die innewohnende, seelische Göttlichkeit und die unwiderstehliche Macht der höchsten Liebe, der sich die menschliche Einzelseele ohne Vorbehalte und unbeeinflusst von den Bindungen des gegenwärtigen Lebensgefüges überlässt. Unzählige Mythen und Legenden ranken sich um sein Leben. Die bedeutende Lehrschrift der Bhagavadgita hat in ihm seinen Ursprung und erklärt ihn zum göttlichen Wagenlenker auf dem Schlachtfeld des Lebens. Seine Jugend wird als eine Zeit beschrieben, in der er der Geliebte der Gopis ist, der (verheirateten!) Hirtenfrauen, die vom betörenden Klang seiner Flöte zu ihm gerufen werden (siehe Abb. 11 im Bildteil).

Der blaue Krishna ist es auch, der die höchste göttliche Freude in das menschliche Leben trägt. Dieses Ananda kann das Leben jedoch erst dann erfüllen, wenn sich die Turbulenzen des egobestimmten Daseins gelegt haben. Die dunkle Göttin Kali ist die Kraft, die auf dem Weg dorthin die notwendigen „Begradigungen" vornimmt und, wenn erforderlich, die „inneren Knoten" mit einschlagender Macht durchtrennt, ein Prozess, der ohne Zweifel sehr effektiv ist, aber auch ein gewisses Maß an Schockwirkung mit sich bringt. *„Kali ist Krishna"*, erläutert Sri Aurobindo, *„enthüllt als schreckliche Macht und furchtbare Liebe. Sie erschlägt mit ihren grimmigen Hieben das Selbst in Körper, Leben und Geist, um es als ewigen Spirit zu befreien."*[44]

Das verborgene Zusammenspiel von Kali und Krishna nimmt auf der Weltenbühne noch weitreichendere Dimensionen als im individuellen Leben an. So fließt der Kali-Aspekt in das Prinzip des schrecklichen Zeitgeistes ein, als der sich der sonst so sanfte Krishna (in der Bhagavadgita) dem Helden Arjuna offenbart, der vor einer wichtigen Entscheidungsschlacht von moralischen Bedenken geplagt wird. Das zugrundeliegende Thema ist die Problematik einer großen Zeitenwende, die durch das göttliche Bewusstsein bereits entschieden, aber auf der Weltenbühne noch nicht zur Ausführung gebracht ist. In der unerbittlichen Form des Zeitgeistes repräsentiert Krishna das Bewusstsein von dem, was dem göttlichen Willen entsprechend durch die äußeren Ereignisse ausgearbeitet werden muss. Krishna steht damit für die göttliche Intention in der Zeit, die den weltzeitlichen Umbruch durch einen unvermeidbaren Krieg gestaltet. Der zermalmende Beschluss des Zeitgeistes und seine schrecklichen Konsequenzen stellen ein eindrückliches Sinnbild für das auf Entwicklung drängende Wirken der Kali-Kraft dar, die Zerstörung als Vorbedingung für einen mächtigen Fortschritt benutzt. In diesem Sinne zerstört Krishna (als Zeitgeist der Bhagavadgita) nicht um der barbarischen Freude an der Zerstörung willen, sondern um in einer zerfallenen und degenerierten Weltenordnung den Weg für eine höhere Wahrheit frei zu machen.

Mutter Kali

Mutter Kali, zornige Tänzerin kommender Schönheit
und treibender Macht,
Schwarze Mutter der Metamorphose,
ich wandere immer noch schlafwandelnd über
die Schlachtfelder deiner Siege.
Geliebte, Verbrennende und leicht Umgangene bist du mir.
Hand in Hand mit dir im Traum töte ich traumhaft leicht
dir widerstrebende Teile in mir und teile mit dir deinen Ruf,
aber wachend suche ich immer noch nach dem Ort,
an dem das Entkommende weniger schmerzhaft stirbt.

Die Auseinandersetzung mit der eigenen Endlichkeit

Wir müssen Kali-Themen nicht lieben, aber wir sollten anerkennen, dass es sie gibt, und uns nicht so verhalten, als ob diese unausweichlichen Aspekte des Lebens nicht existieren. Leben im Kontakt mit Kali heißt, die Zeit von beiden Seiten zu umarmen und den ewigen Kreislauf des Daseins in seiner Ganzheit zu würdigen. Mit ihren Augen erblicken wir, dass in der Winzigkeit des Samens schon der mächtige Baum verborgen ist, der aus ihm hervorgeht, und sich mit jedem Stück Holz, das in unserem Kamin so heimelig brennt, der gesamte Lebensweg eines Baumes als Wärme verschenkt.

Der Blick auf Kali ist immer auch der Blick auf die unausweichliche Tatsache der eigenen Endlichkeit. Die Augen vor Kali zu verschließen, kommt der Unfähigkeit gleich, sich im Leben mit der Tatsache des eigenen Todes vertraut zu machen und diesen als Teil eines größeren Zyklus und als Voraussetzung für die weitere Entwicklung der Seele zu verstehen.

Im Mahabharata wird eine Episode geschildert, die beschreibt, dass die fünf Pandava-Brüder auf ihrer Wanderung im Exil nacheinander zu einem See kommen und am Ufer niederknien, um ihren Durst zu stillen. Da erschallt aus dem See eine Stimme, die sie auffordert, innezuhalten und zuerst einige Fragen zu beantworten. Durstig wie sie sind, negiert einer nach dem anderen die Aufforderung. Doch als das erste Wasser ihre Lippen benetzt, sinken sie tot zu Boden. Yudishthira, der älteste der Brüder, trifft zuletzt am See ein und sieht verwundert seine toten Brüder am Ufer liegen. Aber auch er ist durstig und beugt sich sofort zum Wasser nieder, um zu trinken. Da erschallt ein weiteres Mal die Stimme aus dem See und fordert ihn zur Beantwortung ihrer Fragen auf. Yudishthira beherrscht sich, steht auf und antwortet geduldig und mit großer Weisheit auf alle Fragen. Die letzte Frage, die ihm gestellt wird, lautet: „Was ist das größte Geheimnis?“ Yudishthira zögert nicht eine Sekunde und sagt: „Das größte Geheimnis besteht darin, dass alle Menschen wissen, dass sie sterben werden, und doch verhalten sich alle so, als würde es nie geschehen.“ Ein großer Verdrängungsmechanismus liegt also über den Kali-Themen. Es betrifft zum Glück immer die anderen, selbst ist man ja Gott sei Dank nicht betroffen, nicht von Krankheit, nicht von Kriegen, nicht von Leiden, nicht vom Tod. Bis es dann so weit ist, und sie das eigene Leben berühren. Kali macht darauf aufmerksam, dass wir lernen müssen, schon im Leben zu sterben und das Leid zu überwinden, damit wir im weltlichen Dasein die Ewigkeit spüren – und auf den Tod und Veränderungen vorbereitet sind. (Yudishthiras Brüder werden übrigens alle wieder zum Leben erweckt.)

Die Mahavidhyas – Weisheitsgöttinnen der Shakti-Tradition

Im Tantrismus gilt die Shakti-Verehrung als Vidhya, höchste Weisheit. Aus diesem Grund werden die zehn Weisheitsgöttinnen der tantrischen Tradition Mahavidhyas genannt („Maha" bedeutet groß und „Vidhya" Weisheit). In ihrer Gesamtheit präsentieren sie einen durch tantrisches Denken geprägten Themenkreis, dessen einzelne Aspekte unterschiedliche Zugangsmöglichkeiten zur Welt der Shakti-Erfahrung bieten. Die dunkle Göttin Kali eröffnet den Kreis der Mahavidhyas, und alle anderen Weisheitsgöttinnen werden als ihre Ausfächerungen betrachtet. Eine mythologische Episode beschreibt, warum die Shakti sich in den Formen der Mahavidhyas manifestierte.

Es geschah zu der Zeit, als Shiva mit Sati, der ersten Verkörperung seiner Shakti, verheiratet war. Die beiden lebten glücklich miteinander, bis Sati eines Tages von jenem beklagenswerten Opferritual ihres Vaters erfuhr, zu dem sie und ihr Gemahl nicht eingeladen waren. Als sie zornentbrannt zu ihrem Vater reisen und ihn zur Rede stellen wollte, erklärte ihr Shiva auf seine gelassene Art, dass dies gar nicht nötig sei. Denn weil Daksha *Ihn* und nicht *Sie* mit der unterlassenen Einladung demütigen wolle, würde das Ritual ohnehin nicht zu einem glücklichen Ende kommen. Also könne sie auch gleich daheim bleiben und sich den langen Weg sparen. Bei diesen Worten flammte ihr heißblütiges Temperament erst so richtig auf. In ihrem Unmut fühlte sich auch von ihrem Gatten nicht ernst genommen und wollte umgehend mit dem ihr zustehenden Respekt behandelt werden. Um Shiva an das ganze Ausmaß ihrer göttlichen Muttermacht zu erinnern, nahm sie eine Reihe von unterschiedlichen Shakti-Formen an. So gewaltig war die Energie, die von ihnen ausging, dass das Universum sie kaum ertragen konnte. Der kosmische Raum expandierte ins Unermessliche, die Sterne erzitterten auf ihrer Bahn, die Feuer loderten zum Himmel und die Winde wurden schwach beim Anblick ihrer vielfältigen Gegenwart. Selbst Shiva konnte sich der Furcht des Universums nicht entziehen und versuchte eingeschüchtert, dem gewaltigen Übermaß an Shakti-Kraft zu entfliehen. Doch in welche Richtung er sich auch wandte, überall stand ihm eine von Satis Erscheinungen im Weg und hinderte ihn an der Flucht. Schließlich musste er eingestehen, dass es keinen Ort gab, an dem er der machtvollen Fülle ihrer majestätischen Göttlichkeit entkommen konnte, und er akzeptierte ehrerbietig ihren Willen.

Den Mahavidhyas kommt in der tantrischen Praxis eine besondere Bedeutung zu, da sie Aspekte darstellen, die den inneren Transformationsprozess beschleunigen und intensivieren. Jede dieser Shaktis repräsentiert eine spezielle Facette der Kali-Kraft, die im Leben des Praktizierenden aktiviert werden kann. Jede Göttin ist somit „ein Weg in sich selbst“ und besitzt ihre eigene Qualität und ihren eigenen Namen. Die Schlüsselbegriffe der Mahavidhyas sind Zeit, Weisheit, Bewusstsein, Raum, Energie, Leere, Wahrnehmung, Innehalten, Ausdruckskraft und Schönheit. Praktizierende mögen sich ihr Leben lang auf nur einen einzigen dieser Aspekte beziehen oder den situativen Bedürfnissen und jeweiligen Momenten ihrer Entwicklung entsprechend von Mahavidhya zu Mahavidhya „wandern".

Chinnamasta und Dhumavati – Kalis Extreme

Die Weisheitsgöttinnen Chinnamasta und Dhumavati zählen zu den extremsten Shakti-Aspekten, die die indische Kultur zum Erfassen transformativer Prozesse hervorgebracht hat. Besonders die bildhafte Darstellung der Chinnamasta ist von solch vehementer Wirkung, dass sie ein eingängiges Beispiel abgibt für den grenzwertigen Aspekt der tantrischen Kunst, die darauf abzielt, gewohnte Denk- und Konditionierungsmuster mittels Schockwirkung „aufzubrechen". Sie regt Erschrecken und Faszination gleichermaßen an und rührt mit ihrer archetypischen Kraft an tiefe psychologische Strukturen. Chinnamasta steht unbekleidet auf den ebenfalls nackten Körpern eines Liebespaares, das in inniger sexueller Umarmung auf dem Boden liegt (siehe Abb. 12 im Bildteil). Sie trägt eine lange Kette aus abgeschlagenen Köpfen, schwingt ein hocherhobenes, bluttriefendes Schwert und präsentiert auf der Handfläche ihren eigenen abgeschlagenen Kopf. Aus ihrem schlangenumwundenen Halsstumpf strömen in hohem Bogen drei kraftvolle Strahlen Blut, von denen der mittlere in den offenen Mund ihres abgeschlagenen Kopfes fließt. Die beiden anderen Blutstrahlen fließen in die Münder von zwei weiblichen Begleiterinnen, die der Göttin zur Seite stehen.

Chinnamasta ist die energiereichste und intensivste Form der Shakti, eine einschlagende Kraft des Blitzes, pure Elektrizität, die das Denken ausschaltet und das Bewusstsein in eine „kopflose" Erfahrung katapultiert. Ihre Weisheit repräsentiert den blitzartigen Übergang in ein Bewusstsein jenseits des Denkens, das gewaltsame Aufbrechen der Schranke, die zwischen Unwissenheit und Weisheit liegt, und die freie Weite des überbewussten, transzendenten Seins. Voraussetzung für ihr Wirken ist die zum Kronenchakra aufgestiegene Kundalini-Kraft. Chinnamastas Schlüsselwort ist Wahrnehmung, und mit ihrer kopflosen Gestalt wird unmissverständlich zum Ausdruck gebracht, dass es sich hierbei um die Gewahrwerdung einer Wirklichkeit handelt, die jenseits der Grenzen unseres Mentalbewusstseins liegt. Diese Höhen der tantrischen Erfahrung sind nur möglich, wenn der Kopf „zur Seite gelegt" wird und das Blut, welches dynamische Lebenskraft und Kundalini-Energie symbolisiert, frei nach oben aufsteigen kann.

Dhumavati wird als eine alte, hagere Frau gezeigt, die in den weißen, schmucklosen Sari einer Witwe gehüllt ist und von einem riesigen Schwarm schwarzer Krähen begleitet wird. Sie sitzt unter einem Baldachin auf einem hölzernen Wagen, der mit dem Emblem einer Krähe gekennzeichnet ist. Ihr Gesicht ist verhärmt und faltig, ihr Haar ungepflegt und verfilzt, ihre Kleidung unsauber und zerrissen, ihre Brüste hängen heraus, in ihrem Mund fehlen etliche Zähne und ihre Gliedmaßen wirken abgearbeitet und verformt. Ihre linke Hand ruht auf einem geflochtenen Korb, ihre rechte Hand ist zum Chin-Mudra, der Handgeste der Wissensvermittlung, erhoben.

In vergleichbarem Ausmaß, wie Chinnamastas Energie einen extremen Aufstieg bewirkt, führt Dhumavati tief in das Dunkel des Lebens herab. Sie ist die Witwe unter den Weisheitsgöttinnen, Shakti ohne Shiva, verkrüppelt, verkrümmt, streitsüchtig, problembeladen, verhärmt und versunken im Chaos des Schmerzes und der Orientierungslosigkeit. Ihre Erscheinung verkörpert Ablehnung und Verneinung, Armut und Leiden, Unglück, Furcht, Mittellosigkeit, Niederlage, Verlust und Missgeschick. Ihre negative Kraft zwingt dazu, auf der inneren Ebene eine Erfahrung zu suchen, die die äußere Ebene nicht gewährt. Dhumavatis Weisheit fordert Befreiung von jeder Anhaftung, Entfaltung der inneren Wirklichkeit und ein Wissen, das aus harter Erfahrung geboren wird. Sie will die innere Essenz von der vordergründigen Illusion trennen, durch den äußeren Anschein in die innere Wahrheit blicken, das Ablegen unreifer Wünsche und Vorstellungen bewirken und zur Erweckung des schlafenden Potenzials führen. Als Glücksgöttin im Gewand der Unglücksbotin enthüllt sie die Unvollkommenheiten der egobezogenen Existenz. Leben im Kontakt mit Dhumavati erkennt die Macht des Leidens und die Herausforderung des Schmerzes an. Es sieht schwierige Lebensphasen als Gelegenheit, um in Kontakt mit dem Wesentlichen zu gelangen, und besteht auf dem Annehmen der dem Leiden innewohnenden Lehre, um diese als Sieg für die Seele zu erfahren. In diesem Sinne symbolisiert Dhumavati den Fortschritt, der aus dem Entwicklungsdruck der schwierigen Umstände entsteht. Dhumavatis Schlüsselwort ist Leere. Als einzige Shakti ohne männlichen Gegenpart symbolisiert sie vollständige Unbewusstheit, den Zustand, in dem jeder Kontakt mit dem innewohnenden Bewusstseinslicht unterbunden ist. Auf die höhere Ebene transformiert, wird Leere zur Abwesenheit formhafter Erscheinung. In diesem Sinne fordert Dhumavatis Kraft die Transzendierung der kosmischen Realität als Voraussetzung, damit die höchste Wirklichkeit, das Brahman, aufleuchten kann.

VON DER SHAKTI IN DEN GÖTTINNEN INDIENS

Im religiösen und spirituellen Kontext des Hinduismus wird die Göttliche Mutter vor allem in den Formen der drei großen Hauptgöttinnen verehrt. Dazu zählen Sarasvati, Göttin der Weisheit und Künste, Lakshmi, Göttin der Harmonie und Liebe, und Parvati, Göttin des Bewusstseins und der Transformation. Sie sind die Shakti-Kräfte der Trimurti, der hinduistischen Trinität, die aus den Gottheiten Brahma (dem Schöpfer), Vishnu (dem Erhalter) und Shiva (dem Zerstörer) besteht und die grundlegende Unterteilung des Ishvara darstellt. Sarasvati ist Brahma zugeordnet, Lakshmi ist Vishnus Gemahlin, und Parvati ist die Gefährtin von Shiva. Andere Shaktis sind in der Regel Teilaspekte dieser Göttinnen, wie Durga und Kali etwa durchschlagende Qualitäten der Parvati-Kraft zum Ausdruck bringen oder Sita dem Weltenerhalter Vishnu in seiner Rama-Inkarnation als eine Verkörperung der Lakshmi zur Seite steht. Als Shakti verehrt werden auch die Erdgöttin Bhuma Devi, eine Reihe von Flussgottheiten und die zahlreichen lokalen Dorfgöttinnen Indiens. Selbst Vishnu nimmt in einer seiner Manifestationen als unwiderstehliche Verführerin Mohini eine weibliche Gestalt an. Obwohl die Shakti, wie wir am Beispiel von Shiva und Shakti betrachtet haben, immer in Kontakt mit ihrem männlichen Gegenpart steht, bleibt in der weiteren Betrachtung der Fokus vorwiegend auf die Göttin gerichtet. Die hinduistische Götterwelt gestaltet sich derart vielschichtig, dass es im Rahmen dieser Einführung unmöglich ist, sämtliche Facetten der Shakti aufzuzeigen, und somit noch viel Raum für individuelle Entdeckungen bleibt.

Sarasvati – die Verkörperung der Weisheit

„O beste Mutter, bester Strom, beste Göttin, Sarasvati! Sobald wir ohne Ausdruckskraft sind, schaffe für uns Ausdruck, Mutter!“[45]

Rig Veda, II. 41. 16

Eine der bedeutendsten Göttinnen Indiens ist Sarasvati, auch wenn sie eher selten in den mythologischen Erzählungen in Erscheinung tritt und auch in Tempelstätten kaum verehrt wird. Sie ist die weibliche Energie des Weltenschöpfers Brahma, der in seiner vierköpfigen Gestalt alle grundlegenden Ordnungsprinzipien der hinduistischen Kultur vereint. Dem Ursprung nach ist Sarasvati, deren Name „die Fließende“ bedeutet, eine Flussgottheit. Sie gilt als Göttin der Sprache, Weisheit, Gelehrsamkeit, Bildung, künstlerischen Gestaltungskraft und kreativen Intelligenz und wird als Schutzherrin der Künste, der Musik, der Wissenschaften, der Literatur und des Handwerks verehrt. Der Klang ihrer lautenähnlichen Vina gilt als Quelle der indischen Musik. Sarasvati ist die reine, unvermischte Essenz von Kunst und Wissen, die inspirierende Quelle, aus der alles künstlerische oder bildende Schaffen seine Kreativität bezieht (siehe Abb. 13 im Bildteil). In ihr lebt ein hohes ästhetisches Empfinden und die erfüllende Freude, die aus dem schöpferischen Tun entspringt. Während ihr Gemahl Brahma das schöpferische Grundprinzip verkörpert, repräsentiert ihre Kraft die sich verströmende Seligkeit des kreativen Schaffens und den freien Fluss der Inspiration.

Sarasvati wird als eine strahlende Erscheinung dargestellt, ein Wesen von unnahbarer Anmut und reiner

Ausstrahlung, meist gekleidet in einen makellos weißen Sari, auf einer weißen Lotusblüte thronend, geschmückt mit weißen Blumen und gesalbt mit wohlriechender Sandelpaste. Die weiße Farbe symbolisiert, dass Sarasvati die Dunkelheit der Unwissenheit durch das reine Licht des Wissens erhellt und den Menschen in der Ausübung von Kunst und Gelehrsamkeit über seine Schattenseiten und Unvollkommenheiten hinausheben kann. Sarasvatis Tiere sind der Pfau und der Schwan. Der Pfau symbolisiert die Kraft des Sieges. Der Schwan steht für die essenzielle Wahrheit der Seele und ist der Mythologie zufolge ein Tier, das aus einem Gemisch von Wasser und Milch nur die Milch heraustrinken kann. Dieses Sinnbild verweist auf die spirituelle Unterscheidungskraft (Viveka), ohne die das höhere Wissen nicht erreicht werden kann.

Wie viele Hindu-Gottheiten wird auch Sarasvati mit vier Armen abgebildet. Sie halten die bereits erwähnte Vina, eine Gebetskette, ein Bündel Palmblätter und manchmal ein Wassergefäß. Das Palmblattbündel symbolisiert alle Bereiche des weltlichen und spirituellen Wissens. Die Vina weist darauf hin, dass Meisterschaft im künstlerischen Ausdruck von Intelligenz, Talent und ständiger Übung abhängig ist. Das Wassergefäß repräsentiert den Aspekt des Opfers, der im hinduistischen Denken von zentraler Bedeutung ist. Während das Wort „Opfer" im westlichen Kulturkreis leicht einen negativen Beigeschmack besitzt und im Sinne von Schmälerung, Verzicht oder Einbuße benutzt wird, bedeutet es im hinduistischen Verständnis eher die Mehrung und Erfüllung des eigenen Potenzials durch positive Selbstdarbringung an das Höhere. So gibt sich der Künstler ganz an seine Kunst, der Wissenschaftler an die Wissenschaft und der spirituell Suchende an das Göttliche. Der Opfergedanke beschreibt zudem das Prinzip der konzentrierten, inneren Ausrichtung. Wer sein Wissen in weltlicher oder spiritueller Hinsicht mehren will, muss im Leben gezielt Prioritäten setzen, was einen Verzicht auf viele Dinge beinhaltet, die damit nicht kompatibel sind.

Die Gebetskette, Mala, die in der spirituellen Praxis zum Abzählen von Mantras benutzt wird, steht für den schöpferischen Aspekt, der im Fluss der Zeit verborgen liegt. Jede kreative Tätigkeit, jeder Lernprozess und jeder Wissenserwerb ist eng mit einer Entfaltung im Zeitgeschehen verbunden. Wir können nicht erwarten, über Nacht in den Besitz eines umfangreichen Wissens zu gelangen oder künstlerische Fähigkeiten im Schnellverfahren zu erwerben. Wer sich in dieser Hinsicht entwickeln will, muss sich die Zeit zur Freundin machen. Denn ob wir eine Sprache erlernen, Medizin studieren oder ein Musikinstrument meistern möchten, immer gilt, dass wir die Vollkommenheit in unseren Fähigkeiten erst am Ende eines langen und manchmal auch mühsamen Weges erreichen, auf dem unser Können durch ständige Ausrichtung und beharrliches Üben zur Reife gelangt. Auch unser spirituelles Wissen wird erst in Verbindung mit dem Zeitfaktor zur Blüte gebracht.

Wie jede indische Gottheit wird Sarasvati mit einer Fülle von Namen bezeichnet, die verschiedene Aspekte ihres Wesens betonen. So heißt sie Sarada („die Wesentliches gibt"), Vagishvari („Herrin der Sprache") und Brahmi („Gefährtin Brahmas"). Sie ist auch Vak, das göttliche Wort, das als die erste Erscheinungsform der Göttlichen Mutter angesehen wird. In der Mythologie wird beschrieben, dass Vak sich mit Prajapati-Brahma, dem Urvater der Schöpfer, vereinte. Sie wurde schwanger und entfernte sich von ihm, um alle Dinge und Wesen zu gebären. Danach kehrte sie zu ihm zurück.

Das göttliche Wort ist der Urklang, und jeder Ton, der daraus hervorgeht, ist eine Schwingung, die untrennbar mit dem schöpferischen Willen des Höchsten verbunden ist. In vibrierenden Klangkörpern verdichtet Vak die Unendlichkeit des Absoluten zu einer Vielzahl von abgegrenzten Manifestationen, und seine unzähligen Möglichkeiten nehmen Gestalt an. Als Vak verkörpert Sarasvati auch das Geheimnis des Mantras, das machtvolle Schwingungsgrade des göttlichen Potenzials zum Ausdruck bringt. Sie repräsentiert das Urmantra der Schöpfung, den heiligen Laut Om, der die universelle Gegenwart des Höchsten darstellt.

Als Herrin des göttlichen Wortes herrscht Sarasvati auch über die sprachliche Ausdruckskraft und die Kommunikationsfähigkeit. Sie ist die Göttin der Dichtung, Literatur, Rede und Wortkraft und die erleuchtende Kraft des Intellekts, die im gesprochenen oder geschriebenen Wort zum Ausdruck kommt. Darüber hinaus symbolisiert sie die Fähigkeit zum intuitiven Erfassen höherer Wirklichkeiten, die hinter jeder intellektuellen oder künstlerischen Tätigkeit steht. Es heißt, dass die altindische Hochsprache Sanskrit und die Schriften der Veden aus Sarasvatis Mund geboren wurden. Sanskrit gilt in der hinduistischen Tradition als die heiligste aller Sprachen, da sie allein über ihren Klang eine Anbindung an höhere Bewusstseinsebenen ermöglicht. Es ist die Sprache der vedischen Hymnen, der machtvollen Mantras, des höheren Wissens, der heiligen Rituale und der traditionellen Lehrschriften.

Sarasvati wird in der Mythologie als Persönlichkeit mit zwei konträren Charaktereigenschaften beschrieben. Einerseits scheint sie von den „normalen“ Problemfeldern des Lebens unberührt zu bleiben und geradezu über dem „Normal-Menschlichen“ zu schweben. Da die Belange des Alltagslebens nicht der Ebene ihrer verfeinerten Energie entsprechen, nimmt sie an ihnen auch keinen Anteil, denn nur so kann sie das Beste repräsentieren, was Kunst und Wissen dem Menschen zu bieten haben. Ihre Abstand bewahrende Art bedeutet jedoch keinesfalls, dass sie ein saft- und kraftloses Wesen wäre, das sich bei Beleidigungen und Demütigungen nicht zur Wehr zu setzen weiß. Sie ist durchaus zur Konfrontation und zum Beziehen eines eigenen Standpunkts bereit. Es heißt, dass selbst die Götter sich dann vor ihrer scharfen Zunge und ihren Flüchen fürchten, deren Wirkung unvermeidbar ist, weil sie als Herrin der Sprache eine unmittelbare Macht über das gesprochene Wort besitzt.

Um ihre unverhaftete Freiheit zu betonen, zeichnet die indische Mythologie manchmal ein drastisches Bild von Sarasvatis äußeren Lebensumständen. So gilt sie als Tochter und zugleich als Gattin des Schöpfergottes, was ein recht unmoralischer Tatbestand ist, den selbst ihre Mitgötter kritisieren. In einer Legende wird berichtet, dass sie sich in aller Öffentlichkeit den unziemlichen und leidenschaftlichen Nachstellungen ihres Vater-Gatten entziehen muss. Selbst als Brahma sie zeitweise an Vishnu und sogar an Shiva abtritt, der ihr eine respektvolle Behandlung verweigert, wird sie davon nicht aus der Bahn geworfen. Als Tochter begehrt, als Gattin gedemütigt oder verstoßen, scheint sie kein leichtes Los zu tragen. Nur scheint das aus ihrer Perspektive weniger dramatisch zu sein, da sie die Identifizierung mit diesen Rollen auf den Ebenen ihrer Kunst relativiert.

Wer Sarasvati in tiefer Hingabe zugewandt ist, steigt zu ihr auf eine karge Bergspitze, um in der klaren Atmosphäre ihrer hohen Gegenwart eine kreative Weite zu erlangen, die in den Tälern des durchschnittlichen Daseins nicht erfahren werden kann. Sarasvatis Kraft gewährt große Fähigkeiten, die eine vollkommenere Erfüllung schenken als viele andere Errungenschaften des Lebens. Doch der Preis, der für die Horizonte des höheren Wissens und die Ekstase der künstlerischen Leidenschaft zu entrichten ist, beinhaltet das Verblassen gewöhnlicher Interessen. In diesem Zusammenhang verkörpert die Göttin der Weisheit eine große Transformationskraft. Die Konzentration bleibt ständig auf die Vervollkommnung gerichtet, und der Mensch gelangt in Bereiche, die den meisten seiner Mitmenschen verschlossen bleiben. Auf diesen höheren Stufen ihres hohen Wissens schenkt die Göttin Erfolg und Einsamkeit zugleich.

Mythologie: Wie die Musik in der Welt erwachte

Zum Ausklang eines heißen indischen Tages saßen Parvati und Sarasvati müßig im Schatten eines Ashvatta-Baumes beisammen und spürten gemeinsam den verschlungenen Pfaden der Unendlichkeit nach. Als sich der Nachmittag langsam dem Abend zuneigte und aus einem nahegelegenen Tempel die Andachtsglocke herüberklang, ergriff die erhabene Sarasvati das Wort und vertraute der Freundin im Klang ihrer melodischen Stimme, die sich wie eine Raga in die heilige Stimmung der frühen Abendstunde flocht, ein lange gehütetes Geheimnis an.

„Du weißt, meine Schwester, dass ich in meiner kreativen Kraft die Herrin der Künste bin, wozu ja auch die Musik gehört, die wir in diesem Land besonders innig verehren. Ich selbst werde oft mit der Vina in meinen Armen dargestellt, der Laute des göttlichen Tons. Wisse, dass sie mir dein Gemahl, der große Shiva, selbst in den Schoß gelegt hat, damit ich ihr die edelsten aller Weltenklänge entlocke. Dadurch kamen wir uns nah, denn wer das Wesen der Vina wahrhaftig versteht, erfasst auch die tiefe Freude des unnahbaren Gottes. Lass dir erzählen, wie es dazu kam.

Meine Geschichte ereignete sich, kurz nachdem mein Gatte die Musik aus seinem göttlichen Haupt in die Welt geboren hatte, aber sie lag noch reglos im tiefen Dunkel der Zeit. Bis dein göttlicher Gefährte, o Parvati, dich eines Abends schlafend vorfand. Nie hatte er dich vollkommener gesehen als in deinem Schlaf. Der Anblick deiner ebenmäßigen Gestalt mit ihren schlanken Gliedern und anmutigen Rundungen erweckte in ihm eine unbeschreibliche Seligkeit; und es erhob sich in ihm der Wunsch, die gesamte Schöpfung an seiner Freude, die sich nicht in Worten ausdrücken ließ, teilhaben zu lassen. Er sann über ein Geschenk nach, eine Gabe seines Entzückens, die nicht nur die Gottheiten, sondern auch die Sterblichen in höhere Dimensionen entführt. Und so schuf er nach dem Bild deiner weiblichen Vollkommenheit ein Instrument, das die Macht besitzt, in seinem Klang das Ausmaß seiner Liebe zu dir in die Welt zu tragen. Das ist die Vina, o Parvati, die hier auf meinem Schoß ruht. Sie ist dein Wesen und deine Schönheit, sie ist wie du, meine Schwester. Ihr wohlgeformter Resonanzkörper sind deine Brüste, ihr langer Hals ist dein anmutiger Arm und ihre schimmernden Bünde deine silbernen Armreifen. Sie ist das Abbild deiner unsterblichen Schönheit. Jeder, der sie hört, wenn sie in Ekstase erbebt, spürt das Feuer von Shivas unendlicher Liebe zu dir, das die Grenzen zwischen Natur und Seele verbrennt. Sie besitzt den geheimen Ton, in dem das Männlich-Weibliche sich gegenseitig aufnimmt und zu einer Einheit verschmilzt; sie hat den Klang, der so allumfassend und doch so transparent ist, dass man durch ihn hindurch die Stille des Ursprungs hört. Das erste Musikinstrument war erschaffen, doch niemand vermochte ihm jenen alles umarmenden Ton zu entlocken, den der große Shiva in seinem Liebesentzücken gehört hatte. Jemand musste es lernen, und Shivas Wahl fiel auf mich. Mir, o Parvati, gab er die Vina – das Abbild der Welt, die du bist – in die Hände, damit ich eure Liebe durch meine Kunst in den reinen Tönen der Musik erklingen lasse. Er wusste genau, dass nur ich der göttlichen Laute ihr verborgenes Geheimnis entlocken konnte, denn ich verkörpere die stets abseits stehende Gestalt der Reinheit, bin die einsame Hüterin der hohen Ideale, die sich nicht mischt mit den verschlungenen Pfaden und dem Lärm der gewöhnlichen Welt. So wurde ich zu seiner Auserkorenen, die im reinen Klang die Brücke bildet zwischen ihm und dir, seinem Spirit und deiner Weltsubstanz. Ich wurde die heilige Matrix, in der eure unvollkommenen Hälften in einem einzigen vibrierenden Ton zusammenfinden.

Wer die Reinheit erfassen will, muss sich erheben und emporsteigen, denn sie verweilt nicht in den Niederungen des Lebens. Wer das Höchste will, darf sich nicht auf den Irrwegen eines seichten Verlangens verlieren, darf den verlockenden Formen der Welt nicht verhaftet sein, muss sie benutzen wie ein Instrument, ohne selbst von ihnen benutzt zu werden. So übte ich mich darin, emporzustreben und mich völlig der Kunst und in ihr dem Höchsten darzubringen, denn in dem Maße, wie ich mich hingab an den Klang, schenkte sich der Klang mir. Ich verlor mein Selbst an ein Dasein, das die kleinen Genüsse der Sinne nicht kennt und sich allein an der Vollkommenheit des reinen Spirits erfreut. Mein einziges Verlangen war meine bedingungslose Hingabe an die Musik, denn nur so fand mich der reine Klang. Ich vertraute meinem Weg und gab ihm alles, was ich habe und bin. So wurde ich die Göttin der Töne, der Sprache und der Musik, der Ragas und der Raginis, des Tanzes, der heiligen Veden, der Mantras und weisen Worte und der reinen All-Schwingung, in der sich der Ewige in der Welt offenbart.

Als ich, in Ergebung versunken, meine ersten Tonfolgen spielte, eilten die Götter und Menschen herbei. Sie beknieten mich, ihnen meine Musik zu schenken. So reifte ich zur Gottheit der Lehrkunst heran, und meine ersten Schüler wurden die Gandharvas, jene gottgleichen himmlischen Wesen, die den süßen Düften der irdischen Blüten entstiegen waren. Als Entgelt für meine Unterweisung forderte ich von ihnen das mondgleiche Soma zurück, den berauschenden Seligkeitstrank, den sie den Göttern entwendet hatten. Aus dem göttlichen Nektar schöpfend webte ich Tropfen um Tropfen den Glanz des höchsten Entzückens in meine Musik und konnte so Shivas verwandelnde Ekstase in den vibrierenden Klang rufen, bis jede Note gefüllt mit seiner Wonne erzitterte und zur Nahrung der Seele wurde. Und ihr, die ihr als göttliches Paar die ewige Zweiheit in der ewigen Einheit seid, ihr braucht mich, damit die Welt ein wenig von der Reinheit und Macht eurer Liebe erahnt."

Sarasvati verstummte und ließ die Finger leise über die Saiten der kunstvollen Vina gleiten, die wie ein lebendiges Wesen auf ihrem Schoß lag. Für eine Weile noch saßen die beiden Göttinnen, eingehüllt von den zartbebenden Klängen, in einvernehmlichem Schweigen beisammen, während das sanfte Licht des frühen Abendstunde langsam in das stille Dunkel der Nacht überging.

Mythologie: Wie die Göttin Sarasvati zur Erde kam

Eine alte Legende erzählt, dass die Göttinnen Lakshmi, Ganga und Sarasvati vor langer Zeit einmal alle drei mit Vishnu verheiratet waren und mit ihm in seiner himmlischen Heimstatt Vaikuntha lebten. Diese Situation blieb natürlich auf Dauer nicht ohne Spannungen. Eines Tages bemerkte Sarasvati zum wiederholten Male, dass ihr Gemahl viel mehr Zeit mit Ganga verbrachte als mit ihr oder Lakshmi und forderte ihn im Beisein der beiden anderen Göttinnen auf, seine Zuneigung gerecht unter seinen Frauen zu verteilen. Ganga fühlte sich bei diesen Worten ebenfalls angesprochen und wies den Vorwurf energisch zurück, und so entbrannte zwischen ihr und Sarasvati eine hitzige Auseinandersetzung. Vishnu stand daneben und hörte dem Streit der Shaktis eine Weile zu. Dann verlor er jedes Interesse daran und entzog sich der Situation, indem er davonging. Der Streit spitzte sich mehr und mehr zu und wurde schließlich handgreiflich. Die beiden Flussgöttinnen rissen sich gegenseitig in der strömenden Flut an den Haaren und ließen ihre Wasser gewaltig ansteigen, bis sie ungezügelt über die Ufer traten und einander aus ihrem himmlischen Flussbett zwangen. Aufbäumend und wild schäumten ihre zornigen Wassermassen, prallten tosend aufeinander und flossen unversehens ohne jede Kontrolle bis auf die Erde herab, wo sie eine große Überschwemmung anrichteten. Die friedliebende Lakshmi bemühte sich nach Kräften, das Ausmaß der Katastrophe zu mindern. Immer wieder stellte sie sich zwischen die beiden aufgebrachten Flussgöttinnen und redete ihnen zu, sich zu beruhigen. Doch Sarasvati beschuldigte sie in ihrer Wut, dass sie mit ihren Schlichtungsversuchen nur für Ganga Partei ergreifen würde. Und in ihrem aufbrausenden Temperament verfluchte sie die liebliche Lakshmi dazu, ihre himmlische Heimstatt zu verlassen und auf Erden die Gestalt einer Pflanze anzunehmen. Entsetzt über diese Ungerechtigkeit ergriff daraufhin die ebenso unbändige Ganga das Wort und verfügte in ihrem Zorn, dass Sarasvati für eine längere Zeit als Fluss auf die Erde herabkommen solle. Sarasvati setzte dem entgegen, dass Ganga, die Personifikation höchster Reinheit, ebenfalls auf die Erde herabkommen werde, und zwar als ein Fluss, dessen Bestimmung es sei, die Asche der Verstorbenen zum Meer zu tragen.

Als Vishnu etwas später wieder in Vaikuntha eintraf und von den gegenseitigen Verwünschungen erfuhr, erklärte er, dass von seinen drei Frauen nur Lakshmi noch so lange bei ihm bleiben würde, bis es für sie an der Zeit sei, sich aufgrund des Fluches auf der Erde zu verkörpern. Dort würde sie ihm während seiner nächsten Inkarnationen in Gestalt der heiligen Tulsipflanze nahe sein. Ganga und Sarasvati aber sandte er umgehend als Flüsse hinab zur Erde und erklärte ihnen auch den Grund für diesen Entschluss. „In allem, was ihr an Worten von euch gebt, liegt die Shakti-Macht der Verwirklichung. Alles, was ihr aussprecht, muss und wird geschehen. Aber es liegt auch ein Segen in den Worten, zu denen eure aufbrausende und ungezähmte Natur euch verleitet hat, denn es ist euch bestimmt, die irdische Schöpfung mit eurem erhabenen Wesen zu bereichern." Und so brachte Ganga das Symbol von Reinheit und Unsterblichkeit mit sich zur Erde herab, und Sarasvati beschenkte die Welt mit ihrem reichen Wissen.

Betrachtung: Sich der Kraft des eigenen Wortes bewusst sein

In gleicher Weise, wie Sarasvati ihr überschäumendes Temperament manchmal nicht zügeln kann, haben auch wir hin und wieder das Problem, unsere Worte – und erst recht unsere Gedanken – im Zaum zu halten. Worte und Gedanken stellen Formationen dar, denen eine große Manifestationskraft innewohnt. Alles, was wir sagen oder denken, trägt, ebenso wie unsere Emotionen, zu der uns umgebenden Atmosphäre bei und stellt ein Schwingungsfeld unseres Bewusstseins dar, das einen Effekt auf unsere Umgebung ausübt. Jede ausgesandte Frequenz ist „ansteckend", was alle bestätigen können, die schon einmal von guten oder unguten Äußerungen in ihrem Umfeld mitgerissen wurden. In diesem Sinne sind verbale Reaktionen, die uns von unseren Mitmenschen entgegengebracht werden, oftmals ein Spiegel unserer eigenen Bewusstseinsschwingung. Wenn wir uns dessen bewusst sind, kann unser Umgang mit Sprache zu einem wichtigen Übungsfeld für die innere Entwicklung werden. Idealerweise sollte jedes Wort mit Bewusstheit geäußert werden, damit es für uns und andere eine erhebende und nährende Kraft darstellt. Je mehr wir lernen, uns der Macht des Wortes in unserem Leben bewusst zu sein, desto deutlicher werden wir etwas von dem erspüren, was hinter der hörbaren Klangschwingung steht.

Lakshmi – die meergeborene Herrin der Fülle

„Ich grüße die Göttin Mahalakshmi, die Anfanglose und Endlose, die ursprüngliche Energie, die Kraft des höchsten Wesens, die durch Yoga Geburt annahm und eins ist mit der Yoga-Shakti, dieser Mahalakshmi gilt mein Gruß. Ich grüße die Göttin Mahalakshmi, die auf dem Lotussitz thronende, deren Wesen das höchste Brahman ist, die der Höchste Herr und die Mutter des Universums ist, an diese Mahalakshmi geht mein Gruß."

Mahalakshmi Ashtakam Stotram

Lakshmi ist die Gemahlin des Gottes Vishnu und damit die Energie und Mutter aller erhaltenden Prozesse. Sie ist eine Göttin, der die Herzen entgegenwachsen, da sie dem Leben Fülle, Liebe, Harmonie, Überfluss, Reichtum, Glück, Fruchtbarkeit, Gesundheit, Wohlstand, Schönheit, Wachstum und reiche Ernten gewährt. Auch Lakshmi besitzt viele Namen und Attribute. Kamala („schön wie ein Lotus"), Indira („strahlend wie die Sonne"), Padma („Lotusblüte"), Jaladhija („Tochter des Meeres"), Haripriya („Geliebte Vishnus") und Chanchala („die Unbeständige") sind nur einige davon (siehe Abb. 14 im Bildteil). Im vedischen Zeitalter wurde sie bereits unter dem Namen Sri erwähnt. Allerdings war sie in der Frühzeit der indischen Kultur noch nicht mit Vishnu, sondern abwechselnd mit verschiedenen Gottheiten des Veda liiert, dessen Hymnen darauf hinweisen, dass ihre Macht mit Leben spendendem Wasser, Landwirtschaft und den Kräften der Erde in Verbindung gebracht wurde.

Wie ihr Gemahl Vishnu ist Lakshmi eng mit dem Symbol des Wassers verbunden, das verschiedene Zustände und Bewegungen des Bewusstseins symbolisiert. Ihre Wohnstätte ist der unendliche Ozean, in dem sie zusammen mit Vishnu auf den Windungen der riesigen Weltenschlange Ananta residiert. In den Puranas wird geschildert, dass Lakshmi in ihrer ersten Inkarnation als Tochter des Weisen Bhrigu geboren wurde. Der hinduistischen Mythologie zufolge wurde sie ein zweites Mal aus dem Wasser des Ur-Ozeans geboren, als dieser von den Göttern und Dämonen gequirlt wurde, um aus den Fluten das kostbare Amrita, den Trank der Unsterblichkeit, zu gewinnen. Als eine meergeborene Göttin ist sie mit der griechischen Aphrodite vergleichbar.

Lakshmi wird als eine bezaubernd schöne und reich geschmückte Göttin dargestellt, die in einen rosaroten

Sari gehüllt vor einer anmutigen Seelandschaft auf einem Lotus sitzt oder steht. Sie hat vier Arme, von denen die beiden oberen Lotusblüten von der gleichen tiefrosa Farbe halten, in die sie gekleidet ist. Der voll aufgeblühte Lotus symbolisiert die Fülle ihrer göttlichen Macht im Universum. Ihre beiden unteren Hände formen bedeutungsvolle Handgesten (Mudras) für das Gewähren von Segen und Wohlstand. Zu ihren beiden Seiten befinden sich weiße Elefanten, die die Göttin aus bauchigen Krügen mit himmlischem Wasser übergießen. Ihr Reittier ist das mächtige Adlerwesen Garuda. Ein weiteres Begleittier ist die Eule, die Weisheit, Intelligenz und Intuition symbolisiert. Sie gilt auch als Vorbotin eines kommenden Unheils und stellt in diesem Zusammenhang Lakshmis Schwester Alakshmi dar, die Unglücksgöttin der hinduistischen Tradition.

Über ihren Gemahl Vishnu ist Lakshmi in besonderer Weise mit dem Bereich des Lebendigen verbunden. Er nimmt einen irdischen Körper an, um für das Gleichgewicht der Kräfte zu wirken, wenn die Erde durch den Aufschwung der dunklen Mächte bedroht ist. Als seine Shakti ist Lakshmi mit ihm auch in seinen Inkarnationen verbunden, und seinen Verkörperungen als Varaha, Rama und Krishna steht sie zum Beispiel als Varahi, Sita und Rukmini zur Seite.

Die indische Mythologie präsentiert eine Vielzahl an Legenden, die den Status verschiedener Göttinnen – wie Parvati, Durga, Kali und Sarasvati – durch eine Schilderung ihre konkreten Handlungen sichtbar machen. Lakshmi ist in dieser Hinsicht eine Ausnahme, und ihre Rolle auf der universellen Bühne ist nicht sofort offensichtlich. Obwohl das weibliche Element generell die ausführende Kraft darstellt, wird sie nur selten als eine handelnde Instanz gezeigt, weshalb ihr Wesen weniger über äußere Aktivitäten fassbar ist. Es ist (fast) immer ihr

Gemahl, der nach außen sichtbar und aktiv in Erscheinung tritt. Lakshmi personifiziert in seinem Handeln die Summe aller Kräfte und Ressourcen, auf die er bei der Erfüllung seiner Aufgaben zurückgreifen kann, während sie in der Stille seines Herzens anwesend ist und ihn auf diese Art durch alle Umstände und Ereignisse begleitet. Wo immer sein all-durchdringendes und all-erhaltendes Potenzial im Universum aktiv ist, sind es wieder die Zwei-in-Einem, *Er* und *Sie*, die diesmal über Seine Handlungskraft die Welten ordnen und sich ihrer Missstände annehmen. So bleibt die Vishnu-Tradition – ganz im Einklang mit dem vedantischen Ansatz – auf den männlichen Pol, den Ishvara-Aspekt, konzentriert und stellt im schöpferischen Wirken Sein göttliches Bewusstseinslicht (und nicht *Ihre* Kraft) in den Vordergrund.

In den oberen Bereichen der kosmischen Realität ist Lakshmi stets auch ein hoher Aspekt der göttlichen Weltenmutter. Sie repräsentiert ihre Süße, Harmonie, Liebe, Fülle und Seligkeit, die als göttliche Gnade in das Leben strömt, und die auch verborgen in der Tiefe des Herzens lebt, wo sie, wie Mystiker aller Kulturen zu berichten wissen, durch die spirituelle Praxis erfahren werden kann.

Da Lakshmi vor Unvollkommenheit und Disharmonie zurückschreckt, müssen im äußeren Leben zunächst die Voraussetzungen geschaffen werden, unter denen ihre Kraft sich mitteilen kann. Das Wenige, was sich unter den Bedingungen der menschlichen Unzulänglichkeiten von ihrer Herrlichkeit zum Ausdruck bringt, ist nicht von dauerhaftem Bestand. Aus diesem Grund gilt Lakshmi oft als eine unbeständige und launenhafte Göttin, die unserer halbbewussten „Welten-Etage“ nur gelegentliche Kurzbesuche abstattet. Dessen ungeachtet ist sie wegen der überfließenden Fülle, die sie dem Leben auch in materieller Hinsicht verheißt, im hinduistischen Kulturkreis über alle Maßen beliebt, und viele volkstümliche Erzählungen handeln von der außergewöhnlichen Kraft ihres Segens.

Mythologie: Wie die Devas und Asuras den Ur-Ozean quirlten

Die Geschichte von Lakshmis Geburt gehört zu den schönsten Erzählungen der indischen Mythologie und weist einen starken Sinnbildcharakter auf. Wie viele mythologische Geschichten bedient sie sich einer Symbolik, die dem praktischen Lebensumfeld ihrer Entstehungszeit entstammt.

Die Götter (Devas) und die Dämonen (Asuras) hatten sich verbündet, um aus den Wassern des gewaltigen Ur-Ozeans den Nektar der Unsterblichkeit zu gewinnen, die im Chaos der kosmischen Bewegung versunkene, unvergängliche Essenz allen Seins. Die eher ungewöhnliche Allianz kam zustande, weil ihnen vorhergesagt wurde, dass dieses schwierige Unterfangen nur durch eine konzentrierte Bündelung aller zur Verfügung stehenden Kräfte gelingen könne. Die Götter und Dämonen diskutierten lange darüber, wie sie bei der Umsetzung ihres Unterfangens vorzugehen hätten. Schließlich kamen sie überein, das Prinzip des Butterns auf einen größeren Maßstab zu übertragen und den Ur-Ozean zu quirlen wie die Milch im Butterfass, um dann aus den Fluten den aufsteigenden Nektar der Unsterblichkeit abzuschöpfen wie die Butter aus der Milch.

Ein Projekt von diesen Ausmaßen brauchte ein gigantisches Butterholz und ein passendes Butterseil. Kurz entschlossen warfen sie mit vereinter Kraft den gewaltigen Mandara-Berg in das Wasser hinein und wickelten die königliche Schlange Vasuki, die sie für ihr Vorhaben gewinnen konnten, als riesiges Butterseil um ihn herum. Die

Götter und die Dämonen stellten sich an den gegenüberliegenden Ufern des Ur-Ozeans auf. Wie beim Tauziehen ergriffen die Götter das Schwanzende der Schlange, die Dämonen packten am Kopfende an, und dann begannen sie mit vereinten Kräften den Ur-Ozean zu quirlen. Doch der riesige Berg hatte in den gewaltigen Fluten keinen festen Drehpunkt und kippte bei den schnellen Drehbewegungen sofort zur Seite. Nachdem sie ihn einige Male aufgerichtet und mit neu aufgewickeltem Schlangenseil das Buttern wieder aufgenommen hatten, mussten sie enttäuscht feststellen, dass es ihnen auf diese Art nicht gelingen würde, dem Meer seinen kostbaren Schatz abzuringen. In ihrer Verzweiflung wandten sich die Devas an Vishnu und baten ihn inständig, sich der ausweglos erscheinenden Situation anzunehmen. „Herr“, riefen sie, „im Vorgang der Weltenschöpfung ist uns die wichtigste Sache verloren gegangen, die Unsterblichkeit. Jetzt sind wir alle, ob Gott oder Dämon, der Vergänglichkeit preisgegeben. Wir haben uns vereint darum bemüht, den verlorenen Schatz durch das Buttern des Urmeeres zu bergen, aber in den gewaltigen Wassern finden wir keinen Drehpunkt für unser Butterholz. Wir bitten dich inständig, hilf uns bei diesem Unterfangen, und gib uns so unser Anrecht auf die Unsterblichkeit zurück!“

Die Ernsthaftigkeit ihres Anliegens erreichte Vishnus Herz. Er verkörperte sich in der Gestalt der Riesenschildkröte Kurma und tauchte in die Fluten hinab, wo er sich mit seinem mächtigen Rückenpanzer unter den Mandara-Berg schob und ihm so eine feste Auflage bot. Erleichtert nahmen die Devas und Asuras das Quirlen des Ur-Ozeans wieder auf, und diesmal waren ihre Anstrengungen von Erfolg gekrönt. Nacheinander gab das Meer sämtliche Schätze frei, die bei der Schöpfung in seinen Tiefen versunken waren. Als Erstes erschien Kamadhenu, die Wunsch gewährende göttliche Milchkuh des Überflusses. Sie wurde den niederen Gottheiten als Lohn für ihre Mühen geschenkt. Dann tauchte die Göttin Varuni aus den Fluten auf, die von den Dämonen beansprucht wurde. Danach kam der Wunsch erfüllende Baum Kalpavriksha, den der Götterkönig Indra in seinen himmlischen Garten pflanzte. Als Nächstes erschien der leuchtende Sichelmond, den Shiva sich als Schmuck auf seine wilden Haarlocken setzte. Dann tauchte das Juwel Kaustubha aus den Wassern auf, das an Vishnu gegeben wurde, gefolgt von Airavat, dem himmlischen Elefanten, den Indra als Reittier nahm, und Uchchaishrava, das weiße Pferd, das dem Dämonenkönig Bali zugesprochen wurde. Unter den nächsten Objekten, die der Ozean freigab, war Shankh, das Muschelhorn, das aus den Wellen emporstieg und sich in Vishnus Hand schmiegte, um an seinen Lippen den Ruf des Göttlichen in die Welt zu tönen. Und schließlich kam Dhanvantari, der strahlende Gott der ayurvedischen Heilkunst, der den Krug mit dem Nektar der Unsterblichkeit in seinen Händen trug. Die Dämonen wollten sich in wilder Gier sofort darauf stürzen, um ihn in Besitz zu nehmen. Doch Vishnu, der dies vorausgesehen hatte, nahm umgehend seine weibliche Form an und trat in Gestalt der unwiderstehlichen Zauberin Mohini vor sie hin. Den Dämonen gelang es nicht, sich ihren verführerischen Reizen zu entziehen. Von einer Sekunde zur nächsten vergaßen sie den Nektar der Unsterblichkeit. Ihr Begehren hatte ein neues Ziel gefunden. Von ihrer Schönheit völlig in den Bann geschlagen hingen sie an den Lippen der schönen Frau, als diese mit lockender Stimme zu sprechen begann und ihnen vorschlug, das Urmeer noch ein weiteres Mal zu quirlen, um ganz sicherzugehen, dass sie die kostbaren Schätze auch bis auf das letzte Stück erhalten hatten. Von ihrer Ausstrahlung vollkommen hypnotisiert stimmten die Dämonen, die keinen klaren Gedanken mehr fassen konnten, ihren süßen Worten zu, die sie mit verführerischen Gesten unterstrich. Gehorsam nahmen die Asuras schließlich zusammen mit den Göttern das Quirlen des Ur-Ozeans wieder auf.

Doch plötzlich verfinsterte sich der Himmel und ein Todesgrauen erfüllte die Luft. Statt der erwarteten Schätze tauchte ein Gefäß mit dem todbringenden, blauen Kaal-kut, dem gesammelten Gift der Welt, aus den Tiefen des Meeres auf und bot sich, von den Wellen gehalten, der erschrockenen Versammlung an. Keiner wollte es nehmen, alle wichen vor ihm zurück. Tanzend hielt es sich auf den Wellen, doch eine heftige Woge schäumte auf und schlug seinen Deckel entzwei. Die Götter und Dämonen schrien vor Entsetzen auf, denn jetzt drohte das Gift von den Wellenkämmen ins Meer zu fließen und den Ur-Ozean, das Wasser der kosmischen Existenz, auf immer unbrauchbar zu machen. In ihrer Not wandten sich die Devas an Shiva, denn keiner ist besser geeignet, mit dem Gift der Welt umzugehen, als der Herr der Transformation. „Mahadev!", riefen sie, „Großer Gott! Nimm dich in deiner unendlichen Gnade dieser Situation an und lass nicht zu, dass die Welt an ihrem eigenen Gift erstickt. Sie ist doch nicht geschaffen worden für den Tod, sondern für die Wanderung in das Licht! Erbarme dich und nimm das Gift, das sie bedroht, zu dir!" Und Shiva erbarmte sich. Gelassen streckte er die aschebeschmierte Hand aus, nahm das offene Gefäß von den Wellen und trank es in einem Zug aus. Als er die todbringende Flüssigkeit hinunterschlucken wollte, hielt ihm seine Gefährtin Parvati den Hals zu, und das Gift sammelte sich in seiner Kehle und färbte sie blau – ein Zeichen, das der große Gott nie wieder verlor. Aus diesem Grund wird Shiva auch Nilakantha, der Blaukehlige, genannt.

Die letzte Kostbarkeit, die das Meer preisgab, war die strahlende Göttin Lakshmi. Auf ihrem Lotussitz thronend tauchte sie, umgeben von einem goldenen Licht, aus den schäumenden Wassern empor. So herrlich war ihre Gestalt und so mächtig die Ausstrahlung ihrer Wohltaten und Fülle gewährenden Gegenwart, dass alle Anwesenden ehrfürchtig vor ihr auf die Knie sanken und sich vor ihrer majestätischen Göttlichkeit in Demut verneigten. Himmlische Elefanten begleiteten sie, gossen mit ihren Rüsseln aus runden Krügen heiliges Wasser über sie aus und hießen sie mit duftenden Blütengirlanden willkommen. Vishnu spürte Lakshmis Nähe tief in seinem Herzen. Er erhob sich von den riesigen Windungen der kosmischen Schlange Ananta und erwartete sie am Ufer des Ur-Ozeans, um mit ihr den Bund der Ehe einzugehen. Die Götter jubilierten und der Götterkönig Indra rezitierte eine Hymne zu Ehren der Lakshmi, die die Göttin so sehr erfreute, dass sie versprach, ihren Reichtum schenkenden Segen über alle auszubreiten, die diese Hymne singen.

Bevor Vishnu sich jedoch in Ruhe mit seiner Shakti auf sein Schlangenbett zurückziehen konnte, musste er sich noch ein weiteres Mal um den Nektar der Unsterblichkeit kümmern. Denn jetzt wollten die Asuras nicht länger auf ihren Anteil warten, den die Götter ihnen jedoch nicht mehr gewähren wollten, da sie befürchteten, dass die Dämonen ihre Unsterblichkeit zu neuem Machtmissbrauch benutzen würden. Vishnu nahm sich der Situation kurz entschlossen noch einmal in der Form der verführerischen Mohini an. Sie setzte sich den Krug mit dem kostbaren Nektar auf die Hüfte und schritt vor den Göttern und Asuras unter Zurschaustellung ihrer weiblichen Reize auf und ab. Und wieder wurden die Asuras vollkommen in ihren Bann geschlagen. „Soll ich euch den Trank austeilen?“, fragte sie. „Ja!“, schrien die Dämonen wie aus einem Mund. Mohini bat die Götter und Dämonen, sich einander in zwei langen Reihen gegenüberzusetzen und begann, den Göttern aus dem Krug auszuschenken, während sie gleichzeitig weiter mit den Asuras flirtete. Als sie die Reihe der Devas bedient hatte und sich den Asuras zuwendete, war der Krug leer. So wurden die Dämonen um ihren Anteil an der Unsterblichkeit geprellt.

Betrachtung: Die Herausforderung des inneren Aufbruchs

Die innerste Essenz unseres Seins ist Unsterblichkeit, und jeder spirituelle Weg ist auf die eine oder andere Art um das Erlangen von dem, was unvergänglich ist, bemüht. Das Quirlen des Ur-Ozeans geschieht in unserem Inneren und symbolisiert den Wachstumsprozess, die Entwicklung im Yoga, das innere „Umgerührtwerden", das uns mit den versunkenen Schätzen unserer eigenen spirituellen Wahrheit in Kontakt bringt. Um bei der inneren „Schatzsuche" erfolgreich zu sein, müssen die Energien unseres Wesens, so gegensätzlich sie auch sein mögen, „alle an einem Strang ziehen". Die stagnierenden Wasser des Lebens müssen bewegt werden, damit im Bewusstsein neue Impulse auftauchen und überholte Strukturen aufbrechen können. Ein Teil von uns repräsentiert die Devas, die Kräfte der lichtvollen Ausrichtung, die mit den höheren Ebenen des Seins verbunden sind. Ein anderer Teil verkörpert die Ego-Kräfte, die sich selbst in den Mittelpunkt des individuellen Universums stellen und sich von jeder Handlung einen persönlichen Vorteil versprechen. Ein Teil in uns will den Aufbruch in ein größeres Bewusstsein, der andere will von seinen beharrlichen Ansprüchen nicht zurücktreten. Diese beiden Hälften zusammenzuhalten ist eine konzentrierte Arbeit, die viel Ausdauer und Kraft erfordert. Ihre spannungsgeladene Zusammenarbeit mobilisiert Energien, die uns innerlich kräftig „umrühren". Mit der ungewohnten

Bewegung beginnt eine Zeit der inneren Instabilität. Das bestehende Gleichgewicht wird aufgelöst, und der neuen Bewegung fehlt es zuerst noch an Boden. Wir merken, dass vieles nicht mehr so klappt wie gewohnt, und im inneren „Umgerührtwerden“ scheint sich für eine geraume Zeit kein Fortschritt abzuzeichnen. Die neue Grundlage kann nur mit Unterstützung einer bewussten Kraft kommen, die größer ist als beide Hälften unserer Natur. Das ist Vishnu in der Geschichte (der sich mit seiner Hochzeit unmissverständlich zu seiner Shakti-Kraft bekennt). In der progressiven Entwicklung kommen auch die Schwächen und Unzulänglichkeiten ans Tageslicht. Alles, was unter den Teppich des Lebens gekehrt wurde, wird wieder sichtbar. Um den Wachstumsprozess mitgehen zu können, muss all dies bearbeitet werden, und die einzige Macht, die dieses Unterfangen bewerkstelligen kann, ist die Kraft der Transformation. Dies ist der Shiva unserer Geschichte, der das Feld des kommenden Bewusstseins durch den Wandel der alten Unzulänglichkeiten vorbereitet. Erst wenn das geschehen ist, wird der Weg frei für neue Erfahrungen, und im Meer unseres Lebens tauchen neue Möglichkeiten des Bewusstseins auf.

Die Erdgöttin und ihr Weg vom Chaos ins Licht

Gelegentlich wird Lakshmi an der Seite ihres Gemahls in zwei unterschiedlichen Formen dargestellt, die als Sri Devi und Bhuma Devi bezeichnet werden. Sri Devi repräsentiert die mächtige und überreiche Lakshmi-Fülle, die immer bei Vishnu verweilt und aus seinem hohen Bewusstsein heraus auf das Universum einwirkt. Als Bhuma Devi ist Lakshmi die Erdgöttin, eine hinduistische Gaia oder Mutter Erde, die – wie in vielen Kulturen der Welt – mit den Kräften der

Materie, der Natur, des Bodens, der Fruchtbarkeit und des Wachstums assoziiert wird. Die Tatsache, dass Bhuma Devi dem Weltenerhalter als weibliche Kraft zur Seite steht, betont, dass die Erde in ihrer Gesamtheit eine Ausdruckskraft des erhaltenden und aufbauenden Prinzips darstellt. Dies erklärt auch, warum Vishnu der Erdgöttin eine innige Fürsorge entgegenbringt und sie bei ihrer evolutiven Reise in das Licht des Bewusstseins helfend begleitet.

Eine kleine, aber bedeutsame Erzählung verdeutlicht, dass Vishnus unterstützender Einfluss tatsächlich nicht nur dem Bewusstsein der Einzelwesen, sondern dem gesamten Erdbewusstsein zugutekommt. Die Mythologie berichtet, dass die Erdgöttin Bhuma Devi von dem Dämon Hiranyakashipu in das Dunkel eines sinnlosen Chaos gerissen wurde, in dem jede Bewusstseinsregung in einer hoffnungslosen Unbewusstheit versank. Der Dämon hatte sich einst vom Schöpfergott Brahma die Gabe der Unsterblichkeit erbeten. Als er genau beschreiben musste, wie sie sich gestalten sollte, zählte er alle Lebewesen auf, die ihn nicht töten konnten. Dabei vergaß er Varaha, den Eber. Aus diesem Grund inkarnierte sich Vishnu in der Gestalt eines Ebers und tauchte zum tiefsten Punkt der lichtlosen Finsternis hinab. Dort besiegte er Hiranyakashipu und hob die Erdgöttin behutsam und mit zärtlicher Zugewandtheit aus dem Chaos ins Licht.

Parvati – die Göttin des Bewusstseins

Parvati ist als Tochter des Himalaya eine Berggöttin, die das hohe Bewusstsein der spirituellen Gipfelerfahrungen darstellt. Sie verkörpert die Energie, die der Bewusstseinsentfaltung zugrundeliegt, und wirkt als göttliche Liebesmacht auf vielfältige Art auf die Welt ein. Als Herrin der

Transformation repräsentiert sie die gebündelte Kraft aller umwälzenden und erneuernden Prozesse und ermöglicht eine dynamische Entwicklung des spirituellen Potenzials.

Parvati fächert sich in ein schier unerschöpfliches Spektrum an Shakti-Aspekten auf, denn entsprechend der extremen Persönlichkeit des Weltenzerstörers Shiva vereinen sich auch in ihr große Gegensätze, die sich nicht in einer einzigen Erscheinungsform zum Ausdruck bringen lassen. Sie ist die komplexeste und mächtigste Göttin des Hinduismus, und es lässt sich vermuten, dass in ihre Gestalt die archaischen Dorfgottheiten eines prähistorischen Mutter- und Fruchtbarkeitskultes eingeflossen sind. Die meisten weiblichen Gottheiten des Hinduismus stellen Variationen ihrer segnenden, erhabenen, milden, kämpferischen, Licht bringenden, Schutz gewährenden oder zerstörenden Macht dar.

Parvati wird an der Seite ihres Gemahls hauptsächlich in ihren sanften und wohlwollenden Aspekten gezeigt, die manchmal aber erst in Erscheinung treten, nachdem ihre wilde und ausufernde Seite von Shiva „gezähmt“ wurde. Ihre milden Funktionen fördern materiellen und kulturellen Wohlstand, gebieten über die Kräfte der Fruchtbarkeit und repräsentieren den Schutz und die Aufrechterhaltung der religiösen Ordnung und der weiblichen Pflichten. In ihrer unabhängigen und wilden Kraft übt sie als Wächterin der kosmischen und göttlichen Gesetze eine noch größere Schutzfunktion aus. Sie wird zur gewaltigen und unbezwingbaren Kriegerin der höchsten Wahrheit, die ihre Waffen gegen alles richtet, was sich den göttlichen Prinzipien entgegenstellt. In diesem Zusammenhang repräsentiert sie neben der kriegerischen Durga auch eine Vielzahl an zerstörenden Aspekten. Es gibt Hunderte von lokalen Erscheinungsformen der Parvati, von denen jede eine bestimmte Facette ihres Wesens zum Ausdruck bringt.

Wie in vielen Kulturen der Erde, die einen langen Weg mit der Göttin gegangen sind, wird die weibliche Ur-Kraft auch in der indischen Tradition in drei großen Grundformen anerkannt und als jungfräuliche Göttin, Leben spendende Mutter und Repräsentantin des Todes und der Auflösung verehrt, die alle in Parvati zum Ausdruck kommen. Die meisten ihrer Formen heben den schöpferischen Mutteraspekt hervor und betonen hervorbringende, nährende und Zuflucht gewährende Eigenschaften in den unterschiedlichsten Ausprägungen. In der hinduistischen Mythologie gilt sie zudem als Mutter des elefantenköpfigen Gottes Ganesha, des weisen Beseitigers der Hindernisse und Schwierigkeiten, und seines jugendlichen Bruders Kartikeya, der siegreich die antigöttlichen Mächte bekämpft (auf Abb. 5 im Bildteil sind beide neben Shiva und Parvati abgebildet). Aber auch als dunkle Göttin kommt ihr (besonders in der Gestalt der Kali) eine bedeutende Rolle zu. Im Aspekt der Jungfrau ist sie im mythologischen Gefüge des Hinduismus am wenigsten sichtbar und gleichzeitig von unvergleichlicher Kraft, da sie in dieser Form die Identität mit dem reinen Ideal ihres Wesens darstellt. Die jungfräuliche Göttin ist sozusagen die „Stammzelle“ unter den Shaktis und verkörpert ein freies Potenzial, dem alle Möglichkeiten des Wirkens offenstehen, weil es durch die Bindung an einen männlichen Aspekt nicht auf einen bestimmten Ausdruck festgelegt ist. Damit steht sie für die unabhängige, uneingeschränkte, unerreichbare, unberechenbare und in ihrer Unschuld und ursprünglichen Reinheit nichts und niemandem untergeordnete oder verpflichtete Weiblichkeit. Sie repräsentiert eine ungebrochene und undifferenzierte Kraft, die sich jeder Herausforderung anpassen kann. Gleichzeitig symbolisiert sie die Fähigkeit der Ur-Materie der Prakriti, jede Form hervorzubringen, ohne sich jemals zu erschöpfen oder in ihrem selbstseienden Daseinsgrund zu versiegen.

Mythologie: Die jungfräuliche Göttin Kanyakumari

In einer lange zurückliegenden Zeit herrschte im Süden Indiens der Dämonenkönig Banasura, der das Land – wie alle asurischen Mächte – mit nicht enden wollender Gewalt und schrecklichem Terror in eine entsetzliche Notlage zwang. Hilferufend wandte sich die geschundene Erdgöttin an die Devas, und wieder einmal sahen sich die Götter gezwungen, zum Wohle der Erde und ihrer Bewohner einzugreifen. Noch einmal konnten sie Parvati überzeugen, sich der Situation anzunehmen. Doch diesmal erbaten sie von ihr, dass sie dem Dämon in Gestalt einer Jungfrau gegenübertreten solle, da sie nur dann die Kraft besäße, ihn zu besiegen. Denn in seiner Jugend war Banasura von einem Weisen dazu verflucht worden, durch die Hand einer Frau zu sterben. Um die Wahrscheinlichkeit eines solchen Todes zu verringern, erbat er sich die besondere Gnade aus, dass diese Frau noch Jungfrau sein müsse, und hielt sich, als seine Bitte gewährt wurde, in seiner grenzenlosen Arroganz für unbesiegbar.

Parvati stieg von ihren göttlichen Gefilden herab und nahm in der südlichsten Stadt des Landes als eine wunderschöne, kindliche Prinzessin Gestalt an, die den Namen Kanyakumari erhielt. Wie es auch den menschlichen Wesen bei der Geburt geschieht, konnte sie sich an ihre Herkunft nicht mehr erinnern. Nur hin und wieder stieg eine leise Ahnung vergangener Herrlichkeiten in ihr hoch. Dann sehnte sie sich nach einem Entzücken, das sie nicht benennen konnte. Als sie herangewachsen war und ihr Vater nach einem Ehemann für sie Ausschau hielt, stieg die versunkene Erinnerung schlagartig in ihr empor, und sie verkündete zur großen Überraschung ihrer Eltern, dass sie keinen menschlichen Gatten wünsche, da sie schon seit Urzeiten mit Shiva verheiratet sei und deshalb nur ihn ein weiteres Mal ehelichen würde. Von diesem Tag an verehrte sie ihn in ihrem Herzen und erreichte durch die tiefe Kraft ihrer Hingabe, dass Shiva auf dem heiligen Berg Kailash aus seiner Selbstversenkung erwachte und ihren Ruf wahrnahm. Umgehend machte er sich mit seinem Gefolge auf den langen Weg zum südlichsten Punkt des Landes. Dort angekommen hielt er um ihre Hand an, die ihm freudig gewährt wurde, und die sternenkundigen Weisen legten den Tag ihrer Eheschließung fest. Da der Stand der Gestirne auch über die *eine* Glück verheißende Stunde der Vermählung gebietet, wurde der Zeitpunkt der Hochzeitszeremonie nach einem genauen Studium der Himmelskörper auf Mitternacht festgelegt. Die Prinzessin machte sich derweil für das große Ereignis bereit. Die Macht der großen Göttin, die seit der Geburt in ihr wirkte, weckte weitere Erinnerungen, und so erhob sich in ihrem Gedächtnis plötzlich das Bild von Shiva als schönem Bräutigam. Sie erkannte staunend, wie viel Sorgfalt der sonst so nachlässige Weltenzerstörer damals darauf verwendet hatte, sie am Tag ihrer lange zurückliegenden Hochzeit mit einer angenehmen Erscheinung zu erfreuen, und sie beschloss, es ihm gleichzutun. Ihr Körper wurde mit wohlriechender, heller Sandelholzpaste gesalbt. Schwarzglänzendes Kajal umrahmte die dunkle Schönheit ihrer Augen und hob ihren Blick als ein lebendiges Versprechen hervor. Tiefroter Kumkum ließ die Glut ihrer Lippen verlangend aufleuchten und wurde auch zum ersten Mal als roter Punkt auf die Stirn, dem Sitz ihres dritten Auges, aufgetragen, als das traditionelle Zeichen der verheirateten Frau. Dann hüllte sie sich in kostbare Seidengewänder, legte edles Geschmeide an und wartete voller Ungeduld am Strand des äußersten Landzipfels auf ihren göttlichen Bräutigam. Dieser befand sich derweil in einem nahegelegenen Tempel und wartete auf den richtigen Zeitpunkt, um mit seinem prunkvoll geschmückten Gefolge zu seiner Braut aufzubrechen.

Doch die Braut und ihr Bräutigam hatten die Rechnung ohne die anderen Gottheiten gemacht, die zutiefst besorgt waren, dass die Shakti-Prinzessin mit der Hochzeit ihre Jungfräulichkeit und damit ihre wichtigste Waffe für den Untergang des Dämons verlieren würde. Lange hielten sie Rat und kamen überein, die Hochzeit mithilfe einer List zu umgehen. Als der Abend schon der Nacht gewichen war und die späte Stunde des Aufbruchs nahte, verwandelte sich der weise Götterbote Narada in einen Hahn. In der Nähe des Tempels, in dem Shiva weilte, versteckte er sich in einem Gebüsch und begann plötzlich so laut zu krähen, als ob der Morgen schon bevorstünde. Shiva erschrak bis ins Mark und dachte, dass er die eine günstige Stunde für die Eheschließung verpasst hätte. Da er seiner Braut in seiner großen Scham nicht unter die Augen treten wollte, reiste er mit seiner Begleiterschar kurzerhand wieder zum Kailash ab. Währenddessen saß die jungfräuliche Prinzessin immer noch am Strand und wartete auf ihn. Die Stunden gingen eine nach der anderen dahin. Erst als der Morgen graute, wurde ihr bewusst, dass ihr Bräutigam in dieser Nacht nicht mehr kommen würde. Enttäuscht und gedemütigt warf sie ihren Hochzeitsschmuck in das Meer und wischte die Brautzeichen von ihrem Körper. Die helle Sandelholzpaste färbte zusammen mit dem schwarzen Kajal und dem roten Kumkum die kleinen Kieselsteine am Strand. Bis auf den heutigen Tag legen diese bunten Steine am Meeresstrand Zeugnis ab von ihrer bitteren Enttäuschung.

Doch die Prinzessin gab die Hoffnung nicht auf. Tag für Tag und Nacht für Nacht stand sie am Ufer des Meeres und erwartete die Ankunft ihres geliebten Bräutigams.

Viele Jahre gingen so ins Land. Als die Kunde von ihrer nicht nachlassenden Beharrlichkeit Banasura erreichte, ahnte er die drohende Gefahr und begab sich sofort in den Süden des Landes. Er plante, die Prinzessin zu töten, um auszuschließen, dass sie ihm in ihrer Jungfräulichkeit gefährlich werden konnte. Doch als er nach der langen Reise endlich vor ihr stand, rief ihre große Schönheit ein so starkes Begehren in ihm wach, dass es jeden Gedanken an die tödliche Gefahr in ihm auslöschte. Besessen von dem Wunsch, sie zu besitzen, erklärte er ihr sein Verlangen. Doch die Prinzessin lachte ihn aus. Als der Dämon sie in der Blindheit seiner Begierde weiterhin belästigte, zog sie aus den Falten ihres Gewandes ein verborgenes Schwert und forderte ihn immer noch lachend zum Kampf heraus. Ein erbarmungsloser Zweikampf entbrannte zwischen ihnen, den die Prinzessin in kürzester Zeit für sich entschied. Mit einem gewaltigen Hieb ihres Schwertes trennte sie dem Dämon den Kopf vom Leib. Die Götter, die das Geschehen mit atemloser Spannung verfolgt hatten, feierten jubelnd ihren Sieg. Kanyakumari aber nahm ihre hoffnungsvolle Haltung am Strand wieder ein. Die Jahre gingen ins Land, und allmählich verwandelte sich ihre Gestalt in Stein. So steht sie heute immer noch am Saum des Meeres und wartet auf ihren Bräutigam.

Mythologie: Die Geschichte der Minakshi von Madurai

Vor lange Zeit flehte der Pandya-Herrscher von Madurai die Götter mit aufwendigen Ritualen und kostbaren Gaben um einen männlichen Erben an. Während der Opferzeremonie manifestierte sich im Opferfeuer die Gestalt einer Shakti, die sich langsam in ein wunderschönes Mädchen verwandelte, dessen geschwungene Augenform von allen

Anwesenden bewundert wurde. Es war die Göttin Parvati, die sich dem königlichen Paar als künftige Tochter offenbarte. Nicht lange danach wurde die Königin schwanger und gebar ein Mädchen, die in Erinnerung an die Feuervision Minakshi genannt wurde, „die Schöne mit den fischförmigen Augen". Als seine Frau kein weiteres Kind mehr empfing, sah der Herrscher ein, dass er sich mit einer Tochter als Erben abfinden musste. Er dachte lange über die Situation nach und beschloss, die Prinzessin wie einen Sohn und Thronerben aufzuziehen und sie in die Künste der Kriegsführung und die Pflichten eines Regenten einzuweihen. Unter der Anleitung kundiger Waffenmeister entwickelte sich Minakshi bald zu einer unbezwingbaren Kriegerin, der auf dem Übungsplatz keiner ihrer Gefährten gewachsen war.

Als sie einige Jahre später zur Frau heranreifte, bildeten sich zum Schrecken ihrer Eltern an ihrem Körper drei Brüste aus. Ein weiser Seher, der nach dem Sinn dieses ungewöhnlichen Wachstums gefragt wurde, wandte sich an die Götter und erhielt von ihnen die Antwort, dass die dritte Brust von alleine verschwinden würde, sobald Minakshi ihrem rechtmäßigen Gatten gegenüberstünde. Nachdem die Königstochter das heiratsfähige Alter erreicht hatte, lud ihr Vater eine Reihe von jungen Adeligen ein, unter denen Minakshi dem Brauch entsprechend ihren zukünftigen Gemahl auswählen sollte. Als sie am festgesetzten Tag in ihrer strahlenden Kraft vor die Versammlung der heiratswilligen Kriegersöhne trat, verkündete sie mit knappen Worten, dass sie nur denjenigen zum Mann nehmen würde, der sie im Kampf besiegen könne. Die Brautwerbung wurde daraufhin auf dem Kampfplatz fortgesetzt, und nacheinander traten die edlen Krieger gegen sie an. Doch so sehr sie sich auch bemühten – Minakshi gewann jeden einzelnen Kampf. Und der Tag neigte sich seinem Ende zu, ohne dass sie an ein Eheversprechen gebunden war.

Kurze Zeit später folgte Minakshi ihrem Vater auf den Thron, und bald darauf wurde ihr Reich von benachbarten Herrschern angegriffen, die von einer Frau kein Verständnis für Kriegsführung erwarteten und in ihrer Thronbesteigung eine günstige Gelegenheit sahen, das reiche Land der Pandyas zu erobern. Doch Minakshi belehrte sie eines Besseren. Die eindringenden Armeen trafen auf eine geschickte Feldherrin, die inmitten ihrer Krieger wie eine zornige Göttin auf dem Schlachtfeld stand und in kürzester Zeit sämtliche Angreifer zurückschlug. Innerhalb weniger Wochen hatte sie ihr Reich nicht nur verteidigt, sondern weit über die Grenzen hinaus ausgedehnt. Die unterworfenen Herrscher mussten Tributzahlungen leisten, und so vermehrte sich der Wohlstand ihres Volkes. Minakshis Ruhm verbreitete sich in Windeseile über das Land, und die Schilderungen ihrer Heldentaten machten sie zu einer legendären Gestalt, von der behauptet wurde, dass sie furchtlos jede Herausforderung annahm. Sogar als die Gottheiten sich eines Tages, um ihre Stärke zu testen, mit ihren Angreifern verbündeten, zögerte sie keinen Augenblick und zog entschlossen mit ihrem Heer bis vor Shivas Wohnstatt, wo sie eine Attacke gegen die Heerschar der Ganas gewann.

Als der treue Nandi Shiva davon in Kenntnis setzte, erhob sich dieser von seinem eisigen Sitz. „Die Zeit ist gekommen“, erklärte er mit größter Gelassenheit, „dass ich mir diese siegreiche Kriegerin einmal ansehe.“ Er ergriff seine göttlichen Waffen und ritt ihr langsam auf seinem Stier entgegen. Minakshi sah den seltsamen Krieger von Ferne kommen und erwartete ihn in Kampfposition. Als er näher kam und sie ihn genauer betrachten konnte, lachte sie schallend auf. Denn er schien ihr in seiner abgerissenen und aschebeschmierten Erscheinung kein ernstzunehmender Gegner zu sein. Doch als er ihr schließlich gegenüberstand und sie ihre Waffen schon zum Zweikampf erhoben hatte, bemerkte sie plötzlich, dass ihre dritte Brust verschwunden war – was nur bedeuten konnte, dass sie ihrem zukünftigen Gatten gegenüberstand. Sofort legte sie die Waffen nieder und begrüßte ihn voller Freundlichkeit (siehe Abb. 15 im Bildteil).

„Kehr zurück in dein Reich, edle Parvati", sagte Shiva zu ihr. „In wenigen Tagen folge ich dir nach Madurai, um noch einmal den Bund der Ehe mit dir zu schließen." Minakshi sammelte umgehend ihr Heer um sich und begab sich in ihre Hauptstadt zurück. In großer Eile wurde alles für die bevorstehende Hochzeit vorbereitet. Blütengirlanden wurden gewunden, kostbare Stoffe ausgebreitet und erlesene Geschenke zusammengestellt. Die Hochzeitshallen wurden geschmückt und köstliche Speisen zubereitet. Als Shiva zur festgesetzten Zeit auf dem Nandi in Madurai einritt, erstaunte er alle Anwesenden mit der unerwarteten Schönheit seiner Gestalt. Denn für diesen Tag kam er als Sundaram, als schöner Bräutigam. Seine helle Haut war von der Ascheschicht befreit und duftete nach kostbarem Sandelöl, seine Hüften waren in seidene Tücher gehüllt, die Haltung seines schlanken Körpers war anmutig und seine Haarflechten lagen sorgfältig geordnet um sein Haupt. Begleitet wurde er von seinen Ganas und einer großen Schar weiterer Gottheiten, von denen Brahma die Aufgabe des Priesters übernahm. Vishnu übte die Rolle des Brautvaters aus und gab Minakshis Hand zur Ehe in die Hand ihres schönen Bräutigams. Nach dem Hochzeitsfest blieb Shiva in Madurai und regierte für einige Zeit zusammen mit seiner Gemahlin das Land. Aber dann rief das Heimweh ihn mit Macht zum Kailash zurück, und er reiste zusammen mit Minakshi zu seiner eisigen Wohnstatt zurück. Damit ihr Volk nicht vollkommen auf seine Königin verzichten musste, ließ er aus grünem Stein ein

Abbild von ihr anfertigen, das in Madurai verblieb und bis auf den heutigen Tag im großen Tempel der Stadt als eine gütige Form der Parvati verehrt wird.

Mythologische Flussgöttinnen – Indiens fließende Shaktis

Auch Flüsse werden im hinduistischen Kulturkreis aufgrund ihres bewegten Wesens als Shakti-Kräfte angesehen. Eine besondere Verehrung wird den Saptasindhavas entgegengebracht, den sieben heiligen Flüssen Indiens. Zu ihnen zählen Ganga (Ganges), Yamuna, Sindhu (Indus), Narmada, Godavari, Kaveri und der unterirdische mythologische Fluss Sarasvati. Die großen Ströme bringen Nahrung, Leben und Fruchtbarkeit zu den Menschen. Ihr Leben spendendes Wasser formt die Basis des menschlichen Daseins und trägt auf vielen Ebenen zur Mehrung und Entfaltung bei. Zusammen mit der Sonnenkraft ermöglicht es das Wachstum der Lebensformen, die dem Menschen als Nahrung dienen. Die Flussgöttinnen sind somit ein elementarer Ausdruck für die nährende und erhaltende Kraft in der Schöpfung. Darüber hinaus gilt ihr fließendes Wasser als eine Macht der spirituellen Reinigung. Im höheren Sinne symbolisieren die Flussgottheiten auch den Zufluss der geistigen Nahrung und die fortschreitende Bewegung des inneren Wachstums. Denn wie die Flüsse zum Meer, so strebt das Bewusstsein in der spirituellen Entwicklung nach der Einswerdung mit dem Brahman.

Es war entlang der fruchtbaren Uferstreifen des versiegten, mythologischen Flusses Sarasvati, dass die nomadischen Völker des alten Indien in einer Region des heutigen Pakistan sesshaft wurden und ihre reiche Kultur entwickelten. Die fließende Sarasvati repräsentiert die geistigen und materiellen Errungenschaften dieser Zivilisation. So wurde schon früh das aufblühende Wissen mit dem Fluss verbunden und Lernen, Lehren und Weisheit mit den Wasserläufen assoziiert. Zahlreiche Erzählungen berichten, dass große Meister ihre Einsiedeleien am Ufer eines Flusses errichteten und dort ihre Schüler unterwiesen.

Auch in der indischen Mythologie ist das Wesen der fließenden Shaktis ein beliebtes Thema. So wird etwa erzählt, dass Parvati mit ihrem Gemahl nicht allein lebt. Sie teilt ihn mit der Flussgöttin Ganga, die in Shivas aufgetürmter Haarkrone wohnt. Das Ramayana-Epos berichtet dazu, dass in grauer Vorzeit ein Herrscher namens Bhagiratha nach seiner Thronbesteigung gelobte, das Land erst zu regieren, wenn Ganga die Asche seiner Vorfahren mit ihrem heiligen Wasser benetzt und dadurch von einer schweren Verfehlung gereinigt hätte. Er übergab das Reich seinen Ministern und zog sich in die Einsamkeit des Himalaya zurück, wo ihm nach langer spiritueller Praxis der Weltenschöpfer Brahma die Erfüllung seines Wunsches gewährte und ihm zusicherte, dass er Ganga aus den himmlischen Gefilden auf die Erde herabgießen werde. Gleichzeitig warnte er Bhagiratha vor ihren gewaltigen Wassern, unter deren ungemindertem Aufprall die Erde zerbersten könne. Ohne zu zögern unterzog sich Bhagiratha ein zweites Mal einer strengen spirituellen Disziplin und betete diesmal zu Shiva, dass er ihm beistehen möge. Jahrelang stand er in der Yoga-Haltung des Baumes auf einem Bein, die ausgestreckten Arme mit aneinandergelegten Handflächen der hohen Gottheit entgegengestreckt, bis sein ganzes Wesen zu einem flammenden Flehen wurde. Schließlich gewährte Shiva ihm seine Bitte. Die Göttin Ganga stürzte in zorniger Wildheit von ihrer himmlischen Ebene herab und verfing sich in dem Labyrinth seiner wildverschlungenen Haarlocken. Shiva leitete die Flussgöttin von seinem Haupt in einem sanfteren Strahl auf die Erde herab, wo Götter, Menschen, Tiere und die Wesen der Unterwelt ihr entgegenströmten und ihr Heil bringendes Wasser freudig begrüßten. Bhagiratha lief ihr eilig voraus und führte sie in die dunklen Bereiche der Unterwelt, wo sie die Seelen seiner Verwandten von der Verfehlung befreite. Seither durchfließt die Ganga als heiliger Strom das Land und gilt den Menschen als eine lebendige Kraft, die ihnen den Weg zur Unsterblichkeit öffnen kann.

Aber auch um andere Flussgöttinnen ranken sich alte Legenden, wie um die Yamuna, den heiligen Fluss, an dessen Ufern die Gottheit Krishna aufwuchs. An ihren Wassern traf er sich mit den Gopis, den jungen Hirtinnen, zum Liebesspiel und besiegte den mächtigen Schlangendämon Kalya mühelos im Tanz. Schon in den Veden wird die Yamuna unter dem Namen Yami als Leben spendende Tochter des Sonnengottes Surya und als Zwillingsschwester von Yama, dem Gott des Todes, erwähnt. Yami und Yama sind der Überlieferung zufolge das erste Menschenpaar.

Mit Shiva eng verbunden ist die Flussgöttin Narmada. Sie gilt als Tochter des asketischen Gottes und entstand der Mythologie zufolge, als er sich in einem Zustand tiefster Meditation befand. In der brennenden Hitze seiner immensen spirituellen Konzentration rann ihm der Schweiß von der Stirn, und aus einem glänzenden Schweißtropfen, der zu Boden fiel, wurde die Göttin Narmada geboren, die ein Sinnbild für die transformierende Macht des erhabenen Gottes darstellt.

DIE SHAKTI IN DER EVOLUTION DES BEWUSSTSEINS

„Was das neue Bewusstsein will, ist dies: keine Trennungen mehr. Die Fähigkeit, das spirituelle Extrem zu verstehen, das materielle Extrem zu verstehen und das Zusammenkommen beider zu finden – den Punkt, an dem das eine wirkliche Kraft wird."[46]

Die Mutter (Mirra Alfassa), 3. 1. 1970

Eine neue Dimension des Bewusstseins

Eine Annäherung an die Shakti wäre unvollständig ohne einen abschließenden Ausblick auf ihre zentrale Schlüsselstellung im Integralen Yoga von Sri Aurobindo. In diesem zukunftsorientierten Ansatz kommt der Göttlichen Mutter die Rolle einer evolutiven Wirkkraft zu, die nicht nur die Entwicklung des Einzelnen, sondern die Evolution des Bewusstseins auf der gesamten Erde begleitet. Nach Sri Aurobindo befindet sich die Menschheit in einem Übergang in ein weiteres Kapitel ihrer spirituellen Möglichkeiten. Es handelt sich um einen Bewusstseinsschritt, der in seiner Ausrichtung keine „erweiterte Neuauflage" der traditionellen Wege darstellt, sondern über eine kollektive Verwirklichung in der Menschheit auf eine völlig neue Dimension des Bewusstseins abzielt, die mit ihrer unmittelbaren Wahrheitsmacht die Lebensrealität als eine holistische Einheitserfahrung gestalten und auch die Materie als eine göttliche Ausdrucksebene einbeziehen kann.

Wie globale Tendenzen in vielen Bereichen des menschlichen Daseins deutlich machen, drängt der Zeitgeist heute weniger auf einen individuellen als vielmehr auf einen kollektiven Fortschritt und bewegt sich im Rahmen eines weltweiten Paradigmenwechsel voran, in dem wir mehr und mehr auf eine ganzheitliche Art gefordert sind. Unübersehbare Elemente des Aufbruchs und erste Zeichen für eine Bewusstwerdung, die unseren Planeten in seiner Ganzheit berührt, finden wir überall. Oft ersetzen technische Möglichkeiten, was unser Bewusstsein aus sich selbst heraus (noch) nicht zum Ausdruck bringen kann. Die Welt ist im Maßstab zusammengerückt und durch die zunehmende Nähe kleiner und übersichtlicher geworden. Unsere Kommunikation geschieht durch die Mittel der elektronischen Vernetzung nicht mehr zeitverzögert, sondern unmittelbar. Nichts liegt in ungreifbaren und undenkbaren Weiten, jeder kann jederzeit auf alles zugreifen und zu allem Stellung beziehen, unabhängig vom eigenen Aufenthaltsort auf dem Planeten. Auch sind wir nicht mehr nur mit unseren eigenen Problemen konfrontiert. Die gesamte Welt drängt mit ihren Themen und Katastrophen quasi in unsere Wohnzimmer. In gewisser Weise leben wir also schon global. Genauso global lebt aber auch der ganze auswuchernde Widersinn der egogesteuerten Menschheit, der von gnadenlosem Machtmissbrauch, skrupellosem Gewinndenken und rücksichtsloser Unterdrückung bis hin zu brutalstem Terror reicht. Und gleichzeitig wird weltweit der Ruf nach einem wahreren Leben wach, und ein neues Bedürfnis nach Verbundenheit sucht nach einem Ausdruck, für den es im Bewusstsein und in der Natur des Menschen bisher noch keine haltbare Grundlage gibt. Die drängenden Themen, die sich inmitten eines großen Entwicklungsdruckes und umringt von vielen äußeren und inneren Widerständen in der Menschheit abzeichnen, sind Wahrhaftigkeit und

Einheit. In Sri Aurobindos Einschätzung wird ihr Aufleben nur gelingen, wenn das menschliche Bewusstsein eine tief greifende Transformation erfährt. Der von ihm entwickelte Integrale Yoga kann als bewusste Mitarbeit daran verstanden werden. Er verbindet materielle und spirituelle Realitäten zu einer Einheit und zielt darauf ab, das Wahrheitsbewusstsein im tiefsten Kern des Lebens zu erwecken.

Die beiden herausragenden Persönlichkeiten, die ihr Leben der yogischen Erforschung des anstehenden Entwicklungsschrittes gewidmet haben, sind Sri Aurobindo und seine spirituelle Weggefährtin, Mirra Alfassa, eine gebürtige Französin, die im Kontext des Integralen Yoga „Die Mutter" genannt wird. Ihnen zufolge hat der Übergang in das kommende Bewusstsein, das Sri Aurobindo das Supramental nennt, schon begonnen.

Die supramentale Stufe stellt keinesfalls eine Neuentdeckung dar. Sie war bereits den Sehern der vedischen Zeit als die oberste Schöpfungsebene bekannt, die durch ihr Wahrheitsbewusstsein die gesamte Weltenmanifestation ordnet und stützt. Die vedische Spiritualität hat jedoch keinen Versuch unternommen, sie in das irdische Leben herabzubringen und ein Dasein unter ihrem direkten Einfluss möglich zu machen. In den nachfolgenden Epochen wandte sich die indische Spiritualität vorwiegend den transzendenten Verwirklichungen zu und entwickelte gleichzeitig verschiedene Yoga-Wege, welche den Menschen zunehmend in seiner Gesamtheit erfassten und so die Voraussetzung für eine integrale und weltbezogene Entwicklung schaffen konnten. Erst heute stehen wir in der entscheidenden Zeitenwende, die in ein spirituelles Neuland von globaler Bedeutung führt.

Das Zusammenspiel von Involution und Evolution

Sri Aurobindo zufolge kann die neue Dimension des Bewusstseins in der Welt nur aufblühen, weil sie in der Welt bereits enthalten ist. Er erklärt die Prozesse der Weltenschöpfung und der Bewusstwerdung durch das Zusammenspiel einer absteigenden und einer aufsteigenden Bewegung. In der absteigenden Bewegung der Involution wird das absolute Ursprungsbewusstsein Ebene für Ebene „heruntertransformiert“ und dabei mehr und mehr in sich selbst „eingefaltet“ oder „eingeschlossen“, bis es schließlich am tiefsten Punkt zu scheinbarer Nicht-Bewusstheit wird, die in sich aber die gesamten Möglichkeiten der Involutionsskala birgt und in ihrer wahren und innersten Essenz göttliche All-Bewusstheit ist.

Aus der scheinbaren Nicht-Bewusstheit findet als erste Hervorbringung die Manifestation der Materie statt. Sie bildet den Gegenpol zum höchsten Punkt des Ausgangsbewusstseins und die Grundlage für den gegenläufigen Prozess der Evolution, durch den das involvierte Bewusstsein sich in einen manifestierten Selbstausdruck entwickelt und aus seiner Selbstversunkenheit befreit, indem es sich schrittweise in einer materiellen Form offenbart. Als bedeutende Evolutionsschritte, die in der Vergangenheit schon stattgefunden haben, benennt Sri Aurobindo die Belebung der Materie durch die Freisetzung des Vitalbewusstseins und die Hervorbringung des Mentalbewusstseins in den lebenden Formen. Jeder Evolutionsschritt wird durch den inneren Drang (oder „Ruf“) des involvierten Bewusstseins und die Herabkunft (oder „Antwort“) der nächsthöheren Bewusstseinsebene der Involutionsskala ermöglicht. Wenn die herabkommende Bewusstseinsebene den bereits entfalteten Bewusstseinsgrad durchdringt, wird der damit korrespondierende Aspekt seines involvierten Bewusstseins „aktiviert“ und es findet eine Wandlung in eine höhere Bewusstseinsstufe statt. Da die Evolution des Bewusstseins innerhalb der materiellen Manifestation geschieht, bewirkt sie mit jedem Schritt auch weitreichende Entwicklungen in der Natur.

Eine neue Geburt

Aus der Sicht des Integralen Yoga ist die kosmische Realität real existent, sie ist keine Illusion, aber sie ist eine relative Welt, die noch nicht im vollkommenen Ausdruck ihres Ursprungsbewusstseins steht und deshalb auch nicht in ihrem wahren Sein wahrgenommen werden kann. Sie ist in all ihren Aspekten bemerkenswert durchorganisiert und bis in jedes kleinste Detail ein Wunderwerk an schöpferischer Kreativität und Gestaltgebung. Doch bringt bislang noch keiner der in ihr evolvierten Bewusstseinsgrade das Einheits- oder Wahrheitsbewusstsein in die Sichtbarkeit. Das, was sie in ihrem Innersten wirklich ist, muss noch in unserem Bewusstsein geboren werden, damit die körperhafte Form es offenbaren kann. Die neue Geburt geschieht in uns, da der Mensch als höchstentwickeltes Wesen der irdischen Welt den derzeitigen evolutiven Gipfel darstellt, der im Zuge einer weiteren Entwicklung überschritten wird. Der Geburtsvorgang entfaltet Bewusstsein in den bislang noch unbewussten und halbbewussten Bereichen unserer Natur, was große Veränderungen in unseren geistigen, psychischen und körperlichen Wesensteilen nach sich zieht. Und damit nicht genug: Um das supramentale Bewusstsein mitten im Leben zu verwirklichen, muss unser Bewusstsein sich über die individuellen Grenzen hinaus „universalisieren“, was ein Überschreiten unserer Ego-Struktur und unserer mentalen Funktionsweisen voraussetzt. Wir können demnach für die Zukunft auf einen enormen Wandel im Bewusstsein gefasst sein, der dem Leben ein bisher noch ungeahntes Ausdrucksspektrum ermöglichen wird. Aus Sri Aurobindos Sicht stellt der Übergang in die supramentale Dimension eine nicht zu umgehende Tatsache dar, die durch die evolutive Shakti-Kraft zur Ausführung gebracht wird. In unserem Ermessen liegt lediglich die Entscheidung, ob wir die neue Geburt in unserem Bewusstsein „mitgehen“ wollen: *„Die supramentale Wandlung ist beschlossen und unausbleiblich in der Entfaltung des Erdbewusstseins; denn dieses Bewusstsein hat seinen Aufstieg noch nicht beendet, und der Verstand ist nicht sein letzter Gipfelpunkt. Aber damit die Wandlung komme, Form annehme und dauere, bedarf es mit dem Willen zur Erkenntnis und der Aufnahmebereitschaft des Lichtes der Anrufung von unten und der Zustimmung des Höchsten von oben. Die Macht, die vermittelt zwischen der Zustimmung und der Anrufung, ist die Gegenwart und Kraft der göttlichen Mutter.“*[47]

Die Mutter im Integralen Yoga von Sri Aurobindo

Im Integralen Yoga wird die Shakti als „Mutter“ bezeichnet. Ihre Macht stellt die alles entscheidende Schlüsselrolle für die Entfaltung des supramentalen Bewusstseins dar, denn sie ist die Kraft in und hinter dem evolutiven Geschehen. Sie nimmt die Unvollkommenheiten der menschlichen Natur in ihre formenden Hände, um daraus ein perfektes Gefäß für das kommende Bewusstsein zu gestalten. Sri Aurobindo benennt drei Ebenen oder Wesensarten der

Shakti-Kraft, die für den Übergang von großer Bedeutung sind und die er in seiner Schrift „Die Mutter" ausführlich beschreibt:

„Transzendent, als ursprüngliche und höchste Shakti, steht sie über den Welten und verbindet die Schöpfung mit dem ewig unoffenbarten Mysterium des Höchsten.

Universal, als die kosmische Mahashakti, erschafft sie all diese Wesen, enthält in sich all diese Millionen Vorgänge und Kräfte, tritt in sie ein, trägt und lenkt sie.

Individuell, verkörpert sie die Macht dieser beiden umfassenderen Weisen ihres Seins, bringt sie uns lebendig nah und vermittelt zwischen der menschlichen Persönlichkeit und der göttlichen Natur."[48]

Die transzendente Shakti ist die Mutterkraft der „überkosmischen" oder transzendenten Bereiche. Sie repräsentiert die absolute Macht und unaussprechliche Allgegenwart des Höchsten, die über allen Welten anwesend ist. *„Hier oder wo auch immer kann nichts geschehen, was sie nicht entscheidet und der Höchste gestattet. Nichts kann Form annehmen als das, was sie, bewogen durch den Höchsten, wahrnimmt und gestaltet, nachdem sie davon den Samen in ihren schöpferischen Ananda gelegt hat."*[49]

Die Mahashakti stellt das kosmische Mutterprinzip dar. Sie ist die göttliche Kraft, die in einer vermittelnden Funktion zwischen dem hohen supramentalen Bewusstsein und der doppelten Bewusstseinstreppe mit ihrer involutiven und evolutiven Bewegung steht. Die Mahashakti wirkt in vier unterschiedlichen Aspekten ihres hohen universellen Seins, die erst in ihrer Gesamtheit die ausgewogene Grundlage für die Entwicklung des künftigen Bewusstseins bilden. Diese vier Aspekte sind Weisheit, Stärke, Harmonie und Vollkommenheit. Sie stellen hohe kosmische Mächte der göttlichen Mutter dar, die Sri Aurobindo mit vier traditionellen Shakti-Namen benennt.

„Vier große Aspekte der Mutter, vier ihrer wichtigsten Kräfte und Erscheinungen standen ihrer Führung des Universums und ihrem Verfahren beim irdischen Spiel vor. Die eine ist die Gestalt der stillen Weite, der umfassenden Weisheit, der ruhigen Güte, des unerschöpflichen Mitleids, der alles beherrschenden Größe. Eine andere verkörpert ihre Macht leuchtender Tatkraft und unwiderstehlicher Leidenschaft, kriegerischer Haltung, zermalmenden Willens und ungestümer Stärke. Die dritte ist lebhaft, sanft und wunderbar im tiefen Geheimnis ihrer Schönheit, ihrer Harmonie, ihres feinen Rhythmus, ihres vielfältigen, zarten Reichtums, ihres unwiderstehlichen Reizes und ihrer bezaubernden Anmut. Die vierte ist versehen mit ihrer geheimnisvollen, eindringlichen Fähigkeit zum innersten Wissen, zur sorgfältigen, fehlerlosen Arbeit und zur stillen und klaren Vollkommenheit in allen Dingen. (...) Diesen Vieren geben wir die vier großen Namen Maheshvari, Mahakali, Mahalakshmi und Mahasarasvati.“[50]

Die individuelle Shakti ist die (personale) Verkörperung der transzendenten und der kosmischen Shakti-Kraft. Ihre Aufgabe besteht darin, mit ihrem hohen Bewusstsein unter den Bedingungen der menschlichen Natur als eine Art „Schwellengängerin“ tätig zu sein und die Brücke zu dem neuen Bewusstsein aufzubauen. Es ist aus diesem Grund, dass Mirra Alfassa, die spirituelle Weggefährtin von Sri Aurobindo, als eine Verkörperung der evolutiven Shakti-Kraft angesehen und im Integralen Yoga ebenfalls „Die Mutter“ genannt wird.

Es gibt noch weitere Erscheinungsformen der göttlichen Shakti, deren Mächte sich, wie Sri Aurobindo erklärt, im Übergang zum supramentalen Bewusstsein erst zu einem späteren Zeitpunkt offenbaren, wenn das menschliche Wesen durch den Einfluss der vier kosmischen Mahashakti-Kräfte für ein höheres Bewusstsein und seine intensiveren Mächte bereit geworden ist.

Obwohl der Integrale Yoga viele Übereinstimmungen mit den traditionellen Wegen aufweist und mit ihnen eine zukunftsweisende Synthese anstrebt, weicht die einwirkende Kraft der Shakti grundlegend von den traditionellen Konzepten ab. So wird sie im Rahmen des Integralen Yoga nicht durch die spirituelle Praxis „erweckt", wie es in der tantrischen Disziplin geschieht, die mit speziellen Übungen auf die Aktivierung der „schlafenden" Kundalini-Energie abzielt. Die Wirkkraft des Integralen Yoga braucht nicht aus einem selbstversunkenen Dornröschenschlaf zurückgeholt zu werden, da sie der höheren Natur angehört und als solche in jedem Moment und jeder Situation bereits absolut präsent, „wach" und voller Bewusstsein ist. Sie ist in ihrem Handeln an keine festgelegte Methode und keinen standardisierten Ablauf gebunden, sondern arbeitet dem momentanen Entwicklungspunkt des Individuums entsprechend auf eine freie und hochgradig flexible Art. Darüber hinaus besitzt sie im Integralen Yoga eine eigene Wirkweise, die seiner besonderen Zielsetzung entspricht. Ihre evolutive Kraft äußert sich in einer herabkommenden Dynamik und fließt als transformierende Energie von oben in die verschiedenen Ebenen des Wesens ein. Auf diesem Weg durchläuft sie auch die Chakras. Im Gegensatz dazu basiert der tantrische Yoga auf der aufsteigenden Bewegung der Kundalini-Kraft, welche die Chakras von unten nach oben öffnet. Wenn die Gegenwart der Shakti wahrgenommen wird, beginnt der eigentliche Prozess des Integralen Yoga, und der innere Kontakt mit ihr wird zum entscheidenden Element des Weges.

Im Integralen Yoga sind alle Wesensteile des Menschen an der Evolution des Bewusstseins beteiligt, und die niedere Prakriti-Natur wird durch das bewusstseinsentfaltende Wirken der höheren Shakti-Kraft „genau da abgeholt, wo sie steht". Um das in optimaler Weise zu ermöglichen, besteht ein wichtiger Aspekt des spirituellen Weges darin, nicht nur auf den eigenen Bemühungen aufzubauen, sondern sich in einer fortschreitenden inneren Bewegung mehr und mehr den Bewegungen der göttlichen Bewusstseinskraft anzuvertrauen und im gelebten Kontakt mit ihr in allen Teilen des Wesens zu erfahren, „wohin die Reise geht". Hingabe und Vertrauen bereiten den Boden, damit ihre Kraft empfangen werden kann, was wiederum eine Grundvoraussetzung für die Wandlung des Bewusstseins darstellt. Aus diesem Grund ist die Hinwendung zur Shakti in der Praxis des Integralen Yoga von entscheidender Bedeutung. Erst wenn die Überantwortung an ihre Kraft stattgefunden hat und eine Haltung von innerer Offenheit und Empfänglichkeit besteht, entfaltet ihr Wirken sein größeres Potenzial. In diesem Prozess entwickelt sich oft eine sehr innige Beziehung zur Shakti, und ihre Gegenwart wird im Yoga zu einer ständigen Begleiterin.

„Die vorbehaltlose Unterwerfung deines Inneren und deines Äußeren schafft in dir die Prägbarkeit aller deiner Wesensteile; Bewusstsein wird überall in dir erwachen, wenn du jederzeit offen bist für Weisheit, Licht, Kraft, Harmonie, Schönheit und Vollkommenheit, die von oben herniederströmen. Selbst der Körper wird erwachen und – nicht länger unbewusst – sich mit der supramentalen, überbewussten Kraft vereinen, wird fühlen, wie alle Mächte der Mutter ihn von oben, von unten, von allen Seiten ringsumher durchdringen."[51]

Da der Übergang zum supramentalen Bewusstsein ein zukunftsweisendes Geschehen darstellt, das sein Ziel zum gegenwärtigen Zeitpunkt noch nicht erreicht hat, kann man ihn zu Recht mit Sri Aurobindos Worten als ein „Abenteuer des Bewusstseins" bezeichnen, bei dem unter der Obhut der Shakti ein noch unbekanntes Terrain der spirituellen Landkarte erforscht wird. Obwohl der Shakti dabei die eigentliche Entwicklungsarbeit zukommt, beginnt der Weg auch im Integralen Yoga mit dem persönlichen Bemühen, das die Grundlage für eine konstante Ausrichtung und Empfänglichkeit schafft. Die eigene Anstrengung beinhaltet das beharrliche Streben nach einem wahreren Bewusstsein ebenso wie die Zurückweisung bestimmter Regungen der niederen Natur und die Selbsthingabe an das Göttliche und seine Shakti.

„Denn wenn sie auch selbst in deiner Finsternis, in deinen unbewussten Teilen und Augenblicken wirkt und wirken kann, so ist das doch nicht das Gleiche, als wenn du in einer lebendigen, wachen Kommunion mit ihr lebst. Deine ganze Natur muss sich von ihrer Berührung formen lassen, ohne zu fragen, (...) ohne auf eigene Rechnung zu bestehen, (...) ohne Hindernisse aufzustellen und ohne sich hinter Unfähigkeit, Trägheit und Tamas zu verschanzen."[52]

Die drei Transformationsschritte zum Supramental

Neben der Shakti hat im Integralen Yoga auch die transformierende Kraft der seelischen Ebene eine große Bedeutung. Dieses innere Licht *Seiner* göttlichen Gegenwart residiert – „von der Größe eines Daumens", wie es in den Upanishaden heißt – als göttlicher Funke in der tieferen Dimension unseres spirituellen Herzens und bildet zusammen mit unserem Spirit den unvergänglichen Teil unseres Wesens. Erst durch die seelische Gegenwart ist der Mensch zur Entwicklung fähig, denn sie stellt den inneren Antrieb zur Bewusstwerdung dar. Als innewohnender Purusha-Aspekt ist die seelische Gegenwart sich stets der Macht des Höchsten und seiner Shakti bewusst. Im Menschen hat sie sich zu einer individuellen Präsenz entwickelt, zu einem seelischen Wesen, das viel dazu beiträgt, dass sich das äußere Wesen aus der Unwissenheit befreien und in das höhere Licht des Bewusstseins emporwachsen kann. Es fungiert sozusagen als eine „innere Kompassnadel", die ein klares Gespür für das Göttliche in die spirituelle Entwicklung einbringt. Das seelische Wesen ist jederzeit anwesend, aber es kann sich erst mitteilen und das Wesen durchdringen, wenn es nicht länger von den mentalen und emotionalen Regungen verhüllt ist. Mit dem Gewahrwerden der seelischen Realität geht ein Wandlungsprozess Hand in Hand, der eine tief greifende Öffnung für die spirituelle Wahrheit bewirkt. Diese seelische Transformation ist der erste von drei Transformationsschritten im Integralen Yoga. Die beiden anderen sind die spirituelle und die supramentale Wandlung.

Die spirituelle Transformation ist eine innere Umgestaltung, die sich durch die Herabkunft der vier Mahashakti-Aspekte und das Emporsteigen des Bewusstseins in höhere Bewusstseinsregionen ereignet. Die herabkommende Kraft der Shakti spiritualisiert die Wesensteile (bis hinunter in die Substanz des Körpers), indem sie Frieden, Wissen, Macht, Licht und Ananda (spirituelles Entzücken) aus den höheren Regionen in das Leben einfließen lässt. Diese Entwicklung ermöglicht die Gewahrwerdung des essenziellen Seins in allem Seienden und eine Ausweitung des Bewusstseins, die das individuelle Leben auf vielfältige Art an einem größeren, universellen Sein teilhaben lässt.

Der dritte und abschließende Transformationsschritt, die supramentale Wandlung, kann erst stattfinden, wenn die seelische und besonders die spirituelle Wandlung das Wesen ausreichend vorbereitet haben.

„Erst wenn die Vier (Mächte der Mutter) ihre Harmonie und die Freiheit ihrer Bewegungen im umgewandelten Geist, Leben und Körper des Menschen gegründet haben, dann können die anderen, selteneren Mächte sich im irdischen Geschehen offenbaren, und erst dann wird das supramentale Wirken möglich. Denn wenn ihre Gestalten sich alle versammelt haben, wenn ihr einzelnes Wirken sich in eine harmonische Einheit verwandelt hat, (...) ist die Mutter enthüllt als supramentale Mahashakti und lässt vom unaussprechlichen Äther ihre erleuchtete Erhabenheit niederströmen. Dann kann die menschliche in eine göttliche dynamische Natur umgewandelt werden, da alle uranfänglichen Fäden supramentalen Wahrheits-Bewusstseins und Wahrheits-Vermögens aufeinander abgestimmt sind und die Harfe des Lebens bereit ist für die Rhythmen des Ewigen.“[53]

Das Muttersymbol des Integralen Yoga

Die hinduistische Tradition hat mit dem Sri Chakra, das die universelle Realität als Körper der göttlichen Shakti darstellt, eines der größten Shakti-Symbole geschaffen. Auch der Integrale Yoga hat sein eigenes Shakti-Symbol, das als Muttersymbol bekannt ist. Es ist die symbolische Darstellung der Lotusblüte des höchsten Bewusstseins, die sich aus der Shakti heraus entfaltet und das Aufblühen des Göttlichen in der Welt darstellt. Das Muttersymbol besteht aus einem zentralen, weißen oder goldfarbenen

Kreis, um den in Form von stilisierten Blütenblättern ringförmig vier weiße Felder angeordnet sind. Weiß ist die Farbe und das Licht der Göttlichen Mutter, Gold steht für die höchste Wahrheit (siehe Abb. 16 im Bildteil). Die vier Blütenblätter sind von einem Kranz aus zwölf farbigen Blütenblattfeldern umgeben. Der zentrale Kreis symbolisiert die höchste Mutter, die Mahashakti, in der universellen Schöpfung. Die vier inneren Blütenblatt-Felder stehen für die vier großen Mahashakti-Aspekte der Weisheit, Stärke, Harmonie und Vollkommenheit. Die zwölf farbigen Blütenblätter repräsentieren innere oder seelische Qualitäten, die für die Arbeit der Shakti bereits manifestiert sind. Die zugeordneten Farben bewegen sich über verschiedene Abstufungen von Hellblau, Grün, Gelb, Orange, Rot, Violett und Dunkelblau durch das gesamte Farbspektrum. Die zwölf Eigenschaften, die sie vertreten, sind Aufrichtigkeit, Demut, Dankbarkeit, Ausdauer, Streben, Empfänglichkeit, Fortschritt, Mut, Güte, Großzügigkeit, Gleichmut und Frieden. Es gibt noch weitere seelische Aspekte, und der Kreis dieser zwölf wird häufig als eine symbolische Repräsentation aller seelischen Eigenschaften verstanden. Die zwölf Qualitäten stellen unterstützende Schwingungsfrequenzen für den Übergang in die neue Dimension des Bewusstseins dar. Je bewusster wir mit unserem seelischen Kern in Verbindung stehen, je mehr kann von der transformierenden Kraft dieser Eigenschaften in uns selbst und in unserem Wirken in der Welt zum Ausdruck kommen und uns auf eine ganz konkrete Weise zu Mitwirkenden am evolutiven Werk der Shakti machen.

Zum Ausklang ein Wort zum Weitermachen

Das bunte Mosaik der Shakti, das für diese einführende Annäherung aus traditionellen, mythologischen und integralen Bausteinen zusammengesetzt wurde, ist auch am Ende unserer Betrachtung nicht vollständig ausgelegt. Die göttliche Shakti ist unendlich mehr als das, was diese Seiten gefüllt hat, und tiefer, weiter und höher als es Worte je zu beschreiben vermögen. Den Yoga mit ihr zu leben, ist eine fortschreitende innere und äußere Erfahrung, die durch viele Dimensionen führt und die Seele für dieses Leben und jedes weitere erfüllen kann. Es gibt also noch viel zu entdecken! In diesem Sinne wünsche ich allen Lesern und Leserinnen auch weiterhin einen inspirierenden Kontakt mit ihrer Kraft.

Om Shakti – Jai Ma!

Anmerkungen

1 Sri Aurobindo, *Das Göttliche Leben, S. 70*

2 Stotras sind devotionale, hinduistische Sanskrithymnen, die zur Anrufung und Verehrung einer bestimmten Gottheit (oder eines spirituellen Lehrers) gesungen und auch bei Andachten und Tempelritualen rezitiert werden.

3 Aus einem Artikel von David Frawley: *Religion, Spirituality and the Modern World* (vgl. www.hindubooks.org). Falls nicht anders angegeben, stammt die Übersetzung aus dem Englischen hier und im Folgenden von Ela Thole.

4 Tirumular: *Tirumantiram – A Tamil Scriptural Classic,* S. 173

5 Um den Lesefluss nicht unnötig zu unterbrechen, beschränke ich mich im Folgenden in der Regel auf die männliche Form. Frauen sind damit aber selbstverständlich genauso angesprochen.

6 Sri Aurobindo: *Savitri, Buch I, Canto 3,* S. 50

7 Das Vamakeshvara-Tantra ist die bedeutendste Schrift der südindischen Sri-Vidhya-Tradition, einer tantrischen Richtung, in der die Shakti als Göttin Tripura Sundari verehrt wird.

8 Übersetzung aus dem Sanskrit von Nishtha Müller (Veda Skript, vgl. www.veda-wissen.net)

9 Sri Aurobindo, *Early Cultural Writings, Volume 1, The Complete Works of Sri Aurobindo,* S. 575

10 Ebd., S. 571

11 Ein bedeutender und viel zitierter tantrischer Text, der das Shakti-Prinzip als kreative kosmische Macht herausstellt und die hervorgehobene Stellung, die das Weibliche im Tantrismus einnimmt, als Grundlage seiner rituellen Praxis und Verkörperung der Göttin beschreibt.

12 Tirumular, *Tirumantiram – A Tamil Scriptural Classic,* S. 103

13 Aus: *Die schönsten Upanishaden – Der Hauch des Ewigen,* S. 194 (Übersetzung aus dem Sanskrit von Swami Prabhavananda und Frederik Manchester)

14 Ebd., S. 192 f.

15 Siehe dazu auch: Sri Aurobindo, *Die Synthese des Yoga,* S. 230

16 Ebd., S. 135

17 Ebd., S. 267

18 Ebd., S. 230

19 Ebd., S. 230 f.

20 Shri Aurobindo, *Die Mutter,* S. 68 f.

21 Vgl. James M. Robinson (Hg.), *The Nag Hammadi Library – On the Origin of the World, „The Untitled Text"* (The Gnostic Society Library: http://gnosis.org/naghamm/origin.html)

22 Sri Aurobindo, *Savitri,* Buch I, Canto 4, S. 73

23 Ebd., S. 77

24 Ebd., S. 78

25 Ebd., S. 73

26 Ebd., S. 72 f.

27 Ebd., S. 75 f.

28 Ebd., S. 82

29 Ebd., S. 77 f.

30 Ebd., S. 74

31 Ebd., S. 82

32 Ebd., S. 75

33 Sri Aurobindo, *Gedanken und Aphorismen,* S. 7

34 Tirumular: *Tirumantiram – A Tamil Scriptural Classic*

35 Sri Aurobindo, *Die Synthese des Yoga,* S. 68

36 Sri Aurobindo, *Savitri,* Buch III, Canto 2, S. 324 f.

37 Sri Aurobindo, *Savitri,* Buch I, in: *Collected Works of Sri Aurobindo, Volume 33 and 34,* S. 21

38 Die Mutter, *Der sonnenhelle Pfad,* S. 61

39 Das Visvasara-Tantra ist aufgrund der angeführten Aussage ein häufig zitierter Grundlagentext der tantrischen Literatur. Es zählt zu den 64 Tantras, die im Maha-Sidhi-Sarasvata-Tantra aufgelistet sind.

40 *Bhagavadgita,* XVI. 9, S. 59

41 Shri Aurobindo, *Die Mutter,* S. 21

42 Vgl. dazu Romain Rolland, *The Life of Ramakrishna,* S. 33

43 Sri Aurobindo, *The Mother – On Thoughts and Aphorisms,* 541, S. 362

44 Ebd., 520, S. 356

45 Übersetzung aus dem Sanskrit von Nishtha Müller (Veda Skript, vgl. www.veda-wissen.net)

46 Alain Grandcolas (Hg.), *Auroville – Ein Traum nimmt Gestalt an,* Zitat von der Rückseite des Umschlags

47 Shri Aurobindo, *Die Mutter,* S. 69 f.

48 Sri Aurobindo, *Die Mutter,* S. 33

49 Shri Aurobindo, *Die Mutter,* S. 38

50 Ebd., S. 44 f.

51 Ebd., S. 65

52 Ebd., S. 64

53 Ebd., S. 62 f.

Glossar der Sanskritbegriffe

Advaita – Nicht-Zweiheit, Nicht-Dualität
Ananda – höchstmögliche Freude oder Seligkeit
Anugraha – Gunst, göttliche Gnade
Asanas – Körperübungen
Asura – ungöttliches Wesen, Dämon
Bhakti – Liebe, Verehrung
Bhagavadgita – „Gesang des Erhabenen"; heilige Schrift, die als Episode in dem indischen Epos Mahabharata erscheint
Bhukti – Befreiung durch Genuss
Bindu – Punkt, Same
Brahman – das Absolute, das höchste Wesen
Brahmane – Angehöriger des Standes der Priester und Gelehrten
Chit – absolutes oder höchstes Bewusstsein
Chakra – feinstoffliches Energiezentrum im Körper
Damaru – Opfertrommel
Devi – weibliche Gottheit
Deva – männliche Gottheit
Dharma – Gesetz, Ordnung
Gopi – Kuhhirtin, Gefährtin Krishnas
Guna – Qualität, Grundeigenschaft
Ida – feinstofflicher, beruhigender Energiekanal; wird oft der linken Körperhälfte zugeordnet
Jnana – Wissen, Erkenntnis
Karma – Tat, Handlung
Kundalini – psychophysische Energie bzw. „Schlangenkraft", die verborgen an der Basis der Wirbelsäule aufgerollt liegt
Laya – Auflösung, Verschmelzung
Lila – göttliches Spiel
Lingam – Zeichen, Symbol, Phallussymbol

Mantra – kraftgeladene Silbe oder Folge von Silben
Maya – Illusion, Täuschung, Schöpferkraft
Mudra – Geste, Handhaltung
Mukti – spirituelle Befreiung
Muladhara – unterstes Chakra, an der Basis der Wirbelsäule
Nadi – feinstofflicher Nervenkanal
Nama-Rupa – „Name und Form", das Prinzip der schöpferischen Bewegung vom Feinen zum Groben
Pingala – feinstofflicher, anregender Energiekanal; wird oft der rechten Körperhälfte zugeordnet
Prakriti – Natur, Stoff, Materie; zusammen mit dem Purusha eines der beiden Grundprinzipien der Samkhya-Philosophie
Pralaya – Auflösung des Universums am Ende eines Schöpfungszyklus
Prana – Atem, Lebenskraft
Pranayama – Atemlenkung
Puja – Anbetung, Ehrerweisung
Puranas – Literaturgattung alter Erzählungen; gehören neben den Veden und Epen zu den wichtigsten heiligen Schriften des Hinduismus
Purusha – Geist, reines Bewusstsein
Rajas – einer der drei Gunas; ist gekennzeichnet durch Leidenschaft und Bewegung
Rasa – Essenz, Geschmack
Rishi – Seher, Weiser
Sadhana – spirituelle Disziplin
Samhara – Zerstörung
Samkhya – eines der ältesten Systeme der indischen Philosophie
Sat – unvergängliches Sein
Sat-Chit-Ananda – Beschreibung des Brahman als Einheit von Sein, Bewusstsein und Glückseligkeit

Sattva – Sein, Existenz, einer der drei Gunas; steht für das Lichtvolle und Harmonie

Shaktipad – Übertragung der spirituellen Kraft vom Meister auf den Schüler

Shrishti – Schöpfung

Siddha – Vollkommener

Sthiti – Erhaltung

Sushumna – feinstofflicher Energiekanal im Innern der Wirbelsäule

Tamas – Dunkelheit, Trägheit, einer der drei Gunas; äußert sich in Achtlosigkeit und Müßiggang

Tantra – „Gewebe“, System, spiritueller Text

Tapas – innere Glut, Askese, spirituelle Praxis

Tattva – Wahrheit, Wesen einer Sache

Tirobhava – Verschleierung der göttlichen Essenz durch das Prinzip der Maya

Trimurti – Einheit der drei kosmischen Funktionen von Schöpfung, Erhaltung und Zerstörung, dargestellt im Bild der männlichen Hauptgottheiten Brahma, Vishnu und Shiva, oft auch in einer Gestalt mit drei Gesichtern

Trishul – Dreizack

Upanishaden – heilige Schriften Indiens, die der vedischen Offenbarung zugerechnet werden

Veda – Gesamtheit der alten hinduistischen heiligen Schriften, die von Sehern als göttliche Offenbarung geschaut wurden

Vedanta – Ende oder Essenz des Veda

Vidhya (auch: Vidya) – Wissen, Erkenntnis, Weisheit

Viveka – Unterscheidungskraft

Yantra – mystisches Diagramm

Yoni – Schoß, Quelle, Ursprung

Literatur und Quellenhinweis

Bhagavadgita (aus dem Sanskrit übersetzt von Sri Aurobindo). Verlag Hinder + Deelmann, Gladenbach 1981

Calasso, Roberto: *Ka – Geschichten von Indiens Göttern*. Suhrkamp Verlag, Frankfurt am Main 2006

Feuerstein, Georg: *Tantra – The Path of Ecstacy*. Shambhala South Asia Editions, Boston, Massachusetts 2000

Frawley, David: *Tantric Yoga and the Wisdom Goddesses*. Motilal Banarsidass Publishers, Delhi 1997

Grandcolas, Alain (Hg.): *Auroville – Ein Traum nimmt Gestalt an*. All India Press, Pondicherry 2000

Die Mutter (Mirra Alfassa): *Der sonnenhelle Pfad*. Sri Aurobindo Ashram, Pondicherry 1989

Robinson, James M. (Hg.): *The Nag Hammadi Library – On the Origin of the World, „The Untitled Text"* (in der englischen Übersetzung von Hans-Gebhard Bethge and Bentley Layton), überarbeitete Ausgabe. HarperCollins, San Francisco 1990

Rolland, Romain: *The Life of Ramakrishna*. Advaita Ashrama, Calcutta 1994

Die schönsten Upanishaden – Der Hauch des Ewigen. Verlag Hermann Bauer, Freiburg 1994

Shri Aurobindo: *Die Mutter* (Reihe Indische Weisheit). Rascher Verlag, Zürich 1945

Sri Aurobindo: *Collected Works of Sri Aurobindo, Volume 33 and 34*. Sri Aurobindo Ashram, Pondicherry 1997

Sri Aurobindo: *Early Cultural Writings, Volume 1, The Complete Works of Sri Aurobindo*. Sri Aurobindo Ashram, Pondicherry 2003

Sri Aurobindo: *Gedanken und Aphorismen mit Erläuterungen der Mutter*. Sri Aurobindo Ashram, Pondicherry 1992

Sri Aurobindo: *Das Göttliche Leben. Verlag Hinder + Deelmann, Gladenbach 2004*

Sri Aurobindo: *The Mother – On Thoughts and Aphorisms*. Sri Aurobindo Ashram, Pondicherry 2001

Sri Aurobindo: *Savitri*. Verlag Hinder + Deelmann, Gladenbach 2010

Sri Aurobindo: *Die Mutter*. Sri Aurobindo Ashram, Pondicherry 1998

Sri Aurobindo: *Die Synthese des Yoga. Gladenbach 2000*

Sri Aurobindo Ashram Trust (Hg.): *Das Seelische Wesen. Zusammenstellung aus den Werken von Sri Aurobindo und der Mutter von A. S. Dalal.* Sri Aurobindo Ashram, Pondicherry 1996

Sri Aurobindo Ashram Trust (Hg.): *The Future Evolution of Man. Compiled and with a Summary and Notes by P. B. Saint-Hilaire.* Sri Aurobindo Ashram, Pondicherry 2011

Sri S. Shankaranarayanan: *Sri Chakra.* Samata Books, Pondicherry 2013

Sri S. Shankaranarayanan: *The Ten Great Cosmic Powers.* Samata Books, Pondicherry 2008

Tirumular: *Tirumantiram – A Tamil Scriptural Classic,* Sri Ramakrishna Math, Chennai 2000

Texte:

Gedichte, sofern nicht anders angegeben stammen von der Autorin.

Seite 136
aus: Sri Aurobindo: *Collected Works of Sri Aurobindo,* Volume 33 and 34 © Sri Aurobindo Ashram, Pondicherry 1997

Seite 43, 44
aus: Sri Aurobindo: *Early Cultural Writings, Volume 1, The Complete Works of Sri Aurobindo* © Sri Aurobindo Ashram, Pondicherry 2003

Seite 230
aus: Sri Aurobindo: *Die Mutter* © Sri Aurobindo Ashram, Pondicherry 1998

Seite 176
aus: Sri Aurobindo: *The Mother, On Thoughts and Aphorisms* © Sri Aurobindo Ashram, Pondicherry 2001, page 362

Seite 30, 82, 83, 85–91
aus: Sri Aurobindo: *Savitri* © Verlag Hinder + Deelmann, Gladenbach, 5. Auflage 2014

Seite 54, 55
aus: Sri Aurobindo, *Die Synthese des Yoga* © Verlag Hinder + Deelmann, Gladenbach, 5. Auflage 2008

Abbildungen im Bildteil:

Abb. 1 – Weltenbaum © Lisa Thole
Abb. 2 – Durga © Olivier Barot
Abb. 3 – Parvati © Olivier Barot
Abb. 4 – Nataraja © Jones Vincent
Abb. 5 – Shiva und Parvati © Inside India
Abb. 6 – Lingam mit Yoni © Jones Vincent
Abb. 7 – Sri Yantra © Fotolia / Lava Lova
Abb. 8 – Ardhanarishvara © A. Marnivelu, Himalayan Academy, Hawaii
Abb. 9 – Kali © Jones Vincent
Abb. 10 – Trimurti © Olivier Barot
Abb. 11 – Krishna © Jones Vincent
Abb. 12 – Chinnamasta – Wikipedia Commons
Abb. 13 – Sarasvati © Himalayan Academy
Abb. 14 – Lakshmi © Inside India
Abb. 15 – Minakshi © Inside India
Abb. 16 – Muttersymbol © Gaby Mahler

Der Verlag bedankt sich bei allen Rechteinhabern für die Bereitstellung der Bilder und Texte.

Über die Autorin

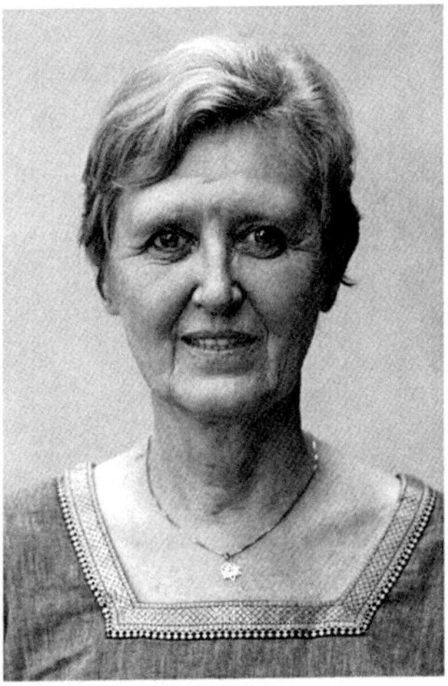

© Vincent Jones

Ela Thole (geb. 1956), Studium der Biologie und Germanistik, lebt in Auroville, Südindien. Seit 1993 ist sie als Referentin für Yoga-Philosophie und Integrale Spiritualität tätig. Sie betreut für Aurovilles Reiseagentur Inside India spezielle Studien- und Seminarreisen mit kulturgeschichtlicher und spiritueller Ausrichtung und bietet für Auroville-Gäste Einführungen in die tiefere Dimension des Projektes an. Neben dem Integralen Yoga von Sri Aurobindo gilt ihr besonderes Interesse den universellen Aspekten indischer Mythologie und traditionell-hinduistischer Yogalehren. Für verschiedene Yoga-Institute und Yoga-Lehrausbildungen in Deutschland und der Schweiz leitet sie seit vielen Jahren Ausbildungsreisen in Südindien und gibt Kurse zum Integralen Yoga und zu zahlreichen Kernthemen der indischen Tradition.

Weitere Informationen zu Seminaren und Indienreisen mit Ela Thole finden Sie unter:

www.elathole.de

www.inside-india.com

Abb.1: Der umgekehrte Weltenbaum als Abbild des Kosmos

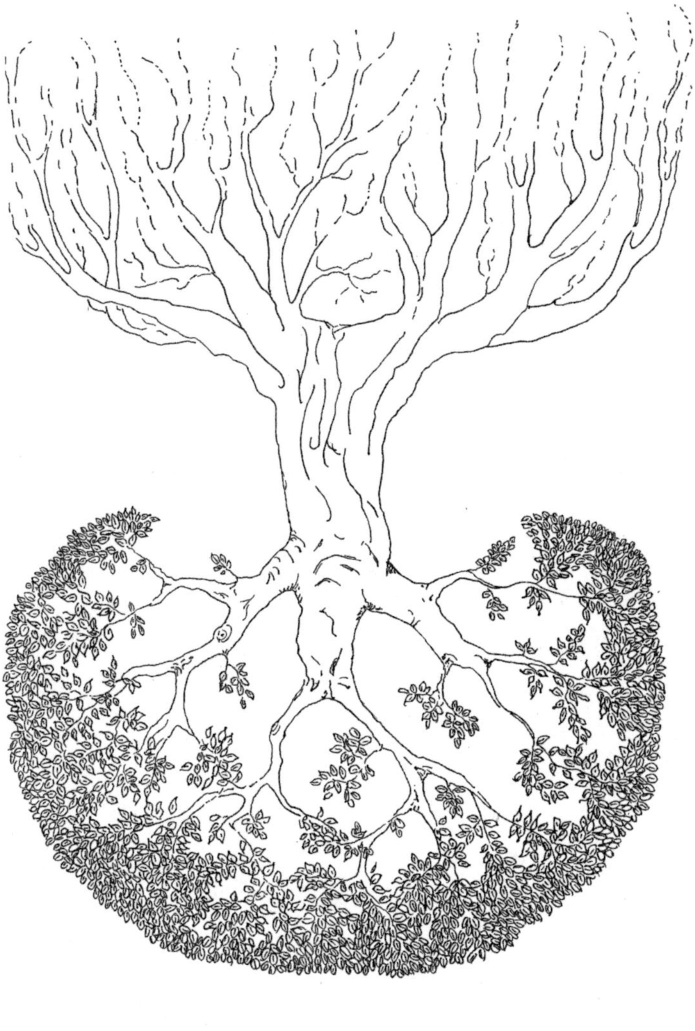

Abb.2: Durga im Kampf gegen den Büffeldämon –
Felsrelief, Mahashasuramardini Höhle, Mahabalipuram

Abb.3: Parvati –

Chola Bronze, Art Gallery, Thanjavur

Abb.4: Nataraja –
Bronzestatue aus dem Privatbesitz der Autorin

Abb.5: Das Liebespaar Shiva und Parvati, mit den Söhnen Ganesha und Kartikeya –
Deckenmalerei, Folklore Museum, Cochin

Abb.6: Lingam und Yoni –
Bronzeobjekt aus dem Privatbesitz der Autorin

Abb.7: Sri Chakra

Abb.8: Ardhanarishvara, „der höchste Herr, der halb Frau ist"

Abb.9: Kali tanzt auf Shiva –
Bronzestatue aus dem Privatbesitz der Autorin

Abb.10: Trimurti-Statue mit den Gesichtern von Brahma, Vishnu und Shiva –
Elephanta Höhle, Gharapuri, Maharashtra

Abb.11: Krishna –

Bronzestatue aus Privatbesitz, Auroville

Abb.12: Chinnamasta –

Rajasthan, 18. Jh.

Abb.13: Sarasvati

Abb. 14: Lakshmi –
Nischenskulptur, Brihadeshwara Tempel, Gangaikondacholapuram

Abb.15: Hochzeit der Minakshi –
Wandmalerei, Minakshi Tempel, Madurai

Abb.16: Muttersymbol des Integralen Yoga von Sri Aurobindo

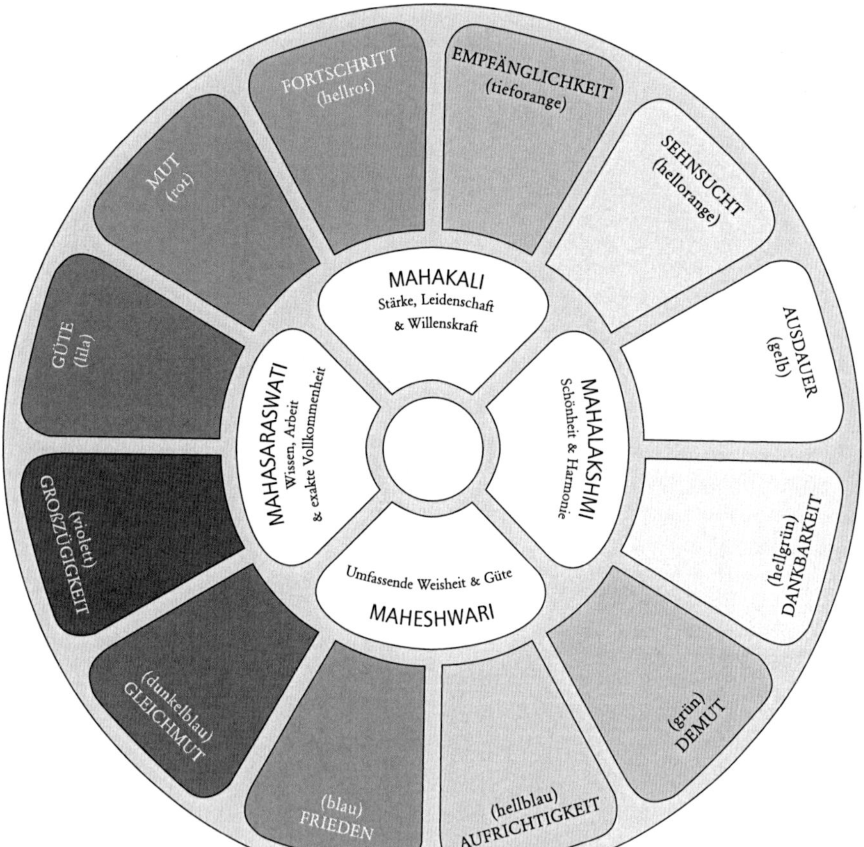

Vision einer authentischen Weiblichkeit

In vielen Menschen ist die Sehnsucht nach einer gleichberechtigten und gleichwertigen Partnerschaft von Frau und Mann im privaten und öffentlichen Leben erwacht. Dazu gehört auch, die wilde Schönheit und tiefe Weisheit, die in allen Frauen schlummert, zu erwecken und zu stärken. In der intensiven Beschäftigung mit wichtigen Frauengestalten aus dem jüdisch-christlichen Schöpfungsmythos und aus anderen mythologischen Quellen, entwickelt die Autorin die faszinierende und lebbare Vision einer starken, wilden und weisen Weiblichkeit — den weiblichen Archetyp der Heldin, deren Kraft und Hingabe in unserer Zeit so sehr fehlt.

Anna Gamma

Schön, wild und weise

Frauen auf dem Weg zu sich selbst und in die Welt

Broschur, 208 Seiten

ISBN 978-3-89901-898-1

Gesundheit für Körper und Geist

Der indische Yoga-Lehrer R. Sriram, er lehrt in der Tradition von Krishnamacharya und T. K. V. Desikachar, zeigt in seinem Buch, dass Yoga weit mehr beinhaltet als Körpertechniken zur Verbesserung unserer Gesundheit. Yoga zielt in umfassendem Sinne darauf, dass wir uns einen Frei-Raum schaffen, in dem unser Atem ungehindert fließt, wir in unserem Körper verankert sind und sich in unserem Geist Ruhe und Klarheit einstellen.
Sein Buch, für Anfänger und Erfahrene gleichermaßen inspirierend, ist ein von Lebensklugheit, yogischer Erfahrung und indischer Weisheit sprühendes, spannendes Yoga-Buch, das über eine bloße Anleitung weit hinausgeht.

R. Sriram
Yoga – Neun Schritte in die Freiheit
Der Weg zu Gesundheit und Selbstbewusstsein

Broschur, 240 Seiten
ISBN 978-3-95883-662-4